# L'ALMANACH DE KINO

(Oui, je sais, ça fait un peu prétentieux, égocentrique, m'as-tu-vu, tout ce que vous voulez, mais en tout cas, c'est simple et ça définit bien le produit... mais si vous avez mieux, je prends !)

DU MÊME AUTEUR :

Kino Frontera :

*Messages aux huiles essentielles (2017@L'écrit du suD)*

Kino Frontera & Foxx Murder :

*Expolars (2017@L'écrit du suD)*

# LES ÉPHEMÉRIDES MAL SAINTES

@2021, Kino Frontera

Édition : BoD – Books on Demand,

12/14 rond-point des Champs-Élysées, 75008 Paris

Impression : BoD – Books on Demand, Norderstedt, Allemagne

ISBN : 978-2-3221-7997-8

Dépôt légal : février 2021

## Prêt en bulles

Normalement, pour créer un almanach, il faudrait s'y prendre à l'avance. Décider, par exemple, en 2019 d'écrire des textes qui se rapporteront à 2020 (*voire même plus tôt si on commence par l'écrire, puis qu'on se met ensuite à chercher quelqu'un pour le publier, et que comme personne n'est assez insensé pour faire ça on se retrouve à devoir opter pour l'autoédition, mais ça veut dire trouver un financement, et merde mon banquier n'est pas trop d'accord, alors il faudrait sans doute passer par une collecte sur internet...* Bon ok, c'est un peu long, mais c'est pour que vous compreniez bien).

Et du coup, ça ne peut pas coller à l'actualité. On ne peut pas écrire des textes qui seront en rapport avec ce qui se passera l'année prochaine... sauf à se prendre pour Nostradamus... Bon j'exagère un peu, il existe quand même certaines choses que l'on peut prévoir de manière assez certaine. Que les politiques nous prendront pour des cons, que les religieux nous prendront pour des cons, que les médias nous prendront pour des cons, que les banquiers nous prendront pour des cons, que nos employeurs nous prendront pour des cons (la liste n'étant pas exhaustive vous pouvez en rajouter dans la marge) ... mais finalement pas au point de pouvoir donner des dates précises pour des faits précis. Et puis, ça ne suffirait sans doute pas pour faire un almanach bien en phase avec le présent. Il faudrait donc opter pour de l'intemporel (Ô temporel, ô morilles comme on disait chez les cueilleurs de champignons...).

Mais vous savez quoi ? Je m'en fous. Enfin, en tout cas, ça ne m'arrange pas, alors je vais dire que je m'en fous.

Parce qu'il se trouve que j'ai écrit tout au long de l'année un certain nombre de petits textes et que je pense que leur place serait dans un almanach. Certes, cette opinion n'engage que moi... mais comme il se trouve que je suis la personne que j'écoute le plus... notamment parce que je suis aussi celle qui me parle le plus (on reviendra plus tard, peut-être, sur mes problèmes de communication) ...

Donc, pour ceux qui me connaissent, vous allez retrouver ce côté bric-à-brac, hétéroclite, quasi bordélique, mâtiné d'un soupçon d'inachevé, d'une grosse louche de digressions, d'une belle cuillère à soupe (ou deux) de mauvaise foi et d'une pincée de n'importe quoi... qui me caractérise. Et pour les autres...

ah ben non, je suis con, il n'y en a pas d'autres puisque ceci n'est destiné qu'à des gens qui me connaissent…

Voilà, donc, on va dire que c'est mon almanach… que c'est celui de 2020 (mais en fait, la date n'a pas vraiment d'importance) et que certains jours sont mieux (faut voir) servis que d'autres. Mais après tout, c'est comme dans la vie, il y en a qui ont de la chance… et d'autres moins (oui, je vais éviter de dire « pas du tout », d'emblée, d'une manière définitivement pessimiste).

Allez, c'est parti !

Oups, j'oubliais. Il se trouve que pour garder une certaine cohérence à la succession de textes, il vaut mieux commencer au 20 septembre qu'au 1$^{er}$ janvier, alors on va peut-être dire que c'est un agendalmanach, calé sur les rythmes scolaires… enfin, on dira ce qu'on voudra, mais en tout cas… C'est comme ça !

*******************

## Prêt en bulles (2)

Oui deux… Parce qu'en fait j'avais écrit une autre introduction et cela m'était sorti de l'esprit. Et elle contenait certains éléments qui sont quand même importants, certaines précisions.

Comme par exemple : mais que sont ces petits textes qui vont figurer dans cet almanach ? Et là, je vous explique qu'il s'agit en fait d'éphémérides publiées assez régulièrement, pendant presque une année, sous forme de statut sur Facebook. Et donc, en les regroupant ici, finalement… les rendre un peu moins « éphémères ».

Avec quand même un petit problème. Une année, ça fait 365 pages, donc autant de pages (si on a la chance que l'année ne soit pas bissextile) ce qui signifie un coût relativement élevé. Non, je sais bien que ce n'est pas votre problème, mais vu que cet ouvrage se vendra (peut-être) à un nombre d'exemplaires plus proche du ridicule que du stupéfiant (encore que des choses stupéfiantes puissent être ridicules… et vice-versa). D'ailleurs, je me demande si cela n'explique pas un peu, quelque part, une certaine brièveté dans les ouvrages de nombreux auteurs français actuels… Faut croire que le papier est moins cher dans d'autres pays.

Donc, juste pour vous dire que, finalement, tous les jours ne se retrouveront pas, dans cet ouvrage, pourvus de leur éphéméride. Certes, je complèterai avec quelques autres textes sur des sujets variés, des réflexions pertinentes (ou pas) et quelques incongruités littéraires, histoire de ne pas laisser trop de journées vides… de ne pas faire un almanach trop « a-jouré », pourrait-on dire.

Et niveau présentation aussi : tous les textes ne sont pas de la même longueur… alors pour respecter (ou pas – l'option du « ou pas » me semble quand même intéressante) le format d'une page par jour… je vais sans doute devoir un peu jouer avec la taille des caractères. Non, mais, ce n'est pas très grave, on dira que c'est pour faire un effet de style et ça va passer comme une lettre à la Poste (je me demande – et je sais bien que c'est un autre sujet – si quelqu'un ne devrait pas, d'ailleurs, se pencher utilement et efficacement sur l'étonnante pérennité de cette expression) …

Donc, on a un titre, qui vaut ce qu'il vaut et qui est plutôt basique. Mais, en raison d'un anticléricalisme farouche et persistant, aisément perceptible dans les éphémérides en question, j'ai, au moins, trouvé un sous-titre un peu plus percutant : Les Ephémérides Mal Saintes !

… ça va commencer…

# Vendredi 20 Septembre – St Davy

C'est avec sa toque en castor
A la queue plate comme une blette
Que même en pleine ruée vers l'or
St Davy fait sa coquette
(James Oliver Curwood – Les Chasseurs d'Or - 1909)
….. musique….
Davy, Davy la coquette, l'homme qui n'a jamais peur (Annie Cordy)


*Bon alors là, comme c'est la première page, je ne vais pas commencer à rajouter un deuxième jour, sinon ça va être n'importe quoi d'entrée… mais bon… on n'est pas à l'abri…*
*Oui, et puis, si ça vous gêne cet espace vide, vous pouvez faire un dessin !*

## Samedi 21 Septembre – St Matthieu

Si à la St Matthieu
Tu perds tous tes cheveux
C'est qu'à la St Matthias
Z'étaient déjà filasses
Et quand le lendemain
L'miroir d'la salle de bain
Montre ton crâne lisse
Ben, c'est la St Maurice...
(et du coup je suis exempté pour demain) ...

*D'accord sur les deux premiers, nous avons des tentatives de versification, mais faut pas croire... ça ne va pas durer.*

# Dimanche 22 Septembre - St Maurice

Aujourd'hui je suis dispensé d'éphéméride, vu que j'ai fait un coup double hier. Mais bon, histoire de ne pas laisser cette journée sans poésie, je vous propose quand même ces quelques vers qui m'ont été soufflés par le grand philosophe télévisuel Patrick Sébastien. Pour être tout à fait honnête, ce n'est pas lui qui les a écrits... c'est son petit bonhomme en mousse (pas la bière) ...

Dans l'idéal, pour être fidèle à la pensée de l'auteur, il convient, tout en lisant, de fredonner une musique de merde (non, je n'ai pas de suggestion particulière – mais vous allez trouver, je vous fais confiance – il y a même des spécialistes dans ce domaine – et non, je ne citerai pas de nom) ...

>Quand il se bourre St Maurice
>On ne voit que lui sur la piste
>Dans son moule-burnes de cycliste
>Avec sa q.... il fait l'hélice
>Quel déconneur ce St Maurice !
>
>Refrain :
>St Maurice, St Maurice
>C'est chouette quand ça glisse
>St Maurice, St Maurice
>C'est le feu d'artifice !

Avouez qu'il aurait été dommage de s'en priver...

*... Si, finalement, ça dure quand même...*

## Lundi 23 Septembre – St Constant

Tu voudrais qu'en tout temps, j'use de rimes riches
Et bien dorénavant, de tout ça, je me fiche
Quoi, tu n'es pas content ? Ben, retournes à ta niche
Moi, pour la St Constant, je fais un acrostiche…

(Et les rimes à la césure… c'est cadeau…)

**A**llons bon… voilà que le temps change
**U**n été qui s'achève et s'en va comme un ange
**T**out déçu de devoir, ce jour, céder la place.
**O**ubliés les beaux jours, en terrasse, une glace ?
**M**aintenant c'est le tour des teintes mordorées
**N**uances fauves et pourpres dans une aube dorée*
**E**t com' j'ai pas de bol… il pourrait mêm' neiger !!

*(je ne parle pas du parti politique grec)

*… Mais bon, ça va partir comme c'est arrivé…*

# Mardi 24 Septembre – St Andoche / Ste Thècle

Ok, on peut vouloir habiter Auch,
Aimer chercher les anicroches,
S'avachir devant la téloche,
Tout en se gavant de brioches,
Êtr' têtu com' un manch' de pioche
Avoir, tous les lundis, pistoche,
Être un fana des doubles croches,
Être Windows ou MacIntosh,
Aimer la musique de baloche,
Et mettre des pulls qui boulochent,
Ne pas supporter sa belle-doche,
Être un expert de la galoche,
Ou se saper comme Gavroche,
Trimballer partout ses valoches,
Et apparaitre sympatoche,
Mais prénommer son mioche
Andoche ???

Sinon, aujourd'hui c'est aussi la Ste Thècle… et la seule rime potable était siècle… mais comme je ne connais pas sa légende…

## Mercredi 25 Septembre – St Hermann

A la St Hermann, le tort tue.

*Oui, ben vous ferez avec, je n'avais pas mieux*

## Jeudi 26 Septembre – St Côme / St Damien

Aujourd'hui, j'ai décidé que je fêterai Maria... pas Côme.

*Celle-ci forcément, en dessous d'un certain âge, on ne peut pas la comprendre. Faut avoir vécu l'époque de « Au théâtre ce soir ».*

## Vendredi 27 Septembre – St Vincent de Paul

Bon sang,
C'est exténuant,
Même pour la St Vincent
On m'attend au tournant,
A devoir versifier
Au petit-déjeuner.
S'il s'agissait encore
D'un prénom que j'adore…
J'aurais pu, mais au prix d'un effort surhumain
Surmonter cette envie de remettre à demain…
Mais tant pis, puisqu'il faut sacrifier au rite
Tout en prenant bien soin d'éviter les redites…
N'oubliez pas ce soir d'ouvrir une petite
Bouteille millésimée de vin-sang… du Christ !
Allez… amène !!

*Et du coup, ça continue à versifier. Certes, de piètre qualité, mais quand même…*

## Samedi 28 Septembre – St Venceslas

Pour la St Venceslas
On pendra tous les nobles !
Le Prince Bougrelas,
Ce rejeton ignoble,
Les comtes, les barons, les ducs et les marquis,
A tous ceux-là, ce jour, on tordra le kiki
Ubu Roi, de retour, à tout va qui dézingue
Vraiment quel beau pays, cette Pologne de dingue…

PS : un ex-ministre des Phynances (qui mérite quelques coups de pompe où je pense) a, un jour, voulu citer un extrait de ce magnifique poème… malheureusement, l'élocution n'étant pas son fort il a parlé de "Pognon de dingue" au lieu de "Pologne de dingue"… Les banquiers sont vraiment des incultes !!

*Personnellement, j'aurais assez tendance à penser que l'on devrait pendre tous les banquiers. Mais il me faudrait un peu d'aide. Pas sûr que tout seul Jarry-ve…*

## Dimanche 29 Septembre – St Gabriel

Et ainsi il avançait parmi la foule, et on le voyait de loin parce que c'était le plus grand.
Une taille qu'il devait à un appétit féroce, légendaire au-delà du Pecos.
Une haute taille très utile aussi pour le différencier des autres membres de sa famille, car, en vérité je vous le dis, ils se ressemblaient tous énormément…
Certains l'appelaient le messager car il parlait à tout le monde.
D'autres l'appelaient le politicien, aussi, parce qu'en fait… personne ne comprenait vraiment ce qu'il disait.
Était-ce un langage divin ? Venait-il répandre la bonne parole ?
Edouard Baer, déguisé en scribe et qui passait par là, a retranscrit pour nous son message :
« Cococuacuakiki » …
??? Non ?? ah si attendez, c'était
« Couacomékiki » ….
??? Ben si, c'est ça !! Hein ???
« Cuando se come aqui »
Car ainsi parlait St Averell et les gens lui apportaient des choses à manger…
Gabriel ? Quoi Gabriel ? Ce n'est pas la St Averell ?
Ouais ben c'est pareil, z'avez qu'à changer le prénom, merde, comme si je n'avais que ça à foutre de raconter des histoires…
Bon, quand est-ce qu'on mange ???

# Lundi 30 Septembre – St Jérôme

Le lundi, j'ai whisky
Pour ouvrir l'appétit
Le mardi, j'ai pastis
Ça passe tout seul, ça glisse
Le mercredi, j'ai cidre
Le temps d'une clepsydre
Le jeudi, j'ai vin blanc
C'est vrai que c'est tentant
Le vendredi, j'ai bière
C'est une tradition, un phare, un repère
Le samedi, j'ai vodka
Sans que ça n'aggrave mon cas
Mais quand vient le dimanche,
Et qu'il faut que ma soif j'étanche
Ah là, c'est le summum
Et c'est très sain… j'ai rhum

Si vous étiez trop bourrés pour suivre… c'est la St Jérôme.
PS : bien évidemment il faut prendre ce texte au second degré… enfin pour les degrés….

# Mardi 1ᵉʳ Octobre – Ste Thérèse de l'Enfant Jésus, Ste Arielle, etc...

**Part. I**

Aujourd'hui vous pourrez échanger deux barils d'Arielle contre un autre prénom...
**PS** : Dombasle, cruche à l'eau, qu'à la fin BHL se casse...
La suite un peu plus tard... une histoire de rimes à régler...

**Part. II**

Mais ? Que Dieu me prothèse
C'est aujourd'hui qu'on fête Ste Thérèse ?
Est-ce celle du Père Noel qui est une ordure,
Batifolant sur un tableau, dans la nature ?
Pas du tout, c'est celle de l'Enfant Jésus
Qu'on trempe dans le bénitier cul nu...
Alors c'est vrai qu'avec Thérèse
Pour faire des rimes, on est à l'aise
Car c'est un peu comme Monique
Si tu as la rime pas trop pudique...
On peut faire de la rime balèze,
Ou Grolandaise, ou Marseillaise
Compter les desserts jusqu'à treize
Et du coup, même, sucrer les fraises
Se faire une coupe antillaise
Ou s'avachir en charentaises
A lire encore toutes mes fadaises
Sur la culture des mélèzes,
La recette du poulet basquaise
Ou la moutarde dijonnaise
Non ! Pas d'engatses avec le diocèse
Je ne vais pas souffler sur les braises
Tant pis pour toi, Ste Thérèse
Tu ne rimeras pas avec baise !

Ah, ben si, finalement...

## Mercredi 2 Octobre – St Léger

L'éphéméride du jour, c'est vraiment pas une paille
Et même, certains prénoms, ça peut-être duraille.
De l'heure où l'on se lève, à celle où l'on se couche,
On espère qu'on pourra encor' demain faire mouche.
Et quand on y arrive, on est fier comme un coq
Tout heureux que l'on est, d'avoir frappé d'estoc.
Oui, c'est un vrai travail que de fourbir sa plume...
Avant tout, le matin, faut boire un jus d'agrume,
Et si le cœur vous dit, faire quelques haltères.
La muse est capricieuse, faut chercher où elle terre (welter)
Ses mots et puis ses rires, qui éclatent pour un rien.
Mais elle ne supporte pas que l'on soit just' moyen.
Faut délier ses doigts, éviter qu'ils soient gourds
Et ne produisent, en somme, qu'un humour bien trop lourd.
Faut que ça vienne vite, et presque d'un seul jet
Que ça soit amusant, que ça reste léger
Et là, tout en mangeant mon yaourt allégé
Je me dis que voilà, c'est fait pour St Léger...

**PS** : paille – mouche – plume – coq – welter – moyen – lourd – léger ... sont les mots qui permettent de nommer toutes les catégories de poids en boxe...

## Jeudi 3 Octobre – St Gérard

Levé trop tôt ? Couché trop tard ?
Là, faut bien l'avouer, je suis dans le coaltar !
Pour tout vous raconter, c'était un traquenard.
Le genre de soirée qui vire au cauchemar.
Je sais bien que souvent, je suis un peu bavard
Mais promis, je fais court. C'était pas un rencard !
On avait just' prévu de s'retrouver au bar,

Dans un troquet sympa sur les Grands Boulevards.
Pas le genre d'endroit où rodent les couguars,
Ni les clients sniffeurs de Pablo Escobar.
Il y avait bien peut-être, un ou deux magyars,
Un ancêtre rescapé de l'époque des tsars
Qui semblait méditer devant son samovar,
Pensif, comme une grenouille sur son nénuphar.

L'éclairage blafard
Comme dans un polar
Une table de billard
Et un serveur roublard.

Fallait bien patienter, à cause de son retard
Et j'ai donc commandé une Marie Brizard.
Mais comme c'était trop doux, j'ai suivi au pinard.
Là, elle m'a appelé, m'a sorti un bobard,
Une histoire de nounou, un truc sur son moutard...
Je crois plutôt qu'elle est r'tournée vers son motard
Et que je vais reprendre ma place dans le placard.
Moi, du coup, j'ai opté pour le régime fêtard
Celui que tu choisis quand, et c'est pas si rare,
Tu te dis que la vie t'réserve ses canulars.

Ce soir, pour le vin blanc j'ai remporté l'Oscar
Et pour les digestifs, on m'a r'mis un César.
Mais c'est quoi ce brouillard ?
Merde, baissez les potars

J'ai été assommé, c'est sûr, par un connard
Qui tenait à deux mains une plaque en kevlar
J'étais encore plus bleu que dans l'film Avatar.
Du coup, quand j'suis rentré, et sans doute au radar,
J'sais pas comment j'ai fait pour tomber mon falzar,
Comment j'ai réussi à choper le plumard...
Bref...
Evitez de boire quand c'est la St Gérard !!
*Oui, évitez... enfin, si vous pouvez... parce que faut bien reconnaître que parfois le choix est restreint au niveau des options envisageables...*

# Vendredi 4 Octobre – St François d'Assise

On devrait faire du rangement plus souvent. Enfin… surtout moi. J'avais décidé de faire un peu le tri dans mes partitions de chants religieux et j'ai donc naturellement commencé par regarder ce que j'avais dans mon réfrigérateur.

Oui, parce que je les mets avec le beurre… de missel… Et là, caché entre les méthodes de luth et de turluth (oui, ça s'écrit comme ça et ce n'est pas du tout ce à quoi vous pensez – c'est un très vieil instrument qui ressemble un peu à une flûte… enfin à un pipeau qui… bon, laissez tomber) qu'elle ne fut pas ma surprise de retrouver ce petit chant sacré depuis longtemps oublié…

A tort, vraiment… Parce qu'on y retrouve toute la poésie des retraites religieuses au fond du jardin, derrière le presbytère. Je vous laisse juger par vous-même… (Ça marche très bien avec la musique du couplet de « l'avion, l'avion, l'avion, ça fait lever les yeux…»)

> C'est St François debout
> Qui fourre son nez partout
> C'est St François couché
> Qui me casse les pieds
> St François à genoux
> Lui, il me pousse à bout
> St François allongé
> Fait rien qu'à m'embêter
> C'est St François qui plonge
> Et boit comme une éponge
> C'est St François qui saute
> Qui fait peur aux bigotes
> St François sur le dos
> Agite ses grelots
> St François sur le ventre
> Retourne dans son antre
> St François sur l'côté
> Ressemble au Chat Botté
> Mais St François d'Assise
> Sur la chaise s'électrise…

# Samedi 5 Octobre – Ste Fleur

Pour une fois, c'est un peu spécial puisque je l'ai écrit en réaction à une éphéméride d'une amie, qui faisait des centaines (j'exagère à peine) de lignes en reprenant in extenso un poème d'Eluard (que je n'aime pas plus que ça...). Et puis, faut bien s'amuser...

        La raison du plus FLEUR est toujours la meilleure.
        Nous l'allons montrer tout à l'heure.
        Un Eluard versifiait
        Dans un pré couvert de verdure
        Kino survient avec ses mots et ses césures
        Par les fleurs et les rimes en ces lieux attiré.
        Est-ce ainsi qu'aux fleurs tu comptes rendre hommage?
        Dit le Kino plein de rage :
        Ah te voilà bien beau à te rouler dans l'herbe
        Et à faire des phrases en ajoutant des mots
        Sans chercher à trouver et la rime et le verbe
        Qui fait vivre le texte et fait naitre le beau.
        C'est pas moi, c'est Ronsard
        Dit le pleutre Eluard
        C'est lui avec sa rose qui a commencé
        Moi tout ce que j'ai fait c'est de continuer...
        Et puis c'est Vilmorin qui a tout financé
        Plus j'ajoutais des fleurs, et plus j'étais payé.
        Tu mens, dit le Kino, tu cherches des excuses,
        Je vois clair dans ton jeu, je devine ta ruse.
        Tu veux jouer les poètes
        Et ne rim' qu'avec Pouet
        Car je vous connais tous, les poètes modernes
        Qui veulent faire passer les autres pour des badernes
        Mais n'êtes que des feignasses
        Faisant fi de la rime,
        Et quand les autres triment
        Au soleil se prélassent.
        Car j'ai tout lu : il faut que je me venge.
        Là-dessus, pour faire son effet (mes rides)
        Le Kino l'emporte et le mange
        Sans autre forme de procès...

## Dimanche 6 Octobre – St B-----

Ce jour-là, à la cour du Roi Clodomir le Nettoyeur (oui, alors pour les surnoms, ce n'est pas moi qui choisit, c'est comme ça et puis c'est tout – d'ailleurs si vous voulez tout savoir, comme il n'était pas très grand, certains l'appelaient Clodominimir…), on mettait les petits plats dans les grands (ce qui est plus pratique que l'inverse) pour recevoir le souverain pontife (qui lui en avait peu… des tifs). Cette visite était un événement et comme le pape avait une réputation de fin gourmet le roi décida de faire appel au plus grand cuisinier du royaume : Paul Bellefesse (qui changea plus tard son nom en Paul BeauCul, mais c'est une autre histoire que je vous raconterai ultérieurement).

Par chance, celui-ci venait de créer une nouvelle recette à laquelle il croyait beaucoup : le lapin aux … (cet ingrédient demeure encore secret à ce stade de l'histoire). On servit les apéritifs, puis les entrées froides, les entrées chaudes, le souverain pontife pontifiait, Clochardminimir racontait des histoires fort passionnantes et enfin vint le moment du lapin aux … (secret je vous ai dit).

Et quand le pape gouta la première bouchée, ses yeux s'écarquillèrent, son regard s'illumina comme s'il avait vu la Vierge Marie en train de danser en string sur la table… ce qui n'était pas possible puisque le string n'avait pas encore été inventé… pas plus que le bois de Boulogne, d'ailleurs… Et il en reprit, il en reprit, vida les marmites et les plats et quand il eut fini il prit une décision unique dans toute l'histoire de la chrétienté. Il béatifia sur le champ l'ingrédient mystérieux et déclara… « En vérité je vous le dis, à compter d'aujourd'hui, le 6 octobre on fêtera la St Pruneau ! » …

Bon alors, dans le détail, le retour au Saint Siège fut un peu problématique… notamment au niveau du siège… car le pontife (et Tondu) fit l'expérience des propriétés laxatives du pruneau ce qui inspira d'ailleurs le proverbe « c'est jusqu'à Rome que ça embaume… »

Quoi B pas P… Bruno ? Oh, ça va vous n'allez pas m'em…… (ben c'est le mot, tiens) pour une lettre ??

## Lundi 7 Octobre – St Serge

*Ne pas confondre avec Saint Siège… Enfin là, en l'occurrence, c'est relâche, rapport à l'histoire d'hier. L'élixir parégorique fonctionnait bien mais comme ce n'est plus en vente, il vous reste la solution du pastis pur… ou sur un sucre…*

Note technique : donc il se trouve que pour les premières pages, j'ai utilisé la plupart du temps une police de caractère assez grosse, j'ai souvent laissé des espaces vides…
Alors, d'accord, c'est reposant pour les yeux, mais ça prend de la place et mon éditeur est en train de me faire les gros yeux (les siens ne sont pas forcément reposés) en se (et me) disant que c'est bien beau tout ça… mais ça va coûter un bras en papier à cause du nombre de pages. Bon, j'ai bien essayé de lui expliquer qu'un fichier PDF c'est virtuel et que donc… en fait… ça ne coûte rien… mais vous savez comment sont les éditeurs… c'est toujours trop long, c'est toujours trop cher… bref… on va un peu réduire. L'édition est un milieu hostile !

## Mardi 8 Octobre – Ste Pélagie

*Il arrive parfois qu'une journée ne suffise pas pour s'en remettre (voir le 6 octobre – suivez, merde ! Ah ben oui, voilà) … A moins que le prénom du jour ne m'évoque rien… Tout bien réfléchi, c'est fort probable…*

# Mercredi 9 Octobre – St Denis

C'est vrai qu'avec sa robe à fleurs et sa moustache, elle nous a fait rêver quand, tout petits, assis sagement sur le tapis St Maclou, nous regardions émerveillés la télé couleur qui trônait dans le salon. Elle ressemblait un peu à Azalée, du Manège Enchanté ou, pour les plus jeunes, à Gisèle des Vamps. Elle nous montrait la campagne, la vie simple de nos ancêtres, la valeur du travail, mais aussi l'avancée de la modernité qui transformait la société.

Elle nous montrait la vérité de la province, avec sa langue simple, ses mots qui touchent là où aucun curé pédophile n'osera s'aventurer ; elle annonçait, à sa façon la venue de Maïté, la chasseuse d'anguilles, et était célébrée par les plus grands. Même Coluche lui rendit hommage et, à ma façon, je me joins à lui, pour lui souhaiter une bonne fête Mère Denis !!!

Oh, ça va, on peut rire, allez, Ok, je recommence…
Le football trouve notamment ses origines dans la soule médiévale. Faut-il y voir un rapport avec le comportement des supporters ? Je ne me prononcerais pas. Toujours est-il qu'à l'époque de la soule les règlements sportifs étaient plus souples qu'actuellement (enfin, là encore, faut voir). Et déjà certains petits malins essayaient des techniques plus ou moins honnêtes pour remporter la victoire. C'était le cas notamment de l'arrière-arrière-……-arrière-grand-père d'un footballeur français, qui était inventeur et, aimait bien, le dimanche, après la messe, aller faire une partie de soule.

(Petit aparté : à cette époque il était courant de dire je vais à la soule pour cacher le fait qu'on allait s'enivrer dans une taverne et les épouses commencèrent à se douter de quelque chose en voyant leurs maris rentrer bourrés tous les dimanches. Alors on inventa un nouveau jeu : le croquet... et en fait, on allait au troquet... Enfin, je vous dis ça, c'est pour votre culture générale, mais je veux bien admettre qu'on s'éloigne un peu du sujet.)

Mais il était mauvais perdant... Mais qu'est-ce qu'il était mauvais perdant ! Faut dire aussi que physiquement... il n'était pas très costaud et du coup, ses tirs étaient très facilement arrêtés par ses adversaires. Il inventa donc un cylindre piston à vapeur qu'il dissimulait sous son pantalon et lui permettait de propulser le ballon de cuir bien plus fort que tout le monde... Bon, en revanche ça brulait un peu les poils des jambes... Et bientôt sa puissance fut connue dans tous les villages alentour à tel point que certains donnèrent un nom à ses tirs puissants : les papinades ! Allez, bonne fête à toi Denis Papin !!

Non, c'est bon maintenant... Vous vous arrangez avec ça... Vous commencez à me « souler » avec vos réflexions sur mes prétendues imprécisions historiques...

## Jeudi 10 Octobre – St Ghislain

## Quoi ?

## Vendredi 11 Octobre – St Firmin

*Oui, il en manque, mais vous ne pourrez pas dire que je ne vous avais pas prévenus. Bon on verra, si j'ai un peu de temps, j'essaierai de compléter plus tard (dans la prochaine édition) ...*

# Samedi 12 Octobre – St Séraphin

Bon, c'est décidé, je ne vais plus m'excuser chaque fois que je raconte l'histoire d'un saint qui n'existe pas. Ils n'ont qu'à arrêter de remplir les calendriers avec des noms à coucher dehors. Comme aujourd'hui par exemple. Séraphin ! C'est quoi ça encore ? Hein ?? Séraphin ?? Hein ?? C'est un prénom pour mal entendant ? De toute façon les seuls Séraphin que l'on connait ce sont les anges séraphins avec leurs six ailes...
Je ne te dis pas comme les parents doivent être contents quand il faut aller acheter des fringues ! Ça m'étonnerait beaucoup qu'ils aient un grand choix de vestes à six trous chez H & M... Après, en sport, ça peut être un plus... Bon pas pour tout... À vélo, par exemple, ça freine... mais en plongeon ou au ping-pong... ça peut le faire...
Mais enfin, franchement... Séraphin ! Non, si on veut vraiment fêter en truc en « -in » qui mette de bonne humeur (à condition d'être un adepte du second degré), autant fêter la St Raffarin !!
Parce que là, pour le coup, pas besoin de chercher des vannes... Il les a déjà faites :
« Win, the yes needs the no to win against the no » ... "Notre route est droite, mais la pente est forte" (alors que quand tu as le gosier en pente... ta route n'est plus aussi droite) ... « Les jeunes sont destinés à devenir des adultes » (vous n'avez pas vu mon masque de La Palice) ... « Il est curieux de constater en France que les veuves vivent plus longtemps que leurs maris » (surtout la Veuve Clicquot) ...

Sinon, c'est aussi la St Wilfried... qui est un prénom belge... Wilfried avec des moules...

## Dimanche 13 Octobre – St Géraud

Enfin !
Si j'osais (oui, je sais, ça ose tout) je dirais même qu'il était temps. Enfin un vrai prénom usuel dans ce calendrier passéiste (encore que certaines créations récentes en matière d'état-civil puissent laisser perplexe - mais bon, ce n'est pas le sujet). Et là, pas d'hésitation ! Vous en connaissez tous des... Géraud... Ah ben, je vois, rien que moi, dans le quartier... j'en connais au moins trois... Déjà, celui qui habite dans la petite ruelle à gauche, lui, c'est simple, tout le monde le connait... Surtout maintenant qu'il a encore pris du ventre, vous ne pouvez pas le rater. Quand il fait la queue chez Unico (oui, ça c'est pour tester l'âge de mes lecteurs... qui sait encore que Super U c'est Super Unico...) il prend deux files à lui tout seul... C'est Géraud Boame...

Après il y a le jeune qui habite la petite maison aux volets verts avec les autocollants anti-nucléaires, qui a installé un poulailler dans son jardin... Comme il est végan, il ne mange pas les œufs, il les garde pour les manifs... Mais, par contre, il ramasse les plumes pour s'en faire des chapeaux... Géraud Nimo, il s'appelle...

Et puis, y a l'autre aussi qui écrit des histoires, avec des cheveux longs (pas les histoires... lui... les histoires elles ont des cheveux courts... comme toutes les histoires). Il parait que c'est le frère d'un chanteur... Géraud Manset... c'est son nom....
Alors, vous voyez j'en connais plein des Géraud... bon des zéros aussi... mais moins que des héros... ceux du quotidien, fragiles et magnifiques... et chiants aussi parfois... mais on ne va pas en parler puisque je suis là pour dire des conneries... uniquement... et... accessoirement... fêter la St Géraud...

Lundi 14 Octobre – St Juste

Mais, puisqu'on vous dit qu'il n'a pas de prénom !!

# Mardi 15 Octobre - Ste Thérèse D'Avila

Bon, on dira ce qu'on voudra, mais quand même... dans le même mois on trouve deux Ste Thérèse... Comment l'expliquer ?
Soit il s'agit d'un prénom qui incite à la piété (et la piété vient en mangeant, je sais – je pourrais aussi vous faire le coup : pieu(x) – Thérèse-...).
Soit, toutes les femmes s'appellent Thérèse (ce qui ferait un bon titre de film français bénéficiant de l'avance sur recettes et pouvant atteindre, facile, les 8.500 entrées).
Soit les chrétiens aiment bien les rimes en « èse » (quelle que soit l'orthographe – hypocrites !!).
Mais bon, tout ça ne m'arrange pas vraiment, car j'ai déjà fait, au début du mois, un petit truc avec des rimes en « èse ». Je ne vais quand même pas vous le resservir ? Fainéant d'accord... mais faut pas se moquer du monde, non plus...
Un autre ??
C'est en Corrèze
Que les obèses
Posent sur la chaise
Un cul balèze...

Bon, mais elle où Thérèse alors ?
Et c'est Thérèse
Sur son trapèze
Qui tombe son fez
Pendant qu'elle b----.
Ah Merde, je l'ai encore dit...

PS : pour ceux qui s'étonneraient que Thérèse porte un fez, qui est un attribut vestimentaire habituellement masculin, il faut quand même savoir que Thérèse est l'ancêtre de la femme à barbe et que, de ce fait, elle se travestissait assez souvent en homme, car c'était plus facile que d'expliquer son abondante pilosité à tous les gens qu'elle rencontrait...
Aile gauche du PS : ceux qui sont surpris par certaines de mes explications historiques font preuve d'un cruel manque d'imagination...
Aile droite du PS : Ste Thérèse est la patronne des joueurs d'échec... M'en fous... Je préfère les dames... (encore que les dames puissent être un échec... mais là c'est juste un truc perso).

# Mercredi 16 Octobre – Ste Edwige

>Je n'suis pas payé à la pige
>Et je n'en tire aucun prestige
>Mais faudrait pas que je néglige
>De dir' quelques mots pour Edwige…
>Qu'est taillée comme un coton-tige
>C'est bien simple, j'en ai le vertige
>Quand elle passe sur ses grandes tiges,
>Un numéro de haute voltige…
>C'est vraiment pas une callipyge
>Mais malgré tout, pas de litige,
>Quand elle passe tous s'érigent
>Au garde à vous devant Edwige…

Bon, ben voilà, encore une belle prouesse en matière de délicatesse…

Sinon, pour ceux qui trouveraient que cette éphéméride manque un peu de contenu historique et de tartinage culturel, quelques « Edwige » célèbres :
Edwige Belmore, dite la « reine des punks », qui fit partie du groupe de « french new wave » Mathématiques Modernes.
Edwige Feuillère, comédienne française du XXème siècle, à ne pas confondre avec Edwige Fenouillères, la concierge de la cité U éponyme à Aix en Provence.
Edwige Van Beethoven, premier/ère musicien(ne) classique transgenre et dont l'opération (il faut bien l'avouer, un peu ratée) inspira à Schubert sa symphonie inachevée…
Edwige Collins, fameuse productrice anglaise de jus d'orange (Orange Juice) …
Edwige aux mains d'argent, célèbre esthéticienne londonienne qui créa la chaine de salons de coiffure «6 Ô » …
Edwige Philippe, femme politique française surtout connue pour ses cuites au vin blanc de Mac(r)on…
Edwige Ridoo, musicienne australienne qui abhorre l'hygiène (et le djembé ça pue les pieds…).
Ste Edwige devait être très gourmande car elle a créé un caramel. Ah, pardon, on me souffle dans l'oreillette (oui, ben vaut mieux là qu'ailleurs) qu'il ne s'agirait pas d'un caramel mais d'un carmel… Autant (Au temps) pour moi…

# Jeudi 17 Octobre – St Baudouin

Roi, c'est un métier difficile. Les journées sont longues, longues... On doit recevoir plein de gens qui se foutent totalement du fait que vous êtes le roi mais pensent que c'est bien pour leurs affaires de demander audience au Roi et viennent vous raconter des choses auxquelles, non seulement vous ne comprenez rien, mais dont vous vous foutez comme du premier livre de coloriage de Jean Claude Vandamme.

En plus vous êtes obligé de porter des frusques totalement ridicules, des jabots, des perlouzes, des chapeaux à la con, des machins qui brillent, des grosses breloques façon rappeur, autant de médailles qu'il y a de pin's sur le blouson d'un apprenti punk/fils de bonne famille. Ça donne mal à la tête (toutes les conneries qu'on entend), mal au dos (toutes ces cérémonies où il faut rester planté comme un arbre* – *cette expression n'est plus valable pour les arbres de la Plaine), mal aux pieds (bon, vous avez compris, je ne vais pas tout énumérer) ...

Quand vient le soir, tu crois que tu vas enfin te reposer et toute ta journée te revient en pleine poire et c'est parti pour une nuit de cauchemar. Mais au sens premier du mot. Je fais des cauchemars toutes les nuits... enfin un cauchemar avec des rebondissements...

Je marche... C'est la nuit... je traverse un cimetière... et d'un coup, le sol se dérobe sous mes pieds ! Je tombe... et j'atterris dans un tas d'os ! Je me relève, je cours dans un couloir étroit et sombre mais celui-ci est bouché par un mur de vertèbres empilées, bien trop haut pour que je puisse l'escalader. Je repars vers la gauche où, miraculeusement une galerie vient de s'ouvrir et m'arrête aussi devant un grouillement de vers de terre à mes pieds.
Alors je repars à droite (façon remaniement ministériel) et je cours, je cours et je m'arrête devant une grande bibliothèque qui obstrue le passage. Elle ne contient qu'un seul et même livre sur tous ses rayonnages : « les souffrances du jeune Vertèbre ».

Un nouveau passage s'ouvre et je m'y engouffre. Je m'enfonce et suis à nouveau bloqué par une avalanche de paquets de bonbons : des « Vertèbre's Original ». Il y en a partout, mais je ne veux pas y gouter (qu'est-ce qu'on est con parfois dans les cauchemars). Et je repars à nouveau, je m'arrête devant une porte entrebâillée. J'entends des voix qui chuchotent.

Je ne comprends pas ce qu'elles disent mais je reconnais ce ton de conspirateur. C'est la 5ème colonne… vertébrale… J'essaie de m'esquiver discrètement mais je me prends les pieds dans un grand tissu qui trainait par terre… C'est un drapeau de la verte Eire… Et là… je me réveille… Sauvé !!!

Putain que c'est dur la nuit d'être Roi des Belges.

Extrait de « Baudouin sauvé des os ».
Allez… et bonne fête !!

## Vendredi 18 Octobre - St Luc

Sachez résister à la tentation de l'anagramme…

## Samedi 19 Octobre - St René

Je sais, les pages « horoscopes et dérivés » des journaux aiment bien l'idée que les gens qui portent le même prénom (ou le même signe zodiacal) ont des points communs… Mais pas du tout… Vous pouvez trouver des gens bien et des gros cons avec tous les prénoms (encore que les ---- sont quand même généralement de gros enc---- de leur race et les ----, alors, eux j't'e dis même pas, c'est bien simple si un jour quelqu'un m'offre un Pokémon, je le prénommerai comme ça…). D'ailleurs aujourd'hui (mais demain aussi – mais faisons ça aujourd'hui puisqu'après tout nous sommes aujourd'hui… au moins jusqu'à demain – et même si t'es manchot – mais pas forcément empereur) nous en avons un parfait exemple (bon, ben là ça fait déjà un bon

gros paragraphe de remplissage, normalement vous devez vous doutez que je suis :
a) pas très inspiré
b) un peu pressé et pas très inspiré
c) vachement bavard pour un mec pressé et pas très inspiré
* plusieurs réponses sont acceptées… mais la c) semble être un bon compromis – et comme disait Coluche « compromis, chose due »)

PS intempestif : je veux bien reconnaitre que j'ai un peu abusé des parenthèses mais fallait bien meubler comme disent les suédois quand tu leur demandes à quoi servent les deux boulons qui restent dans l'emballage.
Oui, alors, donc nous en étions à René… Que dire sur les René ?
Pour les littéraires je pourrais recycler cette petite vanne que je suis allé poster ce matin chez ma complice en éphéméride : « Atala belle vie à bouffer ton Chateaubriand, hein René ? » et qui devrait arracher un sourire à tous ceux qui ont vécu une partie de leur jeunesse avec Lagarde (non, pas celle-là) et Michard.
Il y a aussi l'inventeur du transport érotico-présidentiel : René Coty.
Nous eûmes un ministre de plein de trucs successivement et qui finit président du Sénat : René Monory. J'ai toujours trouvé qu'il avait plutôt une tête à s'appeler René Monoprix…
Un René pour la raison, Descartes, et un René pour la fiction, Barjavel.
Mais le seul René qui compte, le plus gaulois d'entre tous, c'est René Goscinny !!
Dis-moi, c'est quand le jour où, tel le phénix, tu René de tes cendres ?

## Dimanche 20 Octobre – Ste Aline

Voir lundi 21 octobre…

## Lundi 21 Octobre – Ste Céline

La première se nommait Aline
Elle voulait être chasseuse alpine
Conduire une Renault Alpine
Et se croyait plutôt maline.

Et la seconde c'était Céline
Elle aimait pêcher la sardine
Ne buvait que d'la grenadine
Et se trouvait plutôt coquine.
Elles rencontrèrent un beau garçon
Mais quand elles surent son prénom
Elles eurent un mouvement de recul
Je n'peux pas épouser Ursule
Car j'aurais trop peur qu'il m'enc...
… courage à changer de métier…

Je ne sais pas si l'on peut dire que la nuit porte conseil… mais je me suis réveillé avec ça en tête… Va savoir d'où ça venait ?... Bon, du coup, j'ai rattrapé l'éphéméride d'hier et fait celui d'aujourd'hui !!
PS : finalement la pente savonneuse évitée hier... je crois bien que je l'ai empruntée aujourd'hui...

## Mardi 22 Octobre – Ste Salomé

*La citation du jour : Je ne bois que pendant les « Happy Aware » (Jean Claude Van Damme)*

## Mercredi 23 octobre – St Jean De Capistran

*Société : Pourquoi parler du patronat alors qu'on devrait dire le « beaucoup trop n'a » ?*

## Jeudi 24 Octobre – St Florentin

*Physique matinale : si l'angle droit bout à 90 degrés, est-ce que l'angle tiède est à 45 ?*

## Vendredi 25 Octobre – St Crépin

La démocratie c'est le régime politique qui te fait croire que la loi du plus fort va s'exercer au profit du plus faible.

## Samedi 26 Octobre – St Dimitri

Cuisine et histoire latine : Que l'on rende à César toutes ses salades !

## Dimanche 27 Octobre – Ste Emeline

Vacances : J'ai rencontré mon banquier à la plage. Il faisait la planche habillé...

## Lundi 28 Octobre – St Simon

Littérature : « Les chiants désespérés sont les chiants les plus beaux. » (Alfred Demi-Sel)

## Mardi 29 Octobre – St Narcisse

La philosophie de comptoir est écologique, car réutilisable à l'infini... vu que le lendemain... "On avait dit quoi, hier, entre les cacahuètes et les olives ? Si, c'était vachement intéressant, non ??"

## Mercredi 30 Octobre – Ste Bienvenue

*Ah pour dire, j'ai créé ci, j'ai créé ça... là, il y a du monde ; mais quand ça ne marche pas, ce n'est jamais sa faute !!! Dieu, c'est vraiment que de la bouche !!*

## Jeudi 31 Octobre – St Quentin

Il est largement temps que notre gouvernement, dans sa soif de réformes à tout crin (promis, je n'ai pas fait exprès... ce n'est vraiment pas parce que je les considère comme des ânes que j'emploie le mot crin), s'attaque au calendrier. Un toilettage administratif s'impose ! Aux chiottes les prénoms inusités ! On ne va quand même pas gâcher de l'encre pour des prénoms que plus personne ne porte ! Et puis, si vraiment on ne peut pas raccourcir le nombre de jours dans l'année (c'est con, les calendriers seraient plus petits, on économiserait du papier, du coup on abattrait moins d'arbres, ce serait écologique... tiens, au fait, petite devinette locale : quel poids en pâte à papier représentent les arbres abattus sur La Plaine), on pourrait fêter des choses utiles !

La St Dividende, le St CICE, la fête des Bourses, le lundi de CAC 40, N.O.E.L (Nouvel Ordre Ecologico-Libéral), la Somme des Actions, la Ste Croi...ssance, l'Ascension dans les sondages, le Jour du Souvenir de la Démocratie, le Jour des Cendres de l'Honnêteté, l'Immaenculé avec ses Conceptions, le Jour de l'Âne (oui, ben, celui-là, j'y tiens), etc...

Et puis on pourrait rationnaliser (je n'ai pas dit nationaliser – ne nous trompons pas de gouvernement). Aujourd'hui par exemple, c'est la St Quentin. Regroupons ! Fêtons St Quentin, Yves, Line !!

> Quand sonne ton réveil matin
> Tu sais que c'est la St Quentin
> Alors tu bouges ton popotin
> Pour prendre le métropolitain

Tu t'assois sur un strapontin
Avec tous les autres pantins
Y a une odeur de bouquetin
Qui s'est roulé dans du crottin
Ça rappelle tes intestins
Quand t'as bouffé trop de gratin.
J'avais aussi menu fretin
Qui rime avec Yves St Martin
Un petit coup de libertin
Pour aller avec puritain
Ou bien un album de Tintin
Pour un plaisir plus enfantin
Je ne tenterai pas le latin
Mes souvenirs sont trop lointains
Dans l'train de l'humour, clandestin,
Je m'amuse comme un diablotin
Pour le Midi, un peu de thym
Et pour finir tagada tsoin tsoin...

## Vendredi 1$^{er}$ Novembre – Toussaint

La société de consommation c'est quoi ? Eh bien, par exemple, si on écrivait des fables, aujourd'hui ce serait "les Fables de l'eau en bouteille de 1.5l par pack de 6"...

## Samedi 2 Novembre – Défunts

C'est parce qu'il laisse une trainée sur son passage que l'on dit que l'escargot est un "gastropode"... voilà, sur cette touche de finesse matinale... (à mon avis c'est à cause de la salade – ce n'est pas sain tous ces légumes).

## Dimanche 3 Novembre – St Hubert

*Bon vu, le passage précédent, on va se contenter de « qui va à la chasse… ». Laissons tomber le « i ».*

## Lundi 4 Novembre – St Charles

Effet « married » :
Oui, aujourd'hui je fais un peu d'anglais puisque c'est la St Charles (pas la Gare) et qu'inévitablement vous allez penser à celui qui est allé écouter Radio Londres alors que le rock n'existait pas encore (quelle idée !). « Les fiancés parlent aux fiancées » … Pour l'effet « married », non ? Bon, tant pis. On ne va pas disserter sur : « est-ce qu'il vaut mieux se barrer pour défendre son pays ou y rester ? ». Le sujet des migrations est, de tout temps, un sujet épineux…
Un Charles donc qui était grand (« magne ») et qui s'est dépêché (magner) d'aller en Angleterre. Puis est revenu pour fonder la Dictature française avec son ministre de l'information et de la télévision. Quoi ? Pourquoi serais-je le seul à ne pas avoir droit aux fake news ? En plus… pas trop fake sur le coup…
Mais le problème avec Charles, en dehors du nombre de personnes peu intéressantes (j'avais pensé écrire connards – et puis, va savoir, un soudain accès de civilisation m'a fait utiliser cette tournure plus polie – mais vous pouvez remplacer par connards. Bon pour les exemples* je vais les mettre plus loin parce que sinon cette parenthèse ne va plus jamais se refermer… mais promis, je n'oublie pas) qui portent actuellement ce prénom, c'est qu'il y a très peu de rimes en « arle » … A part Arles… Je pourrais la jouer petits bras et faire des rimes en « le » … mais ça serait vraiment mesquin… Non, il va falloir un peu triturer les mots…

        Ce satané grand Charles
        A voulu se faire la marle

L'est parti en avion
Car craignait pour son fion.
Ce satané grand Charles
Revenu en fanfarle
Et la démocratie
Dessus il s'est assis…

En fait, je crois que je ne suis pas très gaulliste… pas très goaliste non plus (le foot me casse les c…)

\* La liste promise des Charles que je n'aime pas :
Charles Deux Grolles
Charles Martel (l'inventeur du cognac éponyme)
Charles Pasqua (un tricard sinon rien)
Charlemagne
Charles Quint
Charles Aznavour
Charles Manson (c'est une maison rouge, accroché…)
Charles Millon (le Million, le Million)
Charles Trenet (oui, ben j'ai jamais aimé, j'ai le droit, non ?)
Charles Bietry (et lui non plus)
Charles Beigbeder (son frère est un pantin faussement de gauche et lui un pantin carrément de droite)

La liste de ceux que j'aime bien :
Charles Baudelaire
Charles qui a Bu(kowski) boira
Charles Darwin (pour faire chier les croyants)
Charles Dickens
Charles Gérard
Charles Montgomery Burns (ouh, pinaize)
Charles Perrault (pour faire le compte)

## Mardi 5 Novembre – Ste Sylvie

Vous allez dire que je vous fais souvent le coup… mais là, je n'ai vraiment pas le temps. D'un autre côté, si vous êtes honnêtes (mais je n'ai pas d'amis politiciens – donc ça reste possible) vous reconnaîtrez que quand je peux… je ne lésine pas sur la quantité (et pour la qualité, j'espère, sinon n'hésitez pas à réclamer… je n'en tiendrai pas compte… mais vous avez quand même le droit… ça vous rappellera quand vous allez voter).

Donc, aujourd'hui, c'est la Ste Sylvie (du latin Sylva : la forêt, et d'ailleurs les aventures de Sylvain et Sylvette se passaient dans la forêt).

Je vous épargnerai la fameuse vanne éculée (non, non, il n'y a pas de faute) : Sylvie va-t'en !!

Sylvie est un prénom assez classique et la tendance actuelle est, très souvent d'accoler (non, il n'y a toujours pas de faute) deux prénoms pour faire original (et là c'était important de ne pas faire de faute car si j'avais écrit « orignal », ça aurait coupé mon « élan »).

Donc, mon conseil du jour… pour les prénoms composés… évitez… Sylvie-Lise… pensez à ce que vous transmettez à vos enfants…

## Mercredi 6 Novembre – St Léonard

*D'après Nino F., il porterait une barbe noire… comme Landru.*

## Jeudi 7 Novembre – Ste Carine

Qu'on pende ces gredins,
Ramassis d'aigrefins,
Harpagons d'opérettes
D'la Plaine à la Joliette,
Matamores puants

Qui jouent les influents.
Derrière leurs SCI
Ils restent bien tapis
Et à l'affut du fric
Affutent leur tactique.
Un peu de corruption ?
Les élus en raffolent
Et se mettent à la colle
Avec tous ses pébrons
Prêts à tout sacrifier pour un peu plus d'oseille ;
Ils iraient en piquer, si on les laisse faire
Dans le porte-monnaie d'une petite vieille.
L'argent n'a pas d'odeur ?
Alors pourquoi ça pue,
Ça soulève le cœur,
Quand tu marches dans la rue ?
La ville a mal aux murs
Avec ceux qui s'effondrent
La ville a mal aux murs
Avec ceux qu'elle érige
La ville a mal aux murs
Elle oublie ses vestiges
Préfère les recouvrir
De béton et d'acier
Et ainsi mieux servir
Ses précieuses amitiés.

Euh… non… en fait, on va laisser tomber les vers et on va faire plus simple. Cette ville est gangrénée par une classe politique pourrie jusqu'à la moelle, et la faute en revient à un camp comme à l'autre. Ceux qui sont en place depuis vingt ans, on les connait et tout le monde sait comment ils fonctionnent : avides de pouvoir, clientélistes, et imbus d'eux-mêmes (on en parle des comptes à l'étranger du premier adjoint, de la SCI de Parakian qui s'octroie une partie de la Villa Gaby, etc… ?).

Et ceux qui sont en face sont tout aussi responsables car si on a abandonné la ville à la Droite c'est parce que la Gauche était

insignifiante et tout aussi pourrie, qu'elle n'était pas capable de susciter l'espoir. Pas la peine aujourd'hui qu'ils fassent semblant de s'agiter et de s'indigner. Donc, tout ça pour vous dire, qu'aujourd'hui c'est la Ste Carine, qui vient du latin carus (précieux, cher).
Alors pensez à ceux qui vous sont précieux... Et ça m'étonnerait beaucoup que vous pensiez à notre chère (onéreuse) Municipalité...

## Vendredi 8 Novembre – St Geoffroy

Quand, à la St Geoffrey,
Le fond de l'air est frais
C'est qu'à la St Geoffroy,
Il fera vraiment froid.

Or donc, alors que je me promenois dans les bois, je rencontrois un individu que je n'avois encore jamais vu.
- Holà, d'où viens-tu toi ? Dis-je en faisant la grosse voix
- Mais de Peyrac, ma foi !
- Serais-tu donc le frère de Nicolas, le troubadour qui chantoit « le sot farfadet, fromage-lait » (oui, ben c'est le Moyen-Âge quand même alors, le titre vous semble peut-être bizarre... mais je ne vous parle pas de la musique).
- Et non, je suis Geoffroy, le marchand de petit pois !
- Es-tu parent avec Geoffrey, le marquis tout cicatrisé ?
- C'est mon jumeau figure toi !
- Mais ? ... Vous ne vous ressemblez pas ?
- Ah, tu trouves, toi aussi ? Eh bien, c'est pour ça que mes parents m'ont renié et qu'au lieu d'être marquis moi aussi, je suis marchand de petits pois.
(Je ne sais pas pour vous... mais moi, je ne sais absolument pas où cette histoire va aller... Ne serait-il pas plus raisonnable de changer de sujet ?)
- Holà l'ami, mais pourquoi tremblois-tu ainsi ?
- Ben, c'est parce que j'ai froid !
- Et de quoi as-tu peur ?

- Mais non, j'ai froid... pas j'effroie.
- Ah, n'essaie pas de m'embrouiller, sinon j'invoque la grande prêtresse du 45 tour et du Guiluguilux...
- Ste Annie Cordy ? Mais quel rapport ?
- Quoi, tu ne connais pas tes classiques ? As-tu oublié qu'elle chantoyait « J'ai froid les pieds » ?
Euh... très honnêtement... je crois qu'à un moment donné... il faut savoir dire SSSTTTOOOOOPPPP !!!
Donc, c'est la St Geoffroy et débrouillez-vous avec ça...
PS : pour ceux que ça intéresse... après « Sot farfadet, fromage-lait... sauge-farigoule dans le fricot » ...

## Samedi 9 Novembre – St Théodore / St Oursin

Non mais, St Oursin ? Tu le crois ça ? C'est la fête de ceux qui en ont au fond des poches ? Et après, ils ont trouvé un truc pour ne pas faire de jaloux chez les coquillages et fruits de mer ? Genre la Ste Huître, fête de ceux qui enfilent des perles, la Ste Palourde, patronne des amateurs de blagues de Toto, la Ste Clovisse, fête des bricoleurs du dimanche (ni clou, ni vis...), la Ste Pétoncle pour ceux qui sont toujours à l'heure « pétante » (je l'aime bien celle-là), la Ste Arapède, patronne des casse-couilles dont tu n'arrives jamais à te dépêtrer, la Ste Moule... non c'est bon... je ne veux pas savoir...
Heureusement il y a quand même des prénoms normaux dans le calendrier. Tu vois, aujourd'hui c'est aussi la St Théodore (ah oui, c'est sûr, là, de suite, ça fait vachement plus sérieux).
Petite précision pour les automobilistes :
Je ne sais pas si Théo courant
Mais lorsque Théo freine
Même si Théo dort (un autre Théo, pas le même... un passager, voilà)
Théo bligé de te réveiller (oui... le Théo qui dormait... sinon ça ne voudrait rien dire... quoique...)

Alors qu'il parcourait les pentes du Mont-Dore
Et qu'à côté de lui, courait son labrador
Il s'assit pour faire un bouquet de bouton d'or
Mais ils ne sentaient rien ; quasiment inodores.
Il regarda la cime ou passa un condor (el condor pasa),
Pensa à Katherine chantant « Louxor j'adore »,
Au vinyle des Procol Harum, Conquistador,
Ou à de vieux succès du groupe Commodore.
Car il était ainsi ce bon vieux Théodore
Besoin d'être perché, com' sur un mirador
Et de voir la vallée, comme un long corridor
Et ses champs de colza, couleur d'héliodore…

Oui ben les champs de colza sur les pentes du Mont-Dore, hein ? Vous savez ce qu'ils vous disent ? J'écris ce que je veux !!! Non, mais !!
Et là… pendant que Théo dort, Théo file… (vous pensez bien que si j'avais trouvé un truc pour Théodule et Théophraste… je n'aurais pas hésité… mais là, rien, pas la queue d'un… non, oubliez le truc avec la queue, sinon ça partir en c…. Bon, supprimez tout le passage)
Si vous pouvez glisser le homard Thermidor,
Ou le toréador, ou même le matador,
Alors là franchement, vous serez un cador
Et vous aurez mérité la médaille d'or.

## Dimanche 10 Novembre – St Léon

Reviens Léon, j'ai les mêmes à la maison !

\*\*\*\*\*\*\*\*\*\*\*\*\*\*\*\*\*\*\*\*

*Communiqué du Ministère de la Défense :*
*Armistice, c'est un mot compliqué pour les militaires. Alors que "WAR", 3 lettres… c'est juste parfait.*

## Lundi 11 Novembre – St Martin / Armistice

Le hasard fait étrangement les choses. Remarquez, il n'est pas le seul… Certaines personnes, par exemple, font étrangement de la politique en servant les intérêts de particuliers particulièrement intéressants (pour eux) au lieu de se préoccuper de la Cité, au sens antique du terme. Certaines personnes se mêlent étrangement de culture à grand renfort de mécénat, de subventions et de concepts abscons qui font plus penser à la foire à l'andouille qu'à quoi que ce soit d'artistique. Et cætera, et cætera, et cætera (Anna et le roi) …

Moi-même, il m'arrive de me mêler étrangement de toutes sortes de choses qui peuvent aller de la culture des petits pois en terrain hostile à l'étude de la reproduction des gypaètes barbus dans les Pyrénées, avec d'ailleurs, il faut bien l'avouer, des succès assez mitigés… Mais, je m'éloigne du sujet (pour changer).
Le hasard fait donc étrangement les choses car il se trouve qu'aujourd'hui : c'est la St Martin (non pas le jockey – private joke pour les turfistes d'Asie Centrale… là où la casaque se tend… bon, oubliez).
Martin venant de Mars, le dieu de la guerre… Et qu'est-ce qu'on fête aujourd'hui, concomitamment (oui, quand on peut le placer celui-là, faut pas hésiter) ? L'armistice !
Franchement, on aurait voulu faire exprès, hein ? Imagine, ce serait tombé le jour de la Ste Gertrude, ben j'aurais été bien emmerdé… Il aurait fallu que je trouve autre chose.

A la St Martin donc, on fête l'armistice d'une guerre décidée, comme toutes les guerres, par des riches et où meurent les pauvres. Une guerre avec des généraux, des maréchaux, une guerre pour les livres d'histoire, avec ses cimetières remplis de croix blanche, à l'horreur anonyme, avec ses commémorations, ses breloques, ses moments de

recueillement, ses anciens combattants, ses hommes courageux et ses lâchetés tout aussi humaines.
Une guerre dont on ne veut plus et que l'on recommencera. Un peu plus loin peut-être. Avec d'autres pauvres, moins éduqués.
Et ici ? Ben on va un peu changer. On va continuer à tuer les pauvres, mais on ne dira pas que c'est la guerre. On dira que c'est difficile, qu'il faut faire des choix, que l'économie est mondiale, que la politique c'est compliqué, que tout ne peut pas se résoudre en un clin d'œil (surtout quand tu es borgne), qu'il faut faire des sacrifices (pour apaiser les Dieux ?) … C'est dur ? C'est con je n'ai plus d'anti-douleur. En revanche, il doit me rester de la presse people, de la télé de merde et de la musique au kilomètre, il parait que c'est efficace pour anesthésier…

Pauvre Martin…

## Mardi 12 Novembre – St Christian

Ah ? La St Christian ? Normalement je devrais être exempté d'éphéméride car s'il y a bien un prénom avec lequel, me connaissant, ça risque de partir en c…., c'est bien celui-ci (et je m'en excuse par avance auprès de mes nombreux amis qui portent ce prénom – mais bon quand même, vos parents auraient pu faire attention… ils devaient bien se douter qu'un jour vous rencontreriez un athée intégriste à qui la seule vue d'une calotte – fut-elle glaciaire - donne des envies de Tchernobyl vaticanesque, de tsunami épiscopal, voire – certains jours - , d'Hiroshima clérical).

Car Christian… ben ça vient quand même de chrétien (je précise que malgré des recherches étymologiques poussées… crétin* ne vient pas de chrétien… on ne peut pas gagner à tous les coups).

Christian ça rime avec fainéant… et ça tombe bien parce qu'aujourd'hui les enseignants (tiens, ça rime aussi) sont en grève. Ça va, je rigole… Faut le prendre au second degré… celui dans lequel ils suppriment les postes…

Christian ça rime aussi avec Dominique Tian… comme quoi… l'actualité. Pour ceux qui n'auraient pas encore vomi sur leur paillasson à la seule vue de son nom (c'est-à-dire, ceux qui ne le connaissent pas), c'est le premier adjoint au maire de la Ville de Marseille. C'est aussi l'auteur d'un rapport sur la fraude sociale… Attention, j'ai bien dit sociale… parce que pour la fraude fiscale, il n'a pas fait de rapport mais a été condamné en janvier 2018 pour blanchiment de fraude fiscale (1,5 million d'euros sur un compte en Suisse et un hôtel en Belgique) à 1 an de prison avec sursis, 1,45 million d'euros d'amende et 3 ans d'inéligibilité…

Et là, vous vous dites, bon d'accord, c'est bien beau tout ça… mais et Christian alors ? Est-ce que ça ne serait pas un prénom arménien ?? Et là je dis… STOP !! Je veux bien me fâcher avec les cathos, les politiques, les enseignants, les Corses (oui, on peut trouver des raisons, aussi), les Aixois, les pratiquants (et les croyants) du djembé, les utilisateurs de «Guetta blaster» (et les vendeurs d'auto-tune par la même occasion) et tous ceux que j'oublie mais avec qui je veux bien me fâcher pour le simple prétexte d'un jeu de mots vaseux… mais si je me fâche aussi avec les arméniens…

Quelques Christian « pitoyables » :
Christian Clavier (comédien de moins en moins Splendid)
Christian « Cookie » Dingler (si on avait pu le laisser tomber…)
Christian Estrosi (… Estrosi… aussi)
Christian Delagrange (mise en plis musicale des 70s)
Christian Jacob (répulsif politique)
Christian Voiladuboudian (charcutier arménien – ah non, pas les arméniens !)

* Pour ceux que ça intéresse « crétin » semble trouver son origine dans le mot allemand « Kreide » (craie) à cause du teint blanchâtre de la peau des personnes atteintes de crétinisme, qui résulterait d'un manque de sels minéraux dans leur alimentation.

## Mercredi 13 Novembre – St Diego / St Brice

Un prof de lettres qui surgit hors de la nuit
Court vers sa voiture au galop
Son nom, il le signe avec un vieux bout de craie
D'un D qui veut dire Diego
Diego, Diego
L'école ce n'est pas fait pour toi
Diego, Diego
Pour les vacances tu fis ce choix
Diego, Diego, Diego, Diego…

Bon après, je ne vais pas faire cette éphéméride sur les Diego, parce que j'en connais un à qui il va encore falloir que j'explique que c'est du second degré (celui où les postes sont supprimés – je sais, je l'ai déjà faite hier… mais je l'aime bien) et qu'on l'aime bien quand même… Oui, quand même, parce que ce n'est pas comme si c'était tous les jours facile…

Mais penchons-nous plutôt sur l'autre élu (oui, moi aussi ce mot m'indispose) du jour. Le nommé Brice. Il parait que ça vient du celte « brictio » qui voulait dire tacheté. Les Brice seraient des taches ? Et Brice Lalonde, c'était une tache de verdure à qui on avait confié la tâche de faire croire que le gouvernement se préoccupait de l'écologie ?

(Ce passage était plus particulièrement destiné aux profs de français qui souhaitent expliquer la différence entre tache et tâche)

Dans le 06 il parait qu'ils ont des « Brice » qui riment avec « Nice ». Chez nous ils riment plutôt avec pastis, panisse ou casanis… Mais casanis ça rime aussi avec Diego (toujours 3 « casa » avant de monter sur scène, c'est le secret de la musique du JYS… le premier qui dit que ça explique bien des choses…). Comme quoi… tout s'enchaîne…

Vous n'auriez pas rencontré Brice ?
Le mari de l'institutrice
Il passe son temps sous les canisses

A se goinfrer de belles panisses
Au barbecue fait ses saucisses
En sirotant son casanis
Et après il dit que tout glisse...
... Un peu comme Alice...
Celle qu'il zyeute avec malice.

## Jeudi 14 Novembre – St Sidoine

Aujourd'hui c'est un jour comme je les aime. Un jour rassurant. Un jour qui te réconcilie avec le genre humain. Un jour où tu te dis : « Non, finalement, l'homme n'est pas de plus en plus orgueilleux, de plus en plus prétentieux, de plus en plus assoiffé d'originalité, de singularité ».
Il l'a toujours été.
C'est particulièrement flagrant avec les prénoms. Tu croyais que le sport national du lancer de prénom à la con, pour faire le malin, être unique, se faire remarquer, faire criser les employés de l'Etat-Civil... c'était nouveau... Pas du tout !
Notre calendrier est plein de ces expériences phonétiques qui ont traumatisé des générations de bambins qui demandaient juste à avoir le même prénom que leurs copains et qu'on leur foute la paix à la récré. Et si vous l'aviez oublié, l'éphéméride est là pour vous le rappeler. Vous avez vu le menu du jour ?
Alors, nous avons Dubric (mais pas Dubroc), Dyfrig, Hypace (et si Hypace est par ici, il repassera par-là), Machan (sans doute moins désobligeant que Machin), Mathan, Montan (ben décidez-vous, c'est masculin ou féminin, c'est « mon » ou « ma » ?), il n'y a pas Menton (mais on est passé à un poil – au menton), Saëns (rappelez-vous le concerto de St Saens... et le concerto de klaxon devant la station d'essence), Sindonia, Sidonius, Sido (c'est juste avant Rémi...) et Vénéranda.
Vénéranda, j'avais lu un peu trop vite et vu Véranda...
Du coup, je me disais, tu vas voir, le prochain prénom ça va être porte-fenêtre (c'est bien pour des jumeaux, non ?).

C'est aussi la Ste Sidonie. Pour les plus anciens, c'est un prénom qui leur évoque sûrement la série d'animation « Aglaé et Sidonie » où une jeune truie et une petite oie sont aux prises avec le renard « Croquetou ». Une époque où les animaux ne s'enfermaient pas dans des boules rouges et blanches pour n'en sortir que pour faire des combats…

Et pour le prénom principal du jour (oui, il y a apparemment une hiérarchie dans les saints), le mieux est sans doute que je vous raconte son origine. Donc, un jour, un heureux papa se présente à l'état-civil pour déclarer son enfant mais il est bien embêté car il n'a pas d'idée pour le prénom. L'employé voyant que l'heure tourne (enfin, techniquement, ce sont plutôt les aiguilles qui tournent) lui demande alors : « Bon, et votre fils alors, il est comment ? »
« Ben, il a six doigts »
« Eh bien, voilà, on va l'appeler six doigts ! »
« Oui, mais ça fait plutôt surnom et puis ce n'est pas très joli »
« Bon, et vous c'est quoi votre nom ? »
« Antoine ! »
« Ben vous l'appelez Sidoine, comme ça, on garde l'idée, et en plus ça rime… »
Comme quoi, parfois, ça ne tient à pas grand-chose…

## Vendredi 15 Novembre – St Eugène

Bon, je ne dis pas que j'ai des preuves irréfutables… mais ça me semble être la seule explication plausible. A un moment ils se sont rendu compte qu'ils avaient trop de saints pour le nombre de jours et, plutôt que de rajouter des jours… ils ont regroupé des saints.
A la base, l'idée devait être d'équilibrer un peu, mais je pense que chez les responsables du calendrier, c'est comme partout : il y a des gens consciencieux et des branleurs de compétition, du genre qui seraient capables de faire se redresser la Tour de Pise.
Ils ont dû se répartir le surplus de saints par mois et pour novembre c'est tombé sur le roi des fainéants. Y'a pas photo. Déjà quand il a vu

qu'il y avait deux jours fériés (le 1er et 11) il a dû se dire « Je ne vais pas m'emmerder à diviser le nombre de saints par 28. Je t'en colle 3, 4 par jour et tout le reste je le fous au milieu, le 15, et tout le monde n'y verra que du feu ».

Et bing, t'en veux du Saint pour le 15 novembre, prends t'en 43 dans les dents !

D'ailleurs, je ne sais pas si c'est un hasard, mais le 43 (Licor 43) est un alcool espagnol. Coïncidence ? Quand on sait que les espagnols sont très croyants…

Mais bon, le nombre, c'est une chose, mais faut voir aussi ce à quoi on a droit… Suffit pas de regarder l'étiquette… faut boire un coup !

Bon, c'est vrai que quand on voit les prénoms, on se dit qu'il n'a pas eu totalement tort de regrouper… parce qu'on a des séries :

Eugen, Eugène, Eugenio, Ugen : vous connaissez le proverbe… où y a de l'Eugène, y a pas de plaisir. Au fait, l'eugénisme ce n'est pas d'appeler tout le monde Eugène… par contre le Gégènisme, c'est quand Gégène a bouffé tous les Shadoks… je sais que vous êtes assez friands de petits apartés historiques et quand je peux faire plaisir….

Arthur (même une table ronde peut avoir des pieds carrés), Arthus, Artur, Arturo, Artus, Arzhul, Arzur et Arty : d'où je déduis que c'est donc le 15 novembre qu'il faut fêter la St Doc Vinegar et les types Arty (c'était le nom complet, au début) !!!

Albert, Alberta, Alberte, Albertine, Alberto, Albrecht, Aldebert et les dérivés Berto, Bertine, Aubert et Elbert : mais pas Elmer… food beat…

Léopold, Léopolda, Léopolde et Léopoldine : je suppose qu'il doit y avoir un autre jour prévu pour les Léonard, Léonarda, Léonarde et Léonardine…

Malou, Malo (t'as mal où ? j'ai mal au…), Malcolm, Maleaume, Mallien et St Maclou… évidemment…

On a aussi St Marshmallow, c'est cool ça ! Ah non, rectificatif c'est Mach-Low… En fait c'est comme St Maclou, mais quand tu essaies de le dire avec des Marshmallow(s) dans la bouche…

Une autre petite série… Kalendion, Calendion et Calendal… mais pas Calendos… qui a priori n'était pas en odeur de sainteté…

Après on a encore Marie-Eugénie... dont on se demande bien ce qu'elle fout ici, vu qu'il y a déjà d'autres Marie partout dans le calendrier... Un petit moment de relâchement dans l'entreprise de remembrement du calendrier, certainement...

Fidentien et Fidentienne... alors là ? Je ne sais pas du tout d'où ça sort... en tout cas comme prénom... ça doit venir du latin « fides », la foi... ce qui serait assez cohérent...

Deux trucs (oui, ben prénom avec des mots pareils, ça ne me vient pas spontanément) qui font assez moyenâgeux : Gurias et Samonas. Ça sonne un peu comme un équipage des Fous du Volant (Satanas et Diabolo ; Roc et Gravillon)

Et je vous ai gardé le meilleur pour la fin : St Céronne ! Supernature au lieu de la Mère nature ! Le disco au plus haut des cieux !! Non mais, sérieux ??

Et après faudrait s'étonner que les rockers préfèrent Satan ??

## Samedi 16 Novembre – Ste Gertrude

Et donc, en dehors de Ste Marguerite (qui, accessoirement, est le quartier où j'habite), dont l'effeuillage est poétique, c'est aussi la Ste Gertrude. Du coup, je suis allé voir l'origine du mot, qui, on ne sait pourquoi, provoque généralement plus facilement l'hilarité que la consternation (sauf chez le mari de Gertrude qui lui, trouve que ça commence à bien faire de se moquer sans arrêt de son épouse).

Et là, quel ne fut pas mon étonnement en apprenant qu'en allemand il existe des formes courtes de Gertrude (je n'ai pas dit courbes, ce n'est pas physique) qui sont Gert et Trudel... Mais ??? Gert et Trudel ce sont les enfants qui se trouvaient dans mon bouquin d'allemand (Brian et Jenny... mais en version teutonne) ???

J'ai appris l'allemand avec Gertrude !! Ben franchement, ça fait un choc, quoi...

Bon, j'en ai profité pour jeter un œil sur les Gertrude célèbres... ça ne se bouscule pas au portillon... parfaits exemples des illustres inconnus (et n'essayez pas de faire les malins avec Gertrude Stein – moi aussi je la connais... mais c'est vraiment la seule).

Sauf côté canonisation… je ne sais pas si les Gertrude ont la réputation d'être des canons… mais de la Ste Gertrude, par contre, tu en as treize à la douzaine. Et vas-y que je te fonde un ordre, une abbaye… Elles n'ont que ça à foutre les « Gertrude » ??
Mais bon, je vais cesser là ce discours que d'aucuns pourraient qualifier d'hérésie… car c'est aussi la Ste Daisy…

## Dimanche 17 Novembre - Ste Elisabeth

*C'est vrai, c'est dommage que je n'aie pas prévu quelque chose car nous connaissons tous un nombre certain d'Elisabeth… Bon, on verra si l'inspiration revient…*

## Lundi 18 Novembre - Ste Aude

*Journée de la lutte contre le financement du terrorisme : Mieux vaut Qatar que jamais…*

## Mardi 19 Novembre - St Tanguy

Au pays des gilets jaunes, cette semaine, un Saint venu de la contrée (pas le jeu de cartes) des cirés jaunes : St Tanguy.
Ce qui nous permet d'avoir une petite idée du sens de l'humour des bretons, qui parviennent quand même à faire béatifier un type qui a tranché la tête de sa sœur… Bon, il s'est excusé, après… c'était une erreur, c'est parce qu'on lui avait dit des trucs sur sa sœur et qu'il les avait cru et du coup, dans un grand élan de piété catholique, il lui avait tranché la tête.
Mais ça peut se comprendre… Le pardon c'est en dernière année de catholicisme appliqué et lui, comme il avait redoublé… il ne l'avait pas encore appris… Bon l'intelligence, par contre, ce n'est pas au programme, breton ou pas.

Enfin, comme dit le proverbe :
Tanguy l'y aura des bretons

Les autres pass'ront moins pour des cons !

Je plaisante, bien sûr, les bretons sont de très bons compagnons d'apéro, aussi susceptibles que les Corses et aussi ombrageux que les Basques… bref tout ce qu'il faut pour ne pas stresser, quand tu te risques à des déclarations à l'emporte-pièce alors que tu as encore deux grammes de sang dans ton alcool…
Sinon, vous pouvez essayer de faire un truc avec un Yogi, qui s'appellerait Tanguy et roulerait en buggy le long du fleuve Oubangui… J'ai essayé mais ça m'a filé mal à la tête… groggy… un peu comme si j'avais navigué sur un dinghy (alors qu'en tant que Marseillais, j'ai navigué avec un Dingau… et je ne conseille pas) … du coup, on attendra demain pour le prochain Saint… On se languit…

## Mercredi 20 Novembre – St Edmond

Normalement je devrais être bien informé sur la St Edmond, vu que c'était le prénom de mon père… mais… pas du tout… car en fait… on ne connait pas ses parents (ça fait une bonne intro / philosophie à deux balles ça, non ?).
Vous savez, vous, qui c'était St Edmond ? Moi non… Bon, bien sûr, je vais aller jeter un œil, car finalement, quand on décide de s'amuser avec les éphémérides, on est obligé de se pencher un peu sur l'histoire, l'étymologie, etc… parce que si l'on veut décrocher quelques sourires, il ne suffit pas de ressortir les vieux jeux de mots éculés (faites attention quand vous lisez… des fois on croit voir des lettres… mais elles n'y sont pas… c'est votre cerveau qui reconstitue en fonction de vos habitudes, de vos goûts, etc… donc… vous voyez où je veux en venir ?) comme, par exemple, Edmond Kucé-Dupoulais, le fameux auteur de « Boutonnière à la Fourragère » (oui, ben vous n'aviez qu'à acheter « Expolars – l'expo qui se lit comme un polar » - toujours en vente - et vous sauriez de qui il s'agit).

Donc St Edmond est un roi martyr d'un petit royaume anglais, tué par les Danois en 870 après JC… soit en 1069 avant JCG (J.C Gredin). Je ne vous raconte pas comment il a été tué (oh, si, j'aimerais bien que tu racontes). Mais si, je te raconte. Bon alors, il a été soumis à la torture, bastonné, ligoté, fouetté, transpercé avec des flèches, et décapité… je me demande si le Danois, à cette époque, n'était pas un peu du genre à rajouter un soupçon de sucre glace et quelques vermicelles en chocolat sur la chantilly qui recouvrait la couche de caramel ??

Et puis avec Edmond, il y a aussi Edmée… Edmée, Edmée, Edmée (Hibernatus).
Edmond est un prénom qui va bien à Marseille… ne serait-ce que pour Edmond Dantès, le Comte de Monte Cristo. D'ailleurs, puisqu'on en parle, il serait sans doute temps de repeupler le Château d'If… Il suffirait de faire quelques travaux avec des subventions de l'ANAH et les geôles seraient très vite opérationnelles. J'ai quelques suggestions de noms prioritaires pour les attributions, à commencer par JCG…

Quelques Edmond célèbres :
Edmond Goncourt pour sa fameuse phrase « Rien ne sert de Goncourir, il vaut mieux signer chez un éditeur qui a les moyens. »
Edmond de Rothschild, époux d'une danseuse de cabaret devenue experte en bonnes manières
Edmond Trukanplum, personnage d'une chanson de Zizi Jeanmaire (et du coup, on revient encore à Marseille avec Roland Petit)
Edmond Rostand et sa tirade des nez à l'exagération tout aussi marseillaise
Edmond Halley et sa fameuse comète. Certains disent que c'est une comète marseillaise parce qu'en fait de comète, il s'agirait d'un ballon mis en orbite par Mitroglou un jour où il rata les cages (un jour normal, donc).
Edmond Maire, ancien dirigeant de la CFDT (Confédération Française Démocratique du Travail… à condition que ça ne contrarie pas trop le gouvernement, ni le patronat, mais que ça ne se voit pas trop non plus qu'on est de leur côté, mais si vous pouviez voter pour nous, quand même…)
Edmond Kiraz, dessinateur de presse qui créa Les Parisiennes (oui, mais là, du coup, s'il y a un rapport avec Marseille… il est un peu plus conflictuel)
Et enfin, Edmond Kussurlacaumode, qui est à l'origine d'une expression utilisée par dérision, en fin d'énumération, dans le sens de « et cætera » … et donc tout à fait à sa place ici même…

# Jeudi 21 Novembre – St Rufus / Présentation de Marie au Temple

Aujourd'hui, on fête un truc qui est, grosso modo, de l'ordre du Papa Noël, du Grinch, des lutins, des elfes, de Bigfoot, du Yeti, bref de l'affabulation totale… La Présentation de Marie au Temple ! Donc, j'explique, pour ceux qui ont réussi à se planquer pendant le catéchisme.
La Marie en question est donc la première bénéficiaire de la loi sur la GPA (Gestation Pour Autrui) que venait de faire voter Hérode Le Grand qui dirigeait à cette époque la Palestine.
Vous me direz quel besoin avait-il de faire une loi sur la GPA alors qu'il n'y avait ni associations pour la réclamer, ni associations pour s'y opposer et que, malgré ce que pourrait laisser croire son physique à la Brigitte Macron, Frigide Barjot n'était pas encore née…
Eh bien, puisque je vous sens curieux de la réponse, c'était en quelque sorte une vengeance familiale… car le père d'Hérode s'appelait « Antipater » qui en latin veut dire « Anti-père », ce qui vous donne une idée de l'ambiance qui pouvait régner la maison.

Mais revenons au sujet, à savoir, Marie, dont, finalement, tout le monde se foutait avant que Jésus ne naisse. Mais après, comme le petit était devenu célèbre, on s'est intéressé à ses parents, leur vie, tout ça… Mais tu as beau chercher dans les journaux de l'époque, rien sur l'enfance de Marie, pas moyen de savoir à quelle école elle était allée, quel stand elle tenait à la kermesse, si elle était inscrite aux majorettes… Rien… Et pour une bonne raison, remarque… Il n'y avait pas de journaux… Même pas de papyrus people…
Du coup, deux siècles plus tard quelqu'un s'est dit : « Je vais bidonner un truc et je dirai que c'est la vie de la mère de Jésus… Je pense que ça va marcher. » Et ça s'est appelé « le Provangile de Jacques ». Il venait d'inventer le « prequel » … Bon, je vous fais ça vite pour l'histoire. En gros, elle devait aller à 2 ans au Temple, mais finalement elle ira à 3 ans… C'est un peu comme pour les maternelles, ils n'avaient

surement pas assez de place pour accueillir tout le monde à partir de deux ans.
Voilà, et la « Présentation de Marie » c'est un peu comme sa rentrée en maternelle.
« Bonjour, je m'appelle Marie. Et toi, comment tu t'appelles ? »
« Moi, je suis un tonton ! »
« Oh, mais comme tu as de grandes oreilles ! »
« C'est pour mieux t'écouter, mon enfant… »
« Oh, mais comme tu as de grandes dents ! » … Non, attendez, ce n'est pas la même histoire, oubliez ça.
Et après, donc, elle va rester là jusqu'à ces 12 ans où on va la marier avec un vieux… Joseph. Ça ressemble quand même bien à un mariage forcé, vous ne trouvez pas ?
Et on fête ça… C'est bien, non ?

Sinon, c'est aussi la St Rufus. Le mot latin « rufus » signifie « roux » mais pour autant vous n'êtes pas obligé de traduire par « roux » chaque fois que vous croisez le nom « Rufus ». Par exemple, si votre voisin s'appelle « Rufus Bignole » … ben vous ne traduisez pas ! Et « Rufus Gaille-Socis » non plus.

Des « Rufus » on ne peut pas dire qu'on en croise à tous les coins de rue… fût-ce par accident… Mais j'aime bien le comédien Rufus et pas seulement pour son rôle de prof d'anglais transi dans « Laisse aller c'est une valse ».

Rufus ce n'est pas fréquent et pourtant je vais pouvoir faire des clins d'œil à certains lecteurs assidus de ces éphémérides :
Pour Phi Thomas (oui, il m'arrive de m'adresser à certaines personnes en particulier, mais rien ne dit que personne d'autre ne puisse trouver ça drôle) … comment ne pas penser à Rufus Larondelle et Saucisson, dans les Fous du Volant !
Et pour d'autres qui ont parfois des goûts musicaux qui m'étonnent : Rufus Wainwright…

# Vendredi 22 Novembre – Ste Cécile

Ne m'emmerdez pas avec Nougaro ! J'aime pas, j'aime pas… C'est comme ça (la la la la la). Je n'ai rien contre un peu de Brassens ou de Brel, mais pas trop longtemps et pas trop fort. Sous prétexte qu'on est né en France, on devrait aimer ces chanteurs dits « à texte ». Ben, non !
Et ce n'est pas parce que c'est la Ste Cécile que je vais faire une exception. D'ailleurs, Cécile, ça vient de « caecus » qui veut dire aveugle… mais pas sourd ! En plus, physiquement, je trouve que c'est un mix entre Gargamelle et Iznogoud (je parle de Nougaro là, suivez merde !) alors, bon… N'insistez pas, même si c'était la Ste Toulouse je dirais exactement la même chose… Ce n'est pas un prénom, je sais… mais c'est pour dire…

Bon alors, pour tout vous expliquer… aujourd'hui, je n'avais pas le temps de préparer l'éphéméride. J'étais obligé de faire un peu à l'avance pour des raisons de déplacement professionnel (oui, parce que quand je bosse à l'extérieur je ne suis pas en condition pour – et je n'ai surtout pas le temps de – me promener sur Facebook ou rédiger ces petites bafouilles quotidiennes) … Mais quand je n'ai pas le stress de l'urgence… j'ai moins d'idées… Alors forcément… ça ne va pas être du haut niveau… Par contre, j'ai déjà réussi à bien délayer, je trouve.
Et du coup, on fait quoi ? Les Cécile célèbres ? Alors voyons voir ce que nous avons…
Ben tiens, Cécile de Menibus… à ne pas confondre avec Cécile de Car Macron…
Cécile Aubry à qui on doit « Belle et Patrick Sébastien » (c'est une version vachement poétique avec des clowns pétomanes qui font du trapèze – j'adore) …
Cecil B. DeMille à qui on doit peut-être du pognon vu que c'était un grand producteur américain. Il produisit notamment Les Dix Commandements… Ce qui donne une certaine légitimité à sa présence dans cette éphéméride.
Cécile Duflot, la teinture verte du gouvernement Hollande.
Sinon, dans les prénoms dérivés de Cécile… vous avez Sheila… Mais déjà que je n'aime pas Nougaro…

# Samedi 23 Novembre – St Clément

Pour la St Clément il me semble qu'il serait judicieux (et adéquat – pas comme Sheila… ça, c'était hier) d'aller réécouter une chanson écrite en 1866 et associée à la Commune de Paris (1871) : Le Temps des Cerises… écrite par Mr. Clément.

Et même, à l'occasion, de lire le texte (de Pierre Vidalin) de la chanson hommage à celle-ci : Les Cerises de Mr. Clément (oui, je sais c'est Fugain et le Big Bazar… mais là je ne parle que du texte) … vous risquez d'y trouver des échos à des situations actuelles (oui, ben je ne vais pas vous citer le texte, cherchez un peu, fainéants !).

Donc, c'est la St Clément ! Pour le côté « historique » - avec des pincettes et des guillemets – Clément fut le premier évêque de Divodurum (prononcez « tu veux du rhum ? »), ancien nom de la ville de Metz.

Je ne sais pas s'il avait un costume particulier, mais il semble qu'il ait été un des premiers super-héros, puisqu'il a ressuscité la fille d'un gouverneur romain et délivré la ville du Dragon Graouilly (Oh ben, si tu crois en Dieu, tu peux bien croire à ça… ce n'est pas pire). Du coup, si quelqu'un vous dit « Divodurum », il faut répondre « y en a plus, c'est l'autre là, celui qui écrit les histoires des Saints, qui a tout bu » …

Pour l'origine du prénom… les versions diffèrent. On m'en a conté quelques-unes dont je vous laisse juges.

Ça pourrait venir d'un nain cleptomane, appelé Passepartus (oui, il était romain – ils sont fous ces romains) qui avait la particularité de ne voler que des clés… et avait été surnommé Clé-Man…

On m'a raconté aussi l'histoire d'un marin, tombé d'un bateau et repêché après un séjour assez long dans une eau assez froide. Il voulait expliquer à son sauveteur qu'il avait eu un problème de gréement … mais comme il claquait des dents … il disait gléement… et l'autre a compris Clément… et du coup, il lui a répondu « Enchanté moi c'est Prosper » … On ne sait pas si le naufragé a répondu « Yop La Boum » … mais en tout cas on n'a pas retrouvé de traces de pain d'épices sur les lieux du naufrage… ce qui n'est pas étonnant… puisque c'était dans l'eau…

Sinon, ça pourrait aussi venir du latin « clemens » qui veut dire « clément » … mais franchement… cette explication me parait trop simple…

        A la St Clément
        Pour boire du Crémant
        Pas besoin d'agrément

Mais verse doucement
Il serait regrettable
D'en verser sur la table

## Dimanche 24 Novembre – Ste Flora

*Dans les toilettes sèches, quand je jette ma poignée de sciure dans le trou j'ai l'impression d'être venu à l'enterrement d'une crotte... La prochaine fois j'amènerai des fleurs...*

## Lundi 25 Novembre – Ste Catherine D'Alexandrie

Ou d'Alexandra…

## Mardi 26 Novembre – Ste Delphine

*Politique : Si, quand vous entendez le mot « communiste », vous éternuez et avez les yeux rouges… Prenez un anti-stalinique…*

## Mercredi 27 Novembre – St Severin / Ste Astrid

Aujourd'hui c'est la fête des corbeaux et des sorcières… c'est la St Steve Severin… Enfin pour Steve, ce n'est pas sûr… mais pour Severin, c'est certain. Du coup, si vous avez des soucis avec les Banshees… c'est le bon jour.
Note de l'auteur : si vous n'avez pas quelques références sur la période punk et post-punk, le paragraphe précédent risque de vous paraître totalement abscons (et rien ne dit qu'il ne le soit pas) mais c'était ça ou vous dire que c'était la St Savarin, ce qui, en termes de jeu de mots, n'aurait pas été très

Brilla(n)t... Je décortique ou vous avez suivi... Non, parce que parfois... même moi... je m'y perds.

C'est donc la St Severin et la Ste Séverine, comme Martin et Martine, Augustin et Augustine, Langoustin et Langoustine, Romarin et Romarine, Boursin et Boursine, Cumin et Cumine, Intestin et Intestine, Célestin et Célestine, Arlequin et Arlequine (voire carton plein – si c'est jour de loto), Benjamin et Benjamine, Capucin et Capucine, Marin et Marine, Galopin et Galopine, etc....

Interlude : en attendant l'heure du vin de messe, rayez les mots qui ne sont pas des Prénoms...

Je pourrais vous parler des monosaccharides
Je pourrais évoquer les polysaccharides
J'en conviens volontiers, le sujet est aride
Mais d'un autre côté... les rimes avec Astrid...
Alors oui, j'ai choisi pour sujet les glucides*
Aurais-je du opter pour les extra-lucides ?
Certains ont des problèmes de triglycérides,
Ben moi, c'est pour écrire cette éphéméride.

*(oui, parce que les monotrucs et les polymachins sont des glucides simples ou « oses » ... comme dans « Descends si tu l'oses ! », phrase que l'on devrait prononcer lorsqu'un maire qui s'est « sucré » se terre dans son bureau... quand bien même il aurait l'âge de « sucrer » les fraises)

Parce que c'est aussi sa fête à Astrid...

## Jeudi 28 Novembre – St Jacques

Alors là, franchement, si ça n'est pas de l'à-propos, je veux bien être transformé en super-héros super-riche, super-beau et super-intelligent (oui, ben tant qu'à risquer une transformation, autant que ça ne soit pas en tarentule ou en bouse de vache).
Vous avez vu qui est le Saint du jour (l'expression fait un peu promo de grande surface, non ? « Aujourd'hui moins 15% sur le St Marcellin, moins 20% sur le St Emilion et moins 25% sur la lessive St Marc ») ?

Ben c'est St Jacques ! Et pas n'importe quel St Jacques (je signale à toutes fins utiles que St Jacques et ses coquilles n'est pas un groupe yéyé français des années 60 – non, mais je précise parce que je connais certains déterreurs de groupes en bois qui seraient prêts à en inventer juste pour faire croire qu'ils sont les seuls à les connaître... Je sais, je m'emporte et après on s'éloigne du sujet alors que celui-ci était vachement intéressant...).
Non, aujourd'hui c'est St Jacques de la Marche. Ironie quand tu nous tiens. En plein conflit (de canard) !
Voilà donc le prénom Jacques, à l'origine du mot « jacquerie », et que l'on entend sur toutes les chaines d'in-faux (mais le faux pas vrai ou la faux du paysan ?) pour désigner le mouvement des « gilets jaunes » qui se retrouve associé à la « Marche » ... donc à l'En Marche... Mais qu'il tombe donc de sa « Marche », ridicule piédestal pour monarque au rabais (les 15% de la promo dont je parlais plus haut), et que l'on célèbre St Jacques de Croc-en-jambe, St Jacques de la Glissade sur le Cul, St Jacques de l'Estramassade, St Jacques de la Dégringolade, St Jacques de la Fracassade...
Je me suis encore emporté ? C'est ça ? Non, mais faut le dire, parce que je ne m'en aperçois pas toujours...

> Ils se prélassent dans leur hamac
> Sur des îles paradisiaques
> En sirotant un vieux cognac,
> Vieil Armagnac,
> Vieillards maniaques ?
> Mais on va passer à l'attaque
> On va leur casser la baraque
> Fini les paradis opaques
> C'est nous qui aurons la matraque
> C'est nous les Jacques...

(Petite strophe supplémentaire pour ceux qui pensent qu'on ferait mieux d'aller se passer un week-end en Ardèche)

> Mais...
> Si t'en as marre de ce cloaque
> Si tu en as vraiment ta claque
> Si tu t'sens à côté d'la plaque
> Viens te ressourcer à Jaujac !
> ... sauf si t'es hypocondriaque... (non, parce que ça, c'est pénible)

# Vendredi 29 Novembre – St Saturnin

C'est vrai qu'ils sont prêts à sanctifier à peu près n'importe qui, voire n'importe quoi, et à voir des miracles là ou, personnellement j'aurais plutôt tendance à voir, soit une fabrique de fifres et de galoubets (ou de pipeaux si vous voulez... mais ici c'est la Provence), soit un catalogue de tours de passe-passe emprunté aux ancêtres de Gérard Majax. Mais là, je suis sûr de moi.
St Saturnin ce n'est pas un petit canard jaune qui parle avec la voix de Ricet Barrier*, tout en distribulant le courrier...
* Ricet Barrier : chanteur et fantaisiste français, qui fut aussi la voix des « Barbapapa » et qui, vers la fin de sa vie, portait la même moustache que Pierre Vassiliu... mais je ne sais pas si ce détail est très important... poil aux dents... (c'est à cause de la moustache... Non ? Bon, tant pis...)
C'est donc la St Saturnin... mais pas celui-ci. Encore qu'il soit tout de même question d'animaux dans cette histoire. Il s'agit de St Saturnin de Toulouse – mais n'en profitez pas pour essayer de me brancher encore sur Nougaro, j'ai déjà dit ce que j'en pensais dans l'éphéméride de Ste Cécile.
St Saturnin était donc parti pour évangéliser la Gaule. Avec un pote à lui, Honest (qui l'était peut-être), ils font un crochet par l'Espagne où son compagnon de voyage se fait martyriser (mais au sens antique – c'est-à-dire, qu'à la fin... il n'en reste pas grand-chose). Il décide donc de remonter vers Toulouse. Bon, là il s'est un peu pris la tête avec des prêtres païens et comme il ne voulait pas sacrifier un taureau, ils ont décidé de l'attacher sur ledit taureau qui l'a traîné sur les marches du Capitole. Les américains, dont on connait la religiosité, en feront plus tard un sport : le « bull riding ». Mais il semblerait que St Saturnin manquait de pratique.
La légende dit qu'un charcutier qui passait par là, en voyant la bouillie humaine en lieu et place de Saturnin eut l'idée de la chair à saucisse de Toulouse... Une légende, évidemment... Alors que tout le reste est absolument véridique et certifié par BFMTV (Balivernes, Fariboles et Mensonges, T'as Vu), qui n'avait pas encore de caméras mais disposait déjà d'un vaste réseau d'affabulateurs munis de leur carte professionnelle de menteurs patentés.
Message à l'attention des chasseurs : Saturnin vient de Saturne (le plomb), il faut donc éviter de plomber Saturnin car ce serait redondant.

                              Le vin de Saturnin,
                              Non, ce n'est pas bénin,

Contient tant de tanin
Que c'en est un venin.

## Samedi 30 Novembre – St André

Qu'est-ce que je vais bien pouvoir faire ? Parait que c'est le Blague Friday, je devrais trouver un truc à gratter pour mon éphéméride... Ben voilà ! Gratter !! Il faut gratter Dédé !! C'est ça, aujourd'hui, il faut gratter Dédé ! C'est de bon aloi (oui, parce que « gratter Dédé » c'était une pub pour un jeu de l'oie... à gratter... aloi / jeu de l'oie... non, ce n'est pas grave... je vais en faire une autre).

Donc, en cette période de pré-fêtes (oui, ce ne sont pas encore les vacances – mais faut déjà acheter les cadeaux) c'est vrai qu'on aimerait bien rencontrer Dédé. Le vrai. Celui du 30 novembre. St André L'Apôtre. Il parait qu'il était là quand JC a multiplié les pains et les poissons pour faire manger 5000 personnes. S'il pouvait le refaire avec des blinis et du saumon, à coup sûr, ils le prennent pour les Restos du Cœur. Ou à la Mairie de Marseille, pour donner un coup de main pour les « évacués d'urgence ».

P.S : cette histoire de Dédé l'Apôtre a commencé avec un cochon... mais il ne faut pas confondre avec Bernard Laporte (ministre de la magouille et du rugby – mais pas forcément dans cet ordre) ... lui le cochon, il en fait du jambon (Madrange) et ce n'est pas un saint... En revanche il y a bien un St André (Philippe) en rugby...

Sinon, ce serait sans doute fastidieux de vous lister les André célèbres... Il y en a trop... Mais ce n'est pas comme dans le cochon (on y revient) ... chez les « André » ... tout n'est pas bon...
- André Franquin (dit Franquin) ... le maître absolu (vivement la St Gaston – qui est aussi le vrai prénom d'Enrico Macias... mais bon...)
- André Pousse... pour Lautner et le vélo (mais surtout Lautner)
- André Courrèges... pour sa mode futuriste
- André Breton... pour le surréalisme
- André Gaillard... le frère ennemi qui n'a pas disparu
- André Rousselet... esprit Canal...
- André Citroën... bon, quand même la DS et la deuche...
- André Dussolier... pour l'Ours et la Poupée...

Mais aussi...
- Andrée Chedid... dont on ne peut que regretter les péripéties musicales de sa progéniture
- André Bergeron (F.O ce qu'il faut)
- André Bézu... queue... du bonheur... et de la bonne chanson française
- André Manoukian... la nouvelle tare ?
- André Rieu... faut vraiment que j'explique ?
- André Malraux, André Gide... pas mon truc... mais bon... si vous aimez...
- André Zanvrappé... toujours enrhubé...

Sinon... il vous reste les chaussures "André"... si vous avez des envies de coups de pied au cul... Si vous avez des envies d'En Marche, en revanche, vous n'êtes pas au bon endroit...

## Dimanche 1ᵉʳ Décembre - Ste Florence

Culture : Un De Vinci à 450 millions d'euros ? J'ai eu peur qu'il s'agisse d'un parking !

## Lundi 2 Décembre - Ste Viviane

Proverbe culinaire : un asiatique qui en a ras le bol n'est pas forcément énervé...

## Mardi 3 Décembre - St François-Xavier

Ethylologie : La boisson permet de créer un certain décalage quand tu chantes avec des gens sobres... en principe, au bout de quelques verres tu as un ou deux mots de retard... c'est ce qu'on appelle chanter en canon (de rouge) ... mais ça doit fonctionner aussi avec la bière...

## Mercredi 4 Décembre – Ste Barbara

*Littérature (ben si, quand même) : Le philosophe Francis Cabrel parle "d'écrire à l'encre de ses yeux". Dans ce contexte, peut-on en déduire que pleurer c'est jeter l'encre ??*

## Jeudi 5 Décembre – St Gérald

*Littérature (toujours) : Quoi ! Quand je dis "François mets ton pardessus pour ne pas avoir froid à l'Assemblée", c'est du travail d'attachée parlementaire ?*
*- Oui, madame !*
*- Par ma foi, il y a plus de 20 ans que je fais l'attachée parlementaire sans que je n'en susse rien, et je vous suis, cher palmipède, la plus obligée du monde de m'avoir appris cela...*
*Pénélope Jourdain ...*

## Vendredi 6 Décembre – St Nicolas

*Littérature, vous dis-je : Si vous cherchez un philosophe renversant, je vous conseille "Space Montaigne"...*

## Samedi 7 Décembre – St Ambroise

*... Croizat, ministre communiste et père de la Sécurité Sociale : C'est en observant des fourmis ouvrières qu'Eugène Pottier écrivit les paroles de l'Internationale : "C'est l'alude finale ... !!!"*

## Dimanche 8 Décembre – Immaculée Conception

*Trop facile... je ne vais pas la faire celle-ci...*

## Lundi 9 Décembre – St Pierre

*L'expression du jour : De quelqu'un qui attaque au gros rouge dès le réveil, peut-on dire qu'il boit dès pochetron minet ?*

## Mardi 10 Décembre – St Romaric

*La question existentielle du jour : Peut-on dire d'un bain de bouche fluorescent que c'est un Gargarisme Glitter ?*

## Mercredi 11 Décembre – St Daniel

Bon sang, mais je le connais le Saint du jour !! Bon, c'est vrai que je n'étais pas au courant qu'il avait été décoré par l'assemblée des napperons colorés qu'on met sur la tête... mais franchement... il le mérite (agricole).
D'abord pour son soutien indéfectible au port du pantalon rouge en toute occasion musicale, soulignant ainsi son côté « mod » incontestable. Un look qui fut d'ailleurs aussi adopté, à certaines périodes, par des représentants du glam comme Marc Bolan ou Bowie (à l'époque où il avait un bandeau sur l'œil).
Mais aussi pour ses élégantes présentations dominicales de cuissards moule-... Non, là je ne précise pas car si jamais des enfants venaient à lire... ah ben tiens, « moule frites », comme ça... ça passe. Oui, gloire à toi Daniel (alias Dan Imposter) le Cycliste... Quoi ? Non mais ça marche

quand même avec Daniel le Styliste, la mode, les dandys, tout ça… Stylite ? Et t'es sûr que ce n'est pas une faute d'orthographe ? Non, ben, c'est sûr, si c'est Daniel le Stylite, je ne le connais pas… J'en connaissais un qu'on appelait Daniel Le Stalactite, parce qu'il avait toujours la goute au nez… pas bon non plus ?

Sinon, on m'a parlé d'un mec qui vivait en Hollande… San Dan…

Non, ok, je n'insiste pas…

C'est donc la St Daniel,
Celui qui vendredi prendra son matériel
Et vous emmènera jusqu'au 7ème ciel
Aux détours d'un showcase en tous points essentiel
Un spécial Kinks, vous dis-je !
Otez vos coton-tiges !
Viendez chez Lollipop, à l'heure de l'apéro
Nous fêterons ensemble, de la pop, ces héros.

## Jeudi 12 Décembre : Ste Jeanne-Françoise

Aujourd'hui nous fêtons Ste Jeanne-Françoise de Chantal. Aux cartes, on appelle ça un brelan de prénoms. Ça n'est battu que par Hubert-Gontran de Marcel ou par André-Emmanuel de Victor, à condition d'avoir aussi le 2 de trèfle, le taureau en Maison 8 (mais pas au 4ème étage – ou alors faut avoir l'ascenseur social en parties communes) la lune dans le caniveau et la main de ma sœur dans la culotte d'un zouave. Ce qui, objectivement, n'arrive pas très souvent. Enfin, je veux dire dans sa globalité… parce que la main de ma sœur…

Je vais vous passer les détails de sa vie parce que, quand même, les saints, en général, c'est un peu toujours pareil : soit ils ont été écartelés, crucifiés, roués, ébouillantés, coupés en petits dés et rajoutés au bouillon de légumes après la première ébullition… soit ils ont construit un monastère, un couvent, une abbaye.

D'ailleurs, quand j'étais en classe, il y avait 4 potes qui, chaque jour, en regardant les saints du calendrier, disaient : « Attention, l'abbaye rode... ». C'est con j'ai oublié leurs prénoms... Mais c'est les mêmes qui avaient organisé un lâcher de scarabées en cours de sciences naturelles... Ce n'est pas grave, ça me reviendra.
Sinon, c'est aussi la Ste France. Moi, j'avais l'impression que c'était un peu tous les jours depuis 30 ans (au bas mot). Ben non ! Elle a un jour exprès... Du coup, quand on voit ce qui lui arrive tous les autres jours... On ne peut que s'inquiéter.

Bon, pour être honnête, aujourd'hui c'est encore un jour fourre-tout avec un trop plein de saints (faites attention à l'orthographe) alors on ne va pas tous les citer. Mais quand même, signalons un bel effort des prénoms bretons avec « Kaourintin » ... qui se traduit en langage canin par « Ouaf Rintintin » ... je ne saurais dire lequel est le plus seyant.

> Le projet gouvernemental
> C'est comme un morceau d'emmental
> Le fromage pour le capital
> Et les trous c'est pour toi... que dalle
> Ah, elle est belle la Ste Chantal !

Oui, parce que c'est aussi la Ste Chantal...

## Vendredi 13 Décembre – Ste Lucie

Des politiques aveugles, des journalistes aveugles, des syndicalistes aveugles, des gens qui se croient normaux mais en fait n'y voient pas mieux que les autres, franchement je ne vois que deux possibilités : soit ils ne se sont pas assez tournés vers Ste Lucie (qui est invoquée contre les maladies des yeux), soit ses pouvoirs ont vachement diminué depuis l'antiquité.
Parce qu'avant, fallait voir ! Ste Lucie ils s'y sont mis à mille pour la transporter au bordel (oui, parce qu'elle était vierge et que ça les énervait – enfin, il n'y avait pas que ça, mais je résume*) mais ils n'ont pas réussi à la bouger d'un centimètre. Ste Lucie, c'était Hulk avec une cornette. Et en moins verte.
Et puis, Ste Lucie, ce n'est pas que pour les yeux. Elle empêche aussi les hémorragies. Alors là quand tu vois ce qu'il se passe : hémorragie de

dividendes, hémorragie de pauvreté, hémorragie d'individualisme, hémorragie de mensonges, hémorragie d'autisme social, hémorragie de suffisance politicienne...
Non, vraiment, Ste Lucie n'est plus au top !
Je ne sais pas si vous avez remarqué, mais j'ai réussi à éviter les jeux de mots pourris du genre « il ne faut pas laisser Lucie faire » ... Et pourtant, j'avais envie...
Lucie ça vient de lux (la lumière) comme dans « Fiat Lux » (le plafonnier de la Fiat 500).
Poème pour Ste Lucie :

    Elle s'en est allé en Biélorussie
    Planquer son pognon dans une fiducie
    Un coup préparé avec minutie
    En développant maintes arguties
    On parle de fraude ? Elle le récuse
    Quoi ? Comment ? On m'accuse ?
    Mais j'ai mes raisons, de bonnes excuses
    Je suis Ste Lucie de Syracuse !!

*pour ceux à qui le résumé ne suffisait pas : Ste Lucie avait été promise en mariage, mais comme elle avait fait vœu de chasteté, du coup... le mec l'a mal pris et l'a dénoncé comme chrétienne (alors que lui par contre était crétin... ce n'est pas loin, quand même) et comme elle ne voulait pas abjurer sa foi ils ont pensé que, pour qu'elle change d'avis, la faire violer dans un bordel serait efficace... Comme quoi, en matière d'abjection et de connerie, y a de l'hérédité !!

PS : je pensais faire un truc en disant que Ste Lucie avait fait son temps mais que ce n'était pas mon temps... Rapport au fait que c'est Ste Lucie de Syracuse... et qu'Yves Montand a chanté « J'aimerais tant voir Syracuse » ... mais je me suis dit que ça allait faire un peu trop... non ?

## Samedi 14 Décembre - Ste Odile

*Tout le monde a l'air de penser que l'on peut rire de tout mais pas avec tout le monde... Et pour pleurer ? Est-on un peu plus libre, ou y a-t-il là aussi des règles ???*

## Dimanche 15 Décembre – Ste Ninon

Le problème avec les religions, c'est que le ridicule tue !

## Lundi 16 Décembre – Ste Alice

Proverbe musical : Il ne faut pas prendre un vrai Si pour un La terne...

## Mardi 17 Décembre – St Gaël

J'en ai ras le Q de toutes les pseudos citations qui fleurissent sur Facebook à longueur de journée, remplies de sentiments gnangnans, d'auto-flagellation et de vérités ultimes... on dirait une collection de cartes postales, dessous de verre et autres merdouilles à deux balles en direct d'un magasin de souvenirs pour touristes de la vie...

## Mercredi 18 Décembre – St Gatien

C'est là que tu te dis « J'aurais mieux fait d'écrire l'éphéméride d'hier ». Encore que... Hier, ce n'était pas terrible non plus : Gael et Judicael. Un coup à faire des rimes avec « marelle », « tarentelle » ou « Gargamelle ». Et en plus, c'était la fête nationale du Bhoutan.
Bon honnêtement, ce n'est pas un endroit où ils rigolent beaucoup, coincés qu'ils sont entre l'Inde et la Chine, dans l'Est de l'Himalaya. C'est pour ça qu'ils appellent ce jour le « Bhoutan Train » (à 7000 mètres d'altitude, moins d'oxygène, donc forcément, le cerveau en pâtit...). Et tant qu'on y est (et vu qu'on risque de ne pas y revenir souvent) la capitale du Bhoutan c'est Thimphou (en marseillais « t'y es un fou »).

Aujourd'hui aussi, nous avons donc, comme hier, un « ga » (avec les deux ça fait Gaga ?). Gatien. Celui-ci, il est tellement obscur que même les cathos ne sont pas certains de son existence.
C'est un type, qui aurait raconté, à un autre, qui lui aurait dit qu'il l'avait vu et qu'il faisait des trucs vachement bien, mais que peut-être ce n'était pas lui, mais un autre qui lui ressemblait... Bref... On n'est pas bien sûr que c'est au Ciel que Gatien trôna... Par contre, on est certain que Gratien Tonna (humour pugilistique et marseillais).

Sinon, on a aussi Briac
A mettre dans le même sac
Mais de ces saints, j'en ai ma claque
Tiens, je m'en retourne à Jaujac (private joke)

Non, vraiment... ce n'était pas le jour...

## Jeudi 19 Décembre - St Urbain

Le soin du jour : l'Urbain debout... et après, vous pouvez aller vous rincer au sauna avec l'Urbain Marie...
Autant le dire tout de suite, Urbain, c'est essentiellement un prénom de pape. Il y en eut 8. Mais celui qu'on fête aujourd'hui (Urbain V) fut le 200ème pape.
Question existentielle : Est-ce que les évêques sont des sous-papes ?
Question subsidiaire : Si « Oui », est-ce que Pie XII a 12 sous-papes ?
Question à la con : Quand on a le pape ôté, a-t-on toujours la papauté ? (Vous pouvez papoter pendant que vous réfléchissez)
Urbain ça vient du latin « urbs », qui signifie la ville... et donc... Urbain... c'est Villain ?
Interlude culturel : je sais que vous êtes friands de précisions linguistiques donc... « urbs » fait partie des noms imparisyllabiques de la troisième déclinaison (mots qui ont une syllabe de plus au génitif qu'au nominatif). Mais bon, comme disait Marie Pierre Casey « Je ne ferai pas ça tous les jours ! ». Par contre ce n'est pas elle qui chante « Won't you Pliz help me ».
Et donc Urbain est aussi un mot qui, au sens figuré signifie, courtois, poli, ayant du savoir vivre. C'est sans doute pour cela qu'il y eut plusieurs papes « Urbain » en pleine Inquisition (Urbain VIII par exemple pendant le procès de Galilée) ... pour compenser... sans doute...
Petite poésie anticléricale :

Des bois c'est pas l'Robin
Il entasse les talbins
Dans l'flouze il prend son bain
Oui c'est le pape Urbain
Avec tous ces larbins
Il traque les chérubins
Planquez tous vos bambins
Quand vient le pape Urbain !

## Vendredi 20 Décembre – St Théophile

Aujourd'hui c'est spécial dédicace pour tous les fans de l'Ancien Testament puisque vous (oui, je ne m'inclus pas dans ces fans) fêtez Abraham, Jacob et Isaac. Bon, faut dire aussi que dans cinq jours le Petit arrive et du coup, on va passer de l'Ancien Testament au Nouveau. C'est donc un peu la voiture balai du calendrier...

Mais c'est aussi la St Zéphyrin, l'audacieux messager ailé aux prises avec Satanas et Diabolo. Alors, je vous rassure tout de suite... malgré le peu de crédit que j'accorde aux églises en général et à l'église catholique en particulier... ils n'ont pas béatifiés un pigeon (°_ù » à ké& blgrmp ^strprgr*... pigeon, comme l'explique si bien Volavoile dans la plupart des épisodes de la saga animée).

Encore que... quand on lit le peu que l'on sache sur St Zéphyrin... on se demande si un pigeon n'aurait pas été un meilleur choix. Car enfin, on nous dit quand même que cet évêque de Rome, du début du IIème siècle, était un personnage assez terne, peu apte à diriger l'Eglise, manquant totalement de subtilité et au bagage théologique assez faible... On pourrait refaire un point sur les critères pour la béatification ? Non, juste une idée, comme ça...

Un bonheur n'arrivant jamais seul, on fête aussi les « Théophile ». Un prénom qui vient du grec et signifie « qui aime Dieu » ou « aimé de Dieu » ... ça dépend dans quel sens on le prend... la traduction, hein... pas Dieu... parce que déjà que je ne suis pas en odeur de sainteté (désolé, c'est l'expression) chez les cathos... alors là... si on croit que je fais des allusions...

Oui, tout ça pour vous dire qu'en fait Théophile c'est comme Amadeus (Amédée), mais en Grec (et ne recommencez pas avec dans quel sens on le prend... je vais finir par avoir des histoires) ...

Et donc... si ses parents avaient été latinistes... Le Capitaine Fracasse aurait été écrit par Amédée Gautier... Comme quoi... ça tient à peu de choses...
Un peu comme cette éphéméride, en fait...

## Samedi 21 Décembre – St Pierre / St Thomas

Ils ont bon dos les grévistes, quand ce ne sont pas les gilets jaunes ! Tous les commerces se plaignent de la baisse de leur chiffre d'affaires et du coup ça solde avant l'heure. Même l'église ! Aujourd'hui, exceptionnellement, deux apôtres pour le prix d'un : Pierre et Thomas !
Bon alors pour Pierre, ça pourrait aller parce que St Pierre c'est quand même le quartier de mon enfance. C'est là que je me suis fait viré des louveteaux pour une certaine tendance à contester à peu près tout ce qui n'est pas prouvé scientifiquement ou, a minima, démontré avec un peu de rigueur, et là... j'étais servi.
Et pourtant j'étais celui qui avait le plus de badges (non, ce n'était pas les trucs de groupes, genre le badge de Jésus & the Crucified Butterflies... c'était des petits triangles de tissu ornés de symboles, que tu cousais sur la manche, et qui voulait dire que tu étais bon pour faire ceci ou cela). Comme quoi, ce n'est pas nouveau, on préfèrera toujours un incompétent docile...
Et puis St Pierre c'est celui qui a les clés. C'est le porte-clés du Seigneur... C'est ça, le mousqueton pour l'ascension jusqu'au Ciel. Alors, moi je dis jusqu'au Ciel... mais certaines parleraient plutôt de l'ascension jusqu'au 7ème Ciel... puisque c'est la journée de l'orgasme...
Autant vous dire que je ne vais pas m'aventurer sur ce terrain glissant (aïe... j'ai failli déraper) d'autres le faisant mieux que moi... non pas ça (quoique, ça aussi peut-être) ... écrire sur le sujet...
Donc il nous reste Thomas... qui ne croit que ce qu'il voit. Ben faut dire que parfois, c'est rassurant de se fier à ses sens plutôt qu'à des raisonnements alambiqués ou des théories à la con du genre de celle du « ruissellement économique ».
Ma théorie, ce serait plutôt « les petits ruissellements font les grands coups de pieds au derrière ».
Oui, alors je dis "derrière" parce que, pour la raison citée plus haut, j'évite de parler de Q. Déjà que j'ai réussi à éviter de parler de la panne des sens (qui n'a rien à voir avec le blocage des raffineries par des grévistes).

Bref, ce soir, c'est la nuit la plus longue... « Les androïdes rêvent-ils de moutons électriques ? »

## Dimanche 22 Décembre – Ste Françoise-Xavière

Bon, je veux bien être gentil (de temps en temps) mais faudrait voir à pas se foutre de la gueule du monde, non plus. Alors on se décarcasse à faire des éphémérides avec des prénoms que tu te dis « y a vraiment des parents qui ne voulaient pas d'enfants » et là, quoi, même pas 20 jours après, on te remet le même au féminin.
Oui, parce que le 3 décembre c'était la St François-Xavier et je ne vous dis pas comme c'était facile d'écrire un truc avec ça. D'ailleurs c'est bien simple, j'ai écrit un texte tellement mauvais qu'il ne figure pas ici. Et aujourd'hui, quoi ? Ste Françoise-Xavière ?? Et après on s'étonne que les gens soient dans la rue ?
Oui, ben moi, pas question que je tombe dans ce piège.
Je reviendrai quand ce calendrier sera tenu par des gens sérieux qui ne mettent pas des noms au hasard dans des cases ... c'est bien simple... on dirait un emploi du temps de collégien : « Ah ben tiens, ça je vais le mettre là – mais tu l'as déjà mis à côté – non mais ce n'est pas grave, ce sont des cons de toute façon !! »
Voilà... sinon, ça va bien vous avec les fêtes qui s'approchent les courses, les cadeaux... Oui, c'est pour meubler... parce que si je ne fais pas un nombre de lignes minimum après j'ai des plaintes comme quoi ce serait du travail de branleur... enfin, je ne vais pas non plus vous embêter avec ça... chacun ses problèmes (sauf Antoine, qui lui ne les avaient plus quand ils sont partis faire les Charlots).

> C'est en allant à la rivière
> Que je suis tombé sur Xavière
> Elle revenait de Bavière,
> Marchait en lisant son bréviaire,
> Elle s'est penchée
> Pour ramasser
> Des épervières
> Son pied a ripé
> Elle a glissé

> Dans la gravière
> Evacuée sur une civière
> Elle faisait pas vraiment la fière
> Françoise-Xavière

Essayez donc de fredonner ça avec un petit air à la con… en principe les airs à la con fonctionnent bien avec les textes à la con…

## Lundi 23 Décembre – St Armand

Aujourd'hui, c'est un peu comme un galop d'essai, un truc pour préparer le terrain. Parce que, jusqu'à présent, dans ce calendrier on ne fêtait que des gens normaux : qui avaient été écartelés, crucifiés, qui avaient jeûné pendant 30 ans, avaient fait vœu de silence (sans doute des gens qui n'avaient pas de belle-mère… parce que rester sans répondre, hein ?), avaient construit (à la sueur des pauvres, oui ben faut pas déconner non plus, quand on te dit que St Machin a construit une abbaye en fait ce sont les paysans qui turbinaient, faut pas croire… non, ça, faut pas croire…) des trucs où des gens restaient cloitrés pendant toute leur vie, avaient traversé des pays pour apporter à des gens qui vivaient tranquilles, des trucs acheté à la Foirfouille pour les convertir…
Enfin techniquement, ça ne s'appelait pas encore la Foirfouille… mais bon… niveau qualité… ce n'était pas mieux.

Donc dans deux jours on va fêter Super Noël, avec sa cape rouge, son traineau supraluminique (pareil que le Surfer d'Argent), et sa hotte d'abondance.
Alors pour la hotte, au départ il avait une corne d'abondance, parce que c'était sympa au niveau référence et tout… mais en fait comme il partait assez souvent pour les livraisons, pour aller voir les Elfes, les lutins, enfin le boulot, quoi… et qu'il laissait la Mère Noël seule à la maison… il s'est dit que peut-être la corne… ça pouvait donner des idées… et du coup… il a échangé contre une hotte !
Et donc là, on va fêter un autre super-héros moins connu. On va fêter Hard-Man. Mais comme les super héros ce n'est pas forcément bien vu chez les cathos, ils ont un peu modifié le nom et c'est devenu Hartmann ou Armand. Bon Hard-Man, au niveau super pouvoirs, il n'en a pas bézef… Juste il est dur… mais dur, quoi ! Genre, la statue en marbre d'un mec têtu… Le truc qui ne va

jamais changer d'avis, pas un sourire, et pense même pas aux chatouilles… ça ne marche pas avec Hard-Man !
Alors, après je pourrais faire tout un tas d'allusions, parce que quand même avec Hard-Man, pour peu qu'on se souvienne qu'avant-hier c'était la journée de l'orgasme…
Mais non, je vous les laisse. Moi je vais juste dire qu'encore une fois les cathos ont merdé. Ils ont fait Hard-Man alors qu'ils auraient pu faire Heart-Man…

## Mardi 24 Décembre – Ste Adèle

Comme dit le proverbe « Mieux vaut Tardi que Jamais ! ». Car c'est sa fête aujourd'hui. Celle que les petits vieux fêtent tous les matins en passant la porte du troquet : « Patron, un blanc sec… pour Adèle ».
Voilà, ça fait déjà une vanne…

Je peux refaire la classique ? C'est risqué parce qu'un jour j'ai croisé M. « H » et je lui ai dit « alors, elle est morte Adèle ? ». Salami de mauvaise humeur…

Donc là on en est à deux… Oui, ben je cherche… ça ne vient pas toujours facilement ! En plus, je ne vais pas vous refaire le coup des saints qui obtiennent leur diplôme de saint parce qu'ils ont créé une abbaye… Bon, d'accord c'est encore presque le cas, puisqu'elle c'était un monastère… Elle a dû être repêchée (enfin… sans trop pêcher quand même, hein ?) à l'oral…

Ben tiens justement à l'oral… on en a une d'Adèle… Enfin, on l'a si on veut. Je n'oblige personne et surtout pas moi.

Sur ce, je vous laisse, il faut que j'aille Noyer Joël (Billy)…

## Mercredi 25 Décembre – Noël

Et donc là, tu as Super Noël qui arrive dans le ciel avec son traineau supraluminique, tiré par des rennes qui ont pris des trucs, que même les Russes y z'avaient pas ça pour les J.O… Et puis il ne fait pas dans le détail, il leur verse directement dans la mangeoire. Tu verrais comment ils démarrent avec ça !

Ah ben là, c'est sûr qu'à Vincennes dans les courses de trot, disqualifiés, direct !!
En même temps, à Vincennes, les courses de rennes, ce n'est pas souvent, mais c'est pour dire.

Bon après, y a renne et renne. Les siens, déjà, à la base, ce ne sont pas les rennes de tout le monde. Il se fournit chez un type qui a un petit élevage sur Medusa IV, tu sais, la petite planète qui est à la troisième sortie quand tu prends la Voie Lactée à péage dans le Vincispace. Poséidon il s'appelle. Son truc à lui, ce sont les régimes alimentaires. Dissociés ? Ah ouais, dissociés de la normalité surtout ! Il les nourrit au sang de Gorgone. Ah ben, je t'ai dit, c'est spécial. Alors, ce n'est pas que ça améliore vraiment leur musculature mais par contre c'est un peu comme avec les fayots pour toi. Ça fait péter… Et le pet gaze… du coup ils sont propulsés…

Après Noël, il a ses trucs à lui. Il a récupéré un stock de pilules qui venaient de RDA. Ils les utilisaient dans les services secrets… dans l'ex-Stasi… Faut juste qu'il fasse gaffe de pas se faire chopper par les CRSpace, tu sais ceux qui sont habillés comme le Surfer d'Argent… oui, ou comme Sheila dans « Spacer », si ça te parle plus… mais avec la moustache de Cerrone dans "Supernature"…
Ben c'est pour ça, qu'il ne sort que le 25 décembre… C'est le jour de la fête de la biture chez les CRSpaces. Du coup, ce jour-là…ils te foutent la paix (oui, le pet, pour les rennes).

Non, après pourquoi il va s'emmerder à vouloir rentrer dans des cheminées avec des paquets cadeaux… J'ai envie de dire… Il fait un peu ce qu'il veut… J'veux dire je ne sais pas exactement ce qu'il y a dans le contrat qu'il a passé avec les lutins mais enfin, on m'a dit qu'en réalité il s'est un peu fait avoir quand il l'a signé… Comme quoi, il ne ferait pas vraiment ce qu'il veut et que ce seraient plutôt les lutins qui dirigeraient l'affaire…

Sinon, quelqu'un veut encore de l'omelette aux champignons ?
C'est vachement bien cet effet morille !!

## Jeudi 26 Décembre - St Etienne

Allez les verres !!

## Vendredi 27 décembre – Ste Famille

T'imagines même pas le bordel dans les canalisations si le traineau du Père Noël était tiré par des taupes...

## Samedi 28 Décembre – Sts Innocents

En tant qu'éboueur de l'âme, je suis pour l'empathie-fini... (faut être marseillais pour comprendre)

## Dimanche 29 Décembre – St David

Pour le mois sans alcool, je ferai juste après celui sans fraude fiscale...

## Lundi 30 Décembre – St Roger

Il faut penser au repas du réveillon. Pas d'idée ?
Alors faites-moi confiance, vous allez vous régaler :
Recette traditionnelle : **Le crastuffur sauvage aux bilourdènes du Poitou.**
Prenez un beau crastuffur sauvage de 4,3 à 4,5 blizas. Oui, alors, pour le crastuffur, l'unité de mesure est le bliza qui est, en fait, si l'on veut faire simple, une sorte de mesure à mi-chemin entre le kilo et le litre, qui non seulement permet d'avoir le poids (en kilo, cette fois) de l'animal mais aussi de connaître la proportion de gras se trouvant entre la peau, à proprement parler, de l'animal et les chairs... Il faut savoir que le crastuffur sauvage est légèrement plus gras que le crastuffur domestique. En théorie, tout du moins, car, jusqu'à ce jour personne, n'a jamais réussi à domestiquer un crastuffur. Mais enfin, à 4,3 / 4,5 blizas, ça nous fait quand même un beau crastuffur !

Donc on va laisser mariner ce crastuffur pendant 3 jours dans un mélange de miel et de vin rouge (de préférence, un vin de la même région que le crastuffur pour éviter que le crastuffur, se trouvant en liquide inconnu, ne déprime et ne relâche ainsi des humeurs qui pourraient laisser un arrière-goût un peu amer).
PS : je sais bien que le crastuffur est déjà mort quand on le met à mariner (encore que je n'avais pas précisé) et qu'il y a donc peu de chances qu'il se formalise d'un dépaysement causé par un vin de provenance inconnu... mais bon, il s'agit là d'une recette traditionnelle qui date d'une époque où certaines superstitions étaient encore bien vivaces... et donc, je retranscris dans l'esprit de l'époque...

**Note de l'auteur** : il est sans doute important de préciser que si vous pensez déguster le crastuffur sauvage aux bilourdènes du Poitou, dimanche après la messe, il faut lire cette recette un jeudi... voire un mercredi, pour vous laisser le temps d'aller faire les courses (je précise parce qu'il est important de préciser quand on ne veut pas se contenter de l'à peu près).

## Mardi 31 Décembre - St Sylvestre

*(Suite de la recette)* :
Vous pouvez rajouter des trucs dans la marinade, pour donner du goût, pour faire joli, des aromates, des épices, mais le plus important reste le choix du plat. Le crastuffur doit être entièrement recouvert de liquide, donc, à moins que vous possédiez des ruches et achetiez le vin par tonneau, choisissez un plat qui épouse bien la silhouette du crastuffur... que celui-ci ne flotte pas dedans...enfin si, dans la marinade... mais bon, vous voyez ce que je veux dire, hein ??

Et donc, il vous reste 72 heures à attendre que vous pouvez mettre à profit, notamment, pour aller acheter des bilourdènes du Poitou. Autant, il ne faut pas déconner sur l'origine du vin (je répète, même région que le crastuffur), autant pour les bilourdènes, c'est moins important. D'ailleurs, d'après ce que j'en sais, le chef qui a donné ces lettres de noblesse à cette recette, utilisait des bilourdènes du Poitou principalement pour la raison qu'il habitait dans le Poitou et que, du coup, c'était quand même plus simple. On m'a d'ailleurs raconté qu'un jour qu'il était beurré, il avait utilisé des bilourdènes de Charente... comme quoi...

Et quand sonne la 71ème heure, vous commencez à découper les bilourdènes en petites tranches de l'épaisseur d'une pièce de 5 francs comme celle que vos grands parents vous donnaient à Noël quand vous étiez petits. Pour les orphelins, faites un effort d'imagination... Et vous réservez vos bilourdènes découpées, pour ne pas qu'on vous les prenne (les gens sont d'un sans-gêne de nos jours. Il s'agit bien évidemment d'une note que je rajoute pour adapter cette recette à l'époque actuelle car tout le monde sait bien qu'avant, vous pouviez laisser vos tranches de bilourdènes sans surveillance et rien de fâcheux ne pouvait leur arriver).

## Mercredi 1er Janvier – Jour de l'An

*(Re-suite de la re-cette – Oui, je sais, pour le réveillon, c'est trop tard) :*
Voilà, il est temps de revenir à notre crastuffur. Observez bien sa couleur : s'il a pris une teinte violette/bleu impérial et que sa peau est parsemée de petites taches blanches... c'est qu'il a moisi !!
Prenez le crastuffur sauvage de secours (ça sera moins bon, mais tant pis).

Prenez un plat à gratin et disposez une belle couche de bilourdènes du Poitou, au fond, pour l'équivalent de 500 francs (la conversion en euros n'est pas disponible dans la recette originelle, mais en gros, ça doit bien napper le plat, comme on dit en cuisine).

Posez dessus le crastuffur sauvage (mariné ou pas selon la réussite de l'étape précédente) puis recouvrez avec le reste des bilourdènes de façon à reproduire le Mont St Michel recouvert par le sable un jour de grand vent (grosso-modo).

Enfournez à thermostat 6 si votre four est neuf et à thermostat 7 s'il a déjà vécu une belle vie de four, pendant le temps qu'il faut pour que ça cuise.

Voilà c'est prêt.

Servez vos invités en premier et laissez-les goûter. Ce qui vous permet de faire croire que vous avez lu le bouquin de la baronne de Rothschild sur les bonnes manières en société... et est en même temps, cela constitue un principe essentiel de précaution.

## Jeudi 2 Janvier - St Basile

*(Suite et fin (faim ?) de la recette) :*

**PS** : on me signale qu'en raison d'une pénurie de bilourdènes, il est possible de remplacer ces dernières par un autre légume de saison, au choix. Honnêtement, de toute façon, moi, les bilourdènes, je n'aime pas...

**PS** : oui, ben si on pouvait regrouper les PS (en courants, par exemple) ça m'arrangerait. Surtout que là, franchement, si on m'avait averti avant je ne me serais pas autant cassé le cul à faire des recherches, et tout... Bon alors, il paraitrait, et c'est quand même à prendre au conditionnel, que le dernier crastuffur sauvage a été observé en 1893 dans la région de Poitiers, à l'endroit, semble-t-il où a été érigé le Futuroscope... Ben oui, mais faut prévenir, merde ! Après on est pris au dépourvu et là j'arrive à la fin de la recette et du coup, on n'a plus de crastuffur... Bon, je prends ça sur moi, mais je vous conseille de remplacer le crastuffur par un animal assez proche (peut-être un peu moins le goût de gibier... mais...), même si je n'ai pas essayé, mais ça devrait le faire : prenez donc une belle pintourte tachetée du Berry... Vous m'en direz des nouvelles !!
En plus ça va super bien avec les aubergines (enfin, si vous avez remplacé les bilourdènes du Poitou par des aubergines).

## Vendredi 3 Janvier - Ste Geneviève

Souvent, quand tu es petit, tu ne comprends pas bien certains mots et tu les transformes. Il arrive que cela soit juste dû à des difficultés de prononciation. Je me souviens, je disais que je mangeais de la « iande » et qu'avec les œufs on faisait de la « gomelette ».
Ça ne semble pas pour autant plus simple à dire... mais c'est comme ça. Mais parfois, tu mets du temps à t'apercevoir de ton erreur parce qu'en fait tu as construit tout un raisonnement qui donne du sens à ce que tu dis. Ok, je vous ai perdu au passage. Un exemple ?
Bon alors disons que c'est plus particulièrement évident pour les paroles de certaines chansons. Tu entends des mots, qui ne sont pas les bons... mais ils ont un sens et donc, tu penses que c'est bien ça. Un exemple, plus précis ? P-t—n, z'êtes chiant en 2020 !

Prenons, la chanson de Zorro... « renard rusé qui fait sa loi » ... Moi j'entendais « ton arme, tes équipes et ta loi » ... Je veux bien admettre qu'au niveau du sens... ce n'était pas génial... mais ça en avait un, ce qui fait que tant que je ne l'ai pas lu... je n'ai pas entendu le truc avec le renard rusé...
Voilà, vous comprenez ce que je veux dire... Ben c'est pour ça que je croyais qu'il fallait s'arrêter, dire à la dame assise sur la borne kilométrique de monter dans la voiture, et partir pour les calanques...
Prendre la Ginette pour aller à Cassis...
Bonne fête Ginette...

PS : cette éphéméride est réservée à ceux qui savent que pour aller de Marseille à Cassis, on passe par la Gineste...
2$^{ème}$ PS : vous aurez compris que même si Ginette a aussi un jour pour elle (le 7 septembre), on peut aussi la fêter le 3 janvier...

## Samedi 4 Janvier – St Odilon

*Bonne résolution : Pour cette nouvelle année, je propose de rebaptiser les bimbos refaites en plastique, des siliconnes...*

## Dimanche 5 janvier – Epiphanie

*C'est étonnant cette manie qu'ont les pourris de crever avant d'aller en taule...*
*Pensée virale de 4h du mat :*
*La peine de mort a bien été rétablie. C'est juste le procès qui a été supprimé...*

## Lundi 6 Janvier – Ste Melaine

*Je trouve que ce gouvernement a la langue de bois pâteuse...*

Bon, sinon, si vous n'êtes pas chaud pour une REVOLUTION, on peut opter pour un bowling avec des quilles personnalisées figurant des hommes politiques ou des milliardaires corrompus (et corrupteurs - si vous n'avez pas peur des pléonasmes) ... mais politiquement ça risque d'être moins efficace...

## Mardi 7 Janvier – St Raymond / St Cédric

Alors, la St Raymond... j'ai déjà fait ça dans un autre contexte... je ne peux pas la réutiliser... ça serait vraiment trop du foutage de gueule... Je veux bien juste vous rajouter un petit truc sur St Raymond... qui explique qu'il n'y a aucune raison que je porte celui-ci dans mon cœur plus que les autres... il a fondé l'école arabe de Tunis pour former les missionnaires... vous savez ces gens imbus de leur supériorité qui partaient casser les c------s de gens qui vivaient tranquilles et ne leur avaient rien demandé. Les initiateurs du colonialisme... les premiers pilleurs de richesses... bref...

Mais - oui, parce que c'était un cumulard dans le genre truc sympa - le mec ne s'est pas contenté de ça. Il aussi édité le premier manuel de l'Inquisition... C'est ça, le bouquin de recettes pour que des gens normaux qui pensaient des trucs normaux (genre, que le soleil ne tournait pas autour de la Terre, et que celle-ci n'était pas plate ou que les rois n'avaient pas été désignés par un gros barbu qui passait la journée à se prélasser sur son nuage) soient obligés de croire à la GPA pour les charpentiers, aux promos sur les poissons et les petits pains et au vin qui se transforme en sang (ce qui n'a aucun intérêt... l'inverse à la limite, je veux bien... en plus est ce que les cépages correspondant au rhésus ? Ah tu peux chercher dans les évangiles... c'est écrit nulle part !).

Donc, comme je le disais... je ne vais pas parler de la St Raymond...
Bien plus amusantes sont les histoires de St Cédric...

>Comment il traversa l'Afrique
>Dans une voiture électrique
>Ce fut un voyage homérique
>Hélas, quelques ennuis gastriques
>Le rendirent un peu colérique
>Surtout quand des chameaux lubriques

Le poursuivirent dans une crique.
Tapi derrière une barrique
Il lâcha un pet tellurique
Et là, il était bien embêté parce qu'il n'avait plus de rime pour continuer l'histoire, mais par l'un de ces hasards que le Destin réserve aux audacieux…
Non loin se trouvait la fabrique
D'élixir parégorique…

PS : si vous n'en avez pas vous pouvez verser directement du pastis sur un sucre…

## Mercredi 8 Janvier – St Lucien

Le 8 janvier c'est la date anniversaire de la naissance de David Bowie… mais aussi de Pascal Obispo… comme quoi, on ne peut pas gagner à tous les coups…
Donc, aujourd'hui, c'est la St Lucien. Un prénom porté par des personnages qui, de prime abord (honnêtement ça fait très longtemps que je n'ai pas utilisé cette expression), semblent très différents. On peut penser à Lucien Leuwen (Stendhal), à Lucien le héros de Margerin, à Serge (Lucien Ginsburg) Gainsbourg, à Lacombe Lucien, Lucien Bonaparte… et comme dit le proverbe « Dieu reconnaitra Lucien » …
On a aussi des prénoms bretons : Gurvan et Filiz… Je n'en connais pas… mais j'ai quand même trouvé un proverbe qui en parle… c'est un proverbe breton qui dit : « il vaut mieux St Filiz que six filiz… » Ah ben, il faudra bien que vous vous débrouilliez avec ça, je n'ai pas trouvé mieux.
Sinon le 10 janvier c'est aussi l'anniversaire de la mort de Bowie…

## Jeudi 9 Janvier – St Alix

Ron… pschitt…. ron… pschitt… zzzzz…. Rrrr…
Nous sommes en 80 après JCG (Jean Claude Gredin) et toutes mes grolles sont occupées par des chaussettes qui normalement devraient se trouver dans le panier à linge….
Driiiin…. Driiiinnnn….
Comment ça driiinnnnn ???

Zboinggg ! (Onomatopée d'un poing vigoureux – ou presque, selon l'heure – s'abattant sur le réveil le plus proche)
Zzzzz… rrrrrr…. pschitt… ron…. pshitt…
Nous sommes en 80 après JCG (Jean Claude Gredin) et tous les plateaux de télévision sont occupés par les légions de Jules Macronar… Tous ? Non, car dans la France périurbaine se forment des campements de Gaulois réfractaires* : Giléjum, Vienparicîquejetassum, Déssensityéeunum, Mangédépum (c'est un vieux campement), Santémoicétarum, Mepranpapouruncum, Tabaniolkesskelkonsum, …

Redriiiiinnn….. redrriiinnnnn….
Comment ça redrrriiinnn ???
Rezbbboinnggg… Aïiiee !! (Oui, parce que la première fois le réveil explose et après tu tapes sur des petits morceaux pointus et ça fait vachement mal – non, mais je précise parce que les onomatopées c'est bien pratique, mais ça manque un peu de nuances…).

Fais ch… ! Je faisais un super rêve pour la St Astérix… Alix ? On s'en fout c'était un gaulois aussi… Allez, bonne fête Alix !

*PS : Beaucoup de gaulois réfractaires s'appellent Pierre… tu es un Pierre (réfractaire) et ensemble nous allons « cheminée » … Cette vanne fait assez souvent un four (à pizza).

## Vendredi 10 janvier – St Guillaume

Aujourd'hui c'est la St Guillaume et c'est aussi la St William. Petit moyen mnémotechnique pour les différencier : Guillaume d'Orange et la poire Williams… Vous me direz, pourquoi les différencier et je vous répondrai, je n'en sais rien, mais quand j'ai lu ces prénoms c'est la première idée qui me soit venue…
C'est aussi la St Billy. D'ailleurs je me demande d'où peut bien sortir ce St Billy, vu que le seul Billy que je connaisse, c'est Billy The Kid (William Bonney). Boney M… ce n'est pas la même famille… et ce n'est pas la bonne taille, non plus.
Et on fête aussi les Guillemette… un prénom qui m'évoque évidemment Achille Talon et sa mondaine fiancée, « Virgule de Guillemets ».

Les suffixe « ette » sert généralement à indiquer qu'il s'agit de la même chose mais en plus petit... un diminutif en quelque sorte... mais ça ne marche pas à tous les coups :
Une baguette n'est pas une petite bague.
Barcelonette n'est pas une petite Barcelone
Une bavette n'est pas un petit filet de bave
La Dette n'est pas un petit dé, mais une grosse enc---rie...
etc (alouette, banette, corvette,) ... oui, là, vous pouvez en rajouter, c'est ce qu'on appelle une éphéméride participative...

Bon, pour les Bretons, on fête les « Radian ». Voilà... tout ce qu'on peut dire c'est que c'est de saison...
Ah oui, avant qu'on oublie, le St Guillaume du jour c'est Guillaume de Bourges... hein ! Et pas Guillaume de Pauvres ou Guillaume d'Ouvriers... alors... sans tomber dans la parano... c'est quand même un signe, non ??
Bon alors, et nos célébrités du jour ?

Guillaume Apollinaire, qui a écrit « la chanson du mal-aimé » ... mais pas celle de Claude François.
Guillaume Bats, atteint de la maladie des os de verre et partenaire de Jérémy Ferrari dans un sketch mémorable.
Guillaume avec un numéro derrière : tout un tas de rois, princes, nobles à la con de pays ayant eu à subir des périodes monarchiques plus ou moins longues.
Guillaume Tell, agriculteur suisse ayant développé une technique particulière pour ramasser les pommes, assez éloignée du concept de productivité...
Guillaume de Quelque Chose : voir Guillaume avec un numéro derrière...

## Samedi 11 Janvier – St Paulin

Je ne sais s'il a ri Paulin, mais je vais en profiter pour en remettre une couche sur la fraude fiscale parce qu'il faudra bien qu'un jour tout le monde comprenne que, sans ça, il n'y aurait pas de problèmes de Sécu, de retraites, de chômage, etc...

Souvent on essaie de vous faire croire qu'il y aurait une différence entre une optimisation fiscale, qui serait légale, et une fraude fiscale, qui elle ne le serait pas.

Je vais vous expliquer la différence entre les deux. L'optimisation fiscale c'est quand vous avez les moyens d'engager des avocats très connus, de grands cabinets qui, avec l'aide de banquiers très connus de grandes banques, vont mettre en place des montages financiers qui multiplient les sociétés intermédiaires (essentiellement des coquilles vides) situées dans plusieurs pays, dont au moins quelques-uns à « fiscalité privilégiée » ou, a minima, à gouvernement facilement corruptible.

Bien évidemment tout le monde connait ces pays : le Luxembourg, les iles anglo-normandes, les mini états du Pacifique, Panama, l'Irlande, le Delaware, Hong Kong, l'Ile Maurice etc…, et, en règle générale, tous les pays où les pouvoirs du fisc sont relativement faibles, les systèmes plutôt vétustes ou les dirigeants corrompus.

Donc, quand vous voulez vérifier que ce montage n'est pas frauduleux, il va falloir que vous utilisiez des procédures qui impliquent plusieurs états, plus ou moins coopératifs, vous obtiendrez des réponses plus ou moins précises, plus ou moins rapidement et à chaque étape des différentes procédures, les avocats utiliseront tous les recours possibles, pour allonger la procédure.

## Dimanche 12 janvier – Ste Tatiana

*(Non, je n'ai rien contre les Tatiana, mais il se trouve que je n'ai pas fini mon histoire)*

Et donc, suite de l'histoire…
Entre temps, les personnes chargées du contrôle auront peut-être changé de service, les dossiers auront voyagé un peu partout, on perdra des pièces, on attendra que les différents bureaux des services fiscaux prennent des positions sur des problématiques particulières…
Bref… Au final, vous avez un ou deux inspecteurs du fisc, souvent aux prises avec un encadrement frileux à l'idée de s'attaquer à des entreprises dans lesquelles ils se verraient bien finir leur carrière (ben oui, il y a ça, aussi… vous croyez quoi ?), qui font face à des cabinets d'avocats pléthoriques, qui font de l'opposition systématique et usent et abusent de manœuvres dilatoires qui ne sont quasiment (oubliez le quasiment) jamais sanctionnées par la justice.
Et au bout de x années… quand les procédures et les gens sont fatigués… c'est de l'optimisation fiscale…

La fraude c'est pareil mais vous avez réussi à obtenir des documents (par la presse, des lanceurs d'alerte, des perquisitions...) qui prouvent que tout cela est fait au bénéfice unique du dirigeant ... et donc, en plus des problèmes fiscaux à traiter, vous aurez aussi un bataillon supplémentaire d'avocats pour s'opposer à l'utilisation de ces documents...

## Lundi 13 Janvier - Ste Yvette

*(Oui, ben je suis bien désolé pour Yvette aussi... mais quand je commence un truc, j'aime bien aller au bout)*

Mais, malgré cela, on vous objectera qu'il faut faire confiance aux entreprises et que l'optimisation fiscale (à supposer que cela existe) permet à l'entreprise de mieux se positionner sur un marché fortement concurrentiel...

Ce à quoi je répondrai : balivernes (j'avais bien d'autres mots en tête mais je sens que l'hiver va être long, alors j'en garde en réserve). Le point commun entre une chimérique optimisation fiscale et une réelle fraude fiscale... c'est que, quel que soit le montage... à la fin, vous avez un enrichissement du (des) dirigeant(s)... et pas de l'entreprise.
Oui, parce que pour investir, vous n'avez pas besoin de faire des montages... l'investissement c'est déductible... vous ne paierez pas des impôts sur des sommes utilisées dans l'intérêt réel de l'entreprise...

Sur ce, je laisse aux optimistes (oui, ben je vais rester poli) le soin de répondre au courrier du petit télégraphiste du néolibéralisme et je retourne à mes conneries...

## Mardi 14 Janvier - Ste Nina

Non, juste pour vous dire qu'aujourd'hui les Bretons fêtent St Hiler...
A une lettre près... On était mal...

# Mercredi 15 Janvier – St Rémi

Et aujourd'hui c'est le jour du solfasilasiré (mais pas avec la lessive St Marc – ce n'est pas le jour) … le jour doré…de la fidèle Lasi… du fado… du rési… de lado… de lami… du siré… de Solutré… de Charybde en Sila… oui, c'est le jour où l'on peut faire n'importe quoi avec des notes de musiques car c'est la St Rémi ou Rémy (de Provence ? non, de Reims).

PS : avant que vous ne commenciez à faire des réflexions idiotes, que je le prenne mal, qu'il y ait embrouille, engatse et engambi… c'était en phonétique !!!

Alors, entendons-nous bien… n'importe quoi dans les limites du raisonnable. Pas question d'en profiter pour écouter du Rémy… Bricka !
Car il tape non seulement sur tout un tas de trucs pénibles, mais aussi sur les nerfs. N'oublions pas qu'il a été, 3 fois de suite, Djembé d'Or au festival de Do-ville et grelot de bronze à Ut-recht (oui, c'est pour l'international). Je vais donc refermer cette parenthèse (et la porte pour atténuer le bruit).

Donc nous en étions à St Rémi de Reims. Je ne vais pas vous faire languir plus longtemps (certains prétendent que je prends un malin plaisir à faire des digressions juste pour embêter… c'est évidemment totalement faux… ou, presque) et je vais de ce pas (ou de l'autre, si je suis parti du mauvais pied) vous narrer son histoire. Plus exactement, vous raconter ce qui l'a rendu célèbre (fa-mous). Il fut donc évêque de Reims à l'âge de 22ans… comme disait un ami fabricant de sabre « l'avaleur n'attend pas le nombre des années ».
A cette époque, donc, les Francs étaient des païens. Leur roi, Chlodovechus (non, ça ne veut pas dire vieux clodo) avait besoin du soutien de l'Eglise catholique pour affirmer son pouvoir et il va donc être baptisé par celui qui deviendra St Rémi. Petite anecdote amusante, Chlodovechus avait épousé Clotilde, qui était anorexique et du coup, on les surnommait Clovis et Palourde (c'est parce que clovisse et palourde, c'est pareil… non, parce que si on ne le sait pas forcément, c'est moins drôle).
Non, je ne l'ai pas dit d'entrée que Chlodovechus c'était Clovis pour garder l'effet de surprise…
Et ils vécurent Euros et eurent beaucoup d'enfants…

Voilà, voilà…donc c'est aussi la Ste Rachel… que l'on peut écrire Ra-Shell… pour rester dans les coquillages (c'est une vanne bilingue – alors que la palourde est un coquillage bivalve…)

Et les bretons, toujours optimistes, fêtent les … Mor…

Quelques Rémy célèbres ?
Rémy Bricka : on avait dit non, il me semble…
Rémy Martin : voir Rémy Cointreau
Rémy Cointreau : voir Rémy Martin
Rémy Mozart : frère cadet d'un musicien qui devint horticulteur
Rémy Stigri : Joueur de cartes malchanceux
Rémy Molette : fromager Suisse
Rémy Limètre : coupeur de cheveux en 4
Rémy Chelmabel : chanteur anglais à qui les Beatles doivent beaucoup (notamment en droits d'auteur)
Rémy Zantrope : bon, il n'est pas très connu… mais en même temps… il ne fait rien pour…
Rémy Ronton : éleveur de bœufs
Rémy Nibar : son nom peut prêter à confusion, mais il est plus porté sur la boisson que sur le sexe…
Rémy Zancoze : héritier d'une longue famille d'hommes politiques…
Rémy Nissance : c'est bizarre… mais je l'ai oublié…

## Jeudi 16 Janvier – St Marcel

16 / 1 / 2019
16 + 1 + 2 + 0 = 19 !!
Mais aussi : 16 + 1 + 2 – 0 = 19 !!
Comme quoi, les zéros, au lieu d'en rajouter, on peut en enlever, ça ne change rien (petite allusion, absolument pas politique). C'est super la numérologie, non ? Enfin, en tout cas, aujourd'hui ça marche… Et quelque part, c'est assez (para)normal… puisqu'aujourd'hui (alors ça c'est spécial aussi – deux apostrophes à la suite – vous croyez au hasard ?). Aujourd'hui, disais-je… c'est la St Marcel !!

Et ceux qui me lisent assez régulièrement savent que Marcel, c'est un prénom qui me parle. Pas tellement parce que c'est le prénom d'un de mes grands-pères, ou le deuxième prénom de mon frère (une conséquence malheureuse), ou une forme de vêtement que je ne portais pas quand j'étais ado, car cela aurait nécessité au niveau deltoïde/brachial/biceps, une masse musculaire qui, chez moi, était plus timide qu'extravertie (encore une belle phrase bien alambiquée ça, tiens… c'est sûr qu'on s'éloigne assez franchement du rapport administratif façon énarque. Faut dire aussi que c'est généralement assez soporifique… d'ailleurs on parle bien d'énarquolepsie…).

Donc, disais-je, avant de m'interrompre intempestivement sans raison autre que celle de rajouter quelques calembours douteux, Marcel est un prénom qui me parle… En fait, Marcel me parle… et pas toujours de choses rigoureusement scientifiques, d'ailleurs. Comment ça quel Marcel ? Pour de bon, faut que je vous explique tout ? C'est à se demander pourquoi je passe du temps à écrire des trucs si vous ne les lisez pas. Parce que ça m'amuse ? Bonne réponse !!

Donc, pour ceux qui ne lisent pas mes vœux de bonne année (oui, c'est souvent à ce moment-là que Marcel se manifeste) Marcel Nostradamus, que j'ai connu il y a quelques temps déjà, se présentait à l'époque comme le digne descendant de Michel (non, pas la Mère qui a perdu son chat) et livrait ses prophéties au plus offrant… en exigeant un paiement en liquide (voir la suite) …
Marcel est actuellement détenteur d'une carte officielle de MAGE (Maître en Anticipation des Gesticulations Environnantes) et a la particularité de lire l'avenir dans les boissons anisées. Il s'agit d'un véritable travail et non d'un TUC… même si ce dernier s'accorde parfaitement avec les apéritifs et il exerce en direct Olive… Comme tout professionnel qui se respecte, Marcel Nostradamus est membre de la CULASSE (Confrérie des Usagers de Liniments Anisés pour la Santé, la Sobriété, Etc…).

Et Marcel m'a annoncé des choses intéressantes pour cette année… mais comme c'est déjà dans mes vœux pour 2019, je ne vais pas les répéter… Déjà que certains trouvent que j'ai tendance à en rajouter…

Et la béatitude dans tout ça ? Ah ! faut voir Marcel au travail, les yeux levés vers le Ciel, perdus dans l'adoration du Seigneur… Si ce n'est pas de la béatitude, ça ! Quoi, le vrai ? Oh, ça va, vous n'êtes pas très joueurs en fait !

Bon alors, St Marcel a été pape pendant un an sous le nom de Marcel 1er. Et hop, béatifié... Un peu comme les ministres en fait... un petit ministère, pas trop longtemps... et hop... retraite de ministre...

D'ailleurs, et vous savez qu'on ne peut pas me soupçonner d'une quelconque tentation christique (mais critique, oui), je me demande s'il n'y aurait pas moyen de s'inspirer, au niveau politique, du système des Saints.

Par exemple, les ministres ou les députés effectueraient leur mandat et après ils seraient crucifiés, écartelés, martyrisés, bouillis, raccourcis (je ne vais pas non plus entrer dans les détails liturgiques), ils y gagneraient leur nom dans le calendrier et on économiserait sur le budget retraite. Enfin, ce n'est pas encore bien finalisé mais essayez de garder ça en tête, ça peut marcher... surtout qu'il parait qu'en ce moment il faut faire des propositions originales... dans des cahiers de con-doléances...

Des Marcel célèbres ? Autant le prénom n'est pas top... autant il a quand même été vachement utilisé... et pas uniquement par ou pour des nuls :
Marcel Carné : inventeur du cinéma Végan (si, c'est vrai !)
Marcel Amont : chanteur des années 60 qui se fait maintenant appeler Marcel Aval (parait que c'est à cause du succès qui ne serait plus ce qu'il était...)
Marcel Aymé : auteur de Clérambard. Par contre, ce n'est pas lui qui écrit dans les Carambars...
Marcel Azzola : Yvette Horner en pantalon
Marcel Bigeard : Bigeard, vous avez dit Bigeard ? Comme c'est étrange...
Marcel Campion : la roue tourne...
Marcel Cerdan : ah bon, on ne dit pas protège-dents ?
Marcel Dassault : fils de famille riche et père de politicien véreux (ah ben quand on résume comme ça, déjà, c'est moins sympa)
Marcel Gottlieb (dit Gotlib) : DIEU (n'en déplaise à certains)
Marcel Pagnol : si au moins il n'avait pas fait tourner Orane Demazis (chacun pense ce qu'il veut, mais c'est pour moi l'actrice la plus catastrophique au monde des 3 derniers siècles. Et je crains qu'elle ne conserve le titre encore un certain temps).
Marcel Rufo : pédopsychiatre qui a soutenu Macron... Un cas pratique ?
Marcel Teppaz : le Teppaz, c'est lui...
Marcel Zanini : clarinettiste à chapeau
Marcel et son Orchestre : rock festif... antinomique...
Marcel Marceau : …. ….. …. …. ….. …. …… … ….. … ……..

## Vendredi 17 Janvier – Ste Roseline

> Une pleine assiettée de purée Mousseline
> Avec un bon gros steak de viande chevaline
> Une bouteille d'eau, mais de la Cristalline
> Ah quel repas de fête pour Ste Roseline !
> Et comme entrée ? Pourquoi pas des tellines
> Sortons la porcelaine de la naphtaline
> Ça y est, je sens monter en moi l'adrénaline
> Euh …
> Non… en fait c'est vraiment trop cucul la praline
> Je vais plutôt jouer un peu de mandoline
> Ou l'écouter siffler, là-haut, sur la colline
> Ou même l'emmener faire du trampoline
> Ou une promenade dans une berline ?
> Mais la robe à crinoline,
> Avec la capeline…
> En zibeline…
> Comment dire…
> Ça n'fait pas très féline…

Et du coup les rimes avec orpheline, vaseline, dégouline et mescaline… on les gardera pour une prochaine, hein ?
Sinon, la phrase du jour : « Passe ton Bac-helot d'abord ! »
Bon, pour l'histoire, Ste Roseline de Villeneuve est née aux Arcs, mais ce n'était pas une flèche puisque qu'elle préféra devenir chartreuse que la boire… la Chartreuse…
Et nous fêtons aussi St Sulpice, prénom qui n'est guère aujourd'hui porté que par des stations de métro ou des arrêts de bus.
Il parait qu'anciennement on fêtait aussi St Antoine, patron des éleveurs de porc et des charcutiers. Comment ? Ce n'est pas tous les jours la fête de la charcutaille ? Puisque c'est comme ça, je vais introduire une requête auprès des autorités compétentes et réclamer l'instauration de la Ste Caillette (private joke du samedi soir) !!
Non, mais ce n'est pas grave, on trouvera bien des gens pour baptiser leur fille Caillette… quand il s'agit de faire n'importe quoi, j'ai une grande confiance en l'être humain…

## Samedi 18 Janvier – Ste Prisca

Vous m'entendez souvent dire (ou vous me voyez souvent écrire) que ce calendrier est rempli de prénoms inutiles, inusités, vieux, abracadabrantesques (tout spécialement le prénom Jacques), etc… mais aujourd'hui c'est la Ste Prisca… qui veut dire « antique ». Hein ? Là, au moins, c'est clair !

## Dimanche 19 Janvier – St Marius

*Journée où il faut laisser, un peu, mesurer les autres !*

## Lundi 20 Janvier – St Sébastien

*Proverbe sur la reconversion des hommes politiques :*
*Une merde reste une merde, même si elle peut espérer une certaine réussite professionnelle en tant qu'engrais.*

## Mardi 21 Janvier – Ste Agnès

Aujourd'hui est un jour très particulier puisque vous allez pouvoir souhaiter bonne fête à des personnes qui n'ont pas, les unes et les autres, le même prénom.
Plus fort encore, certains pourront leur souhaiter bonne fête… mais d'autres ne pourront pas.
Par contre, ça ne fonctionnera que pour des filles. Et encore… pas pour toutes…
Oui, parce qu'il y a quand même des conditions à remplir…
Il faut que son père ou sa mère ait un frère ou une sœur… ou plusieurs… De là à dire qu'il s'agit d'une discrimination à l'égard des

enfants uniques... a priori, une association ne devrait pas tarder à se former pour porter plainte auprès de la Cour Européenne... ça finit toujours comme ça en ce moment... bref... c'est la ...
St Ta Nièce !!!

## Mercredi 22 Janvier – St Vincent

*Journée où l'on doit mettre l'âne dans un pré et s'en aller dans l'autre... Mais dit comme ça... ça ne le fait pas...*

## Jeudi 23 Janvier – St Barnard

*Manifeste de l'athéisme : Sans l'anticléricalisme, la laïcité n'aurait pas fait recette...*

## Vendredi 24 janvier – St François de Sales

*L'anniversaire revient toutes les années à la même date mais, contrairement au Père Noël, il se fout complètement de savoir si tu as été sage...*

## Samedi 25 Janvier – Conversion de St Paul

*Théorie monétaire (oh, ça va, la conversion c'est bien un peu le même sujet, non ?) :*

*Si on m'avait donné 1 euro chaque fois qu'un politique a menti, 50 centimes quand il a dit une connerie et 10 centimes chaque fois qu'il m'a pris pour un con... je pourrais sauver la Grèce !!!!*

## Dimanche 26 Janvier - Ste Pauline

*Que les choses soient bien claires : même si l'Europe fait voter une loi, je ne porterai pas de chaussettes avec des sandales (ni sans, d'ailleurs). On a sa fierté, merde !!*

## Lundi 27 Janvier - Ste Angèle

*On ferait sans doute un premier pas vers la (les) "vérité (s)" si les journalistes cessaient de commenter les paroles des hommes politiques, pour commenter leurs actes...*

## Mardi 28 Janvier - St Thomas D'Aquin

*S'il y a bien un domaine où on fait des efforts pour l'emploi des seniors... c'est en politique... mais bon, ça nous coûte cher...*

## Mercredi 29 janvier - St Gildas

*Je ne vais pas citer de nom ... mais certains polars français semblent avoir été écrits, juste pour que je continue à acheter des polars étrangers ...*

## Jeudi 30 Janvier - Ste Martine

*Vie pratique :*
*Si vos amis et les gens que vous rencontrez ont tous des prénoms différents... c'est que vous n'êtes pas vivant.... Vous êtes juste un personnage de film ou de roman... un être fait de chair et d'os connait toujours au moins 3 "Michel" et 4 "Fred"...*

## Vendredi 31 Janvier - Ste Marcelle

*Je vous dirais bien de remonter jusqu'au 16 janvier et de rajouter des « e » à la fin des mots, mais vous pourriez prendre cela pour du foutage de gueule... et vous n'auriez pas forcément tort...*

## Samedi 1er Février - Ste Ella

*Elle l'a... d'après certains... Je réserve mon jugement.*

## Dimanche 2 Février - Présentation du Seigneur et St Théophane

*Bon d'accord, j'avais lu un peu vite et je pensais qu'il s'agissait de la Présentation du Seigneur sous cellophane... Une hostie dans son emballage, quoi !*

# Lundi 3 Février – St Blaise

Recette sans nom… mais fallait bien que je trouve un truc pour la St Blaise, alors même si ça n'a aucun rapport avec Blaise… faites comme si… Il parait que parfois il faut être sympa avec les gens… soyez-le avec moi…

Prendre une poêle en pierre (c'est mieux que Pierre à poil - et ça n'attache pas).

2 à 3 cuillères d'huile de coco. On fait chauffer.

Je fais revenir un oignon, puis 3 poivrons coupés en rectangles de 2 sur 3 centimètres (ou l'inverse - c'est pour vous laisser la possibilité d'apporter votre touche personnelle…).

Des herbes, du cumin, du curcuma… On laisse saisir…

Puis je rajoute mes aiguillettes de poulets découpées en cubes (c'est important les maths pour la cuisine).

Je fais saisir aussi (mieux vaut saisir que courir comme disait un huissier de mes amis). Je rajoute un filet d'huile d'olive, quelques traits de jus de citron… et je couvre (mes arrières) en baissant le feu (au ?).

En fin de cuisson, je découvre et je fais un peu évaporer en remontant le feu…et voilà… c'est prêt… et comme je le disais plus haut, ça n'a pas de nom… De là à dire que ça en mériterait un…

## Mardi 4 février – Ste Véronique

Spécial Zaza (Private Joke) :
« La véronique est une (belle) plante herbacée ou arbustive originaire de l'Hémisphère Nord tempéré et de Nouvelle-Zélande (ah bon ?). Elle est très appréciée des jardiniers en raison de ses coloris blanc, bleu, violet ou pourpre (ils doivent parler des cheveux…. Enfin, j'espère…) et de son caractère facile. » Caractère facile ??? Ils sont sûrs de leur coup, là ?

« La plante (belle plante – on t'a dit déjà… sinon ça va faire des histoires et tu risques de te faire traiter de figure de pantoufle… ça ne va pas trainer…) doit son nom à sainte Véronique, qui aurait recueilli un linge portant les traits du Christ et aurait, grâce à ce linge, guéri l'empereur Tibère de la lèpre. » T'imagines le truc si elle avait frotté le visage de l'empereur avec un tee-shirt A.T.V.F.E ??… Je ne sais pas de quoi ça l'aurait guéri… mais, tchedecon, ça n'aurait pas été triste…

« Or, la véronique officinale (Veronica officinalis) était utilisée autrefois en application sur les plaies des lépreux (d'où son nom familier d'herbe-aux-ladres). » à ne pas confondre donc avec l'herbe-à-chat ou herbe-à-chatte autrement appelée pelouse…

Post scriptum : ladre signifie lépreux, ceci expliquant cela. D'ailleurs ça me fait penser à un truc qui est assez différent mais comme j'y ai pensé, je vous le raconte quand même… C'était au Moyen-Age et les seigneurs avaient coutume d'utiliser des catapultes pour envoyer des grosses pierres sur leurs ennemis… malheureusement les paysans qui approvisionnaient l'engin en pierres ne réagissaient pas toujours assez vite… et il n'était pas rare d'entendre dire… « Tiens ? Un « serf » volant ! » L'orthographe s'est modifiée plus tard…

« Pierre Fournier rapporte dans Les quatre flores de France que la fleur des véroniques était comparée au Moyen Âge à l'empreinte du Christ (verum icon, « vraie image ») car elle dessinait un visage rudimentaire avec les 2 anthères figurant les yeux. » Celui-là alors, pour les explications foireuses il « anthère » tout le monde…

Quoi ? Déjà l'heure du casa ?

Ne cédons pas à la panique
Oublions donc la botanique
Et servons un verre à Zaza !!

## Mercredi 5 Février – Ste Agathe

*Poésie de comptoir :*
On écrit souvent des trucs vachement poétiques quand on est bourré. Ça doit être ça, la licence IV poétique...

## Jeudi 6 Février – St Gaston

Journée mondiale de la gaffe et du téléfon...

## Vendredi 7 Février – Ste Eugénie

Par Toutatis (oui, parce qu'à tout prendre, autant opter pour un Dieu qui fasse un peu Gaulois réfractaire) !

Finalement, pour organiser un feu de camp musical, une fiesta/sangria ou même une partie de « Mille Bornes » ou de Monopoly... je me demande si le saint ou la sainte (mais pas l'absinthe) ne serait pas un choix contre-productif en matière de franche rigolade, fendage de gueule, gymnastique zygomatique ou autres estramassades de rire...

Aujourd'hui nous fêtons « Ste Eugénie Smet » qui fonda la Congrégation des Religieuses Auxiliatrices des Ames du Purgatoire... Ça m'a l'air d'un gai, tout ça ! L'idée maitresse, que je vous résume, c'est d'insister sur la nécessité de souffrir et d'expier, pour abréger les souffrances après la Mort... A mon avis, même en la chatouillant sous les bras avec une plume devant un spectacle jumelé de Bigard et Patrick Sébastien... t'étais pas sûr de la faire rire...

Par contre, et je vais peut-être vous étonner moi qui ne crois jamais à rien... ça... j'y crois ! En tout cas, j'ai au moins un exemple qui montre que ça marche ! Avec un de ses descendants... Jean-Philippe Smet !
De son vivant, quand il chantait, on voyait qu'il souffrait... moi-même, en tant qu'auditeur, je souffrais au-delà du raisonnable... et sa mort a très nettement abrégé mes souffrances musicales. Comme quoi, ce ne sont pas que des conneries !!

Du coup, vous vous dites peut-être, et Toutatis dans l'histoire, alors ? Eh bien, Toutatis est celui qui juge les morts et décide de la réincarnation qu'ils méritent. Et là, comme je suis bien pote avec Tout-Tout (c'est un surnom qu'on lui avait donné un jour pendant une course de chars... mais bon, là ce n'est pas le sujet, alors je vous raconterai une autre fois), il m'a promis qu'il ne le réincarnerait pas... ou alors en ongle...

## Samedi 8 Février – Ste Jacqueline

Bon j'exagère peut-être un peu quand je dis que, finalement, la vie des saints et des saintes c'est toujours pareil... soit ils fondent un truc et ils s'enferment dedans pour lire des livres, fabriquer des alcools, compter les mouches au plafond en ayant l'air concerné... bref des trucs de feignasses... soit ils se promènent en faisant la manche et en engueulant tout le monde sous prétexte que ce serait pas bien de croire dans les dieux des arbres, des ruisseaux, du soleil, de la fécondité (n'oublions pas que tout cela se passe généralement en -1000 et des poussières avant Ogino) et qu'il vaudrait mieux croire à l'existence d'un barbu sur son nuage, partisan de la GPA (et de l'infidélité discrète) dont le fils est un cousin de Garcimore, mais en moins comique (d'un autre côté, il ne faisait pas ses spectacles avec Denise Fabre)... et finissent immanquablement écartelés, roués, écorchés, donnés aux lions... bref, ils n'avaient pas encore la télé et Hanouna pour distraire le peuple...
Alors, bon, c'est un peu tard, mais je m'excuse pour la longueur de cette phrase; vous savez ce que c'est, je commence, et puis un truc en amène un autre (un Tuc en amène un autre aussi, comme on dit à l'heure de l'apéro – mais ça c'est à cause du sel... et du croustillant aussi... d'ailleurs, si je peux me permettre... la version traditionnelle est de loin la meilleure) et finalement on se retrouve avec une phrase vachement trop longue, surtout si on n'est pas prévenu, mais en l'occurrence comme je ne savais pas en commençant ce que j'allais écrire... et du coup... celle-ci aussi... elle est un peu longue...

Donc, disais-je, il y a aussi un autre moyen... Qui continue d'ailleurs à fonctionner dans pas mal de domaines... c'est l'achat...

Ste Jacqueline (oui, c'est la Ste Jacqueline aujourd'hui) de Septisoles était très copine avec St François d'Assise à qui elle fait de nombreux dons (oui parce que même quand tu prêches la pauvreté... ça coûte un pognon de dingue) et quelle invitait régulièrement à manger à la maison.

Le point intéressant dans cette histoire est certainement que Ste Jacqueline est la veuve de Gratien Frangipani et qu'elle confectionnait une crème aux amandes pour St François : la frangipane.

Alors, ce n'est pas pour voir le mal partout, mais franchement... pour fêter les rois, une couronne briochée, je comprends... un roi, ça porte une couronne... mais une galette à la frangipane ?? Il n'y aurait pas un peu de corruption là dessous ?

Allez, vous me mettrez une béatification et en prime on retient votre frangipane pour fêter les rois ! Vous savez quoi ? Je préfère la brioche avec les fruits confits !!

## Dimanche 9 Février - Ste Apolline

*La vraie icone du capitalisme, c'est quand même bien le self-merde-man, non ?*

## Lundi 10 Février - St Arnaud

*Réflexion pratique :*
*Je me demande si, pour avoir plus de monde dans les manifestations, il ne faudrait pas organiser la Coupe du Monde des revendications ?*

# Mardi 11 février – Notre Dame de Lourdes

A l'heure où certains ont la tentation de revenir sur le cumul des mandats (à titre perso, je serais plutôt pour le cumul des mandales concernant ces personnes), il faut bien avouer que ce n'est pas nouveau ce besoin d'entasser, d'amasser, d'avoir toujours plus, de se montrer partout, de rentrer par la fenêtre quand on te vire par la porte, cette picsouterie (oui, c'est un néologisme) de reconnaissance, de pouvoir, d'avantages…

Même dans le calendrier on trouvait déjà cette déplorable attitude. Bon, je ne parle pas des jours de la semaine, qui reviennent tous les 7 jours…
Là, faut être honnête, s'il y avait 365 jours différents… on aurait un peu de mal à mémoriser (c'est quoi déjà après mercredouille, c'est mardoche ou samegratte ?).
Mais les Saints, hein ? Aujourd'hui par exemple, c'est Notre Dame de Lourdes. Et Notre Dame de Lourdes, c'est Marie, celle que Bernadette a vu apparaitre 18 fois dans la grotte. Et elle lui a parlé. Bernadette est de Lourdes… mais pas sourde… Ah, ça, dans l'eau de Lourdes, il n'y a pas que des minéraux, il doit y avoir aussi des cristaux du genre de ceux que fabrique Heisenberg… Tu sais, ceux qui te font croire que le monde est amour, qu'il y a des mioches avec des ailes qui font du tir à l'arc en se cachant derrière des nuages, que les cloches pondent des œufs et qu'elles vont à Rome sans payer les péages de Vinci ou qu'avec les promos sur les petits pains et Captain Igloo tu peux faire la fête des voisins pour pas un rond…

Mais bon, ce n'est pas le sujet (oui, je sais, en principe je ne m'arrête pas à ce genre d'argument). Donc, c'est la fête de Marie (non, ce n'est pas l'épouse de Monsieur Marie, le roi mage des plats cuisinés).
Mais c'était déjà sa fête pour l'Immaculée Conception (bon alors là, le jeu de mot sur le fait que pour la conception, ce n'est pas par ici que ça se passe… si on pouvait l'éviter – je me fais déjà assez d'amis comme ça !). Et du reste, je vous l'ai certainement déjà expliqué… les cathos sont contre la GPA mais ils ont quand même fixé la date de la sainte GPA… C'est vraiment « faites ce que je dis, pas ce que je fais ».

Et c'est aussi sa fête le 15 août ! C'est le jour où elle prend l'ascenseur pour le 7ème Ciel. Ben oui, mais comme on vient de le rappeler… elle n'avait pas tellement été gâtée au niveau du transport amoureux, du coup, elle a eu droit au « Space Mountain Special de la Mort qui Tue » pour compenser. Un peu comme l'ascenseur social, mais en plus efficace.

Et le 1er janvier, aussi, encore elle ! C'est bien simple elle ferait presque concurrence à Michel Delebarre (l'ancien sénateur maire de Dunkerque qui cumulait 26 mandats ou fonctions). Non, décidément, politique et religion, c'est magouilles et compagnie !
D'ailleurs la langue de bois c'est bien ce qui a remplacé le latin pour que le peuple ne comprenne pas, non ?

## Mercredi 12 Février – St Félix

Pour la St Félix si on jouait à trouver de nouveaux noms gaulois ?
Je commence :
Néssouzix;
Stylobix ;
Huitédeudix;
Lancédudix;
Avoranfix;
Dijimix;
Inspecteurdufix ;
Fétournélélix;
Acidurix;
Mentonkipix;
Titanix;
Ananadelamartinix;
Padepanix;
Humourcaustix;
Changédedix...

# Jeudi 13 Février – Ste Béatrice

Bon alors, aujourd'hui c'est l'anniversaire de mon frère et ils se sont quand même débrouillés pour fêter quelque chose à la même date. Je vais lui dire que quelqu'un a empiété (piété … est-ce bien le mot adéquat ?) sur sa journée et je suis persuadé que ça ne va pas lui faire plaisir. Ils sont inconscients !!
A croire qu'ils ne le connaissent pas… ce qui reste, au demeurant possible… Car, pour ceux qui l'ignoreraient, son surnom est « le muet » justement par esprit de contradiction. Non, parce que j'aime autant vous avertir, pour l'avoir expérimenté, qu'il est capable de disserter pendant des heures sur l'élevage du gnou en basse Normandie ou les aptitudes controversées des énarques pour le tir à l'arbalète (oui, l'énarque n'est pas une flèche), alors je vous laisse imaginer ce que peut donner une plaidoirie sur « de l'inconséquence à vouloir honorer un St quelconque le jour de mon anniversaire à moi » …
On a connu des anges qui se sont suicidés pour moins que ça… Il parait même que des témoins de Jéhovah se sont jetés dans le Vieux-Port dès qu'il eut terminé son exposé sur « l'importance de la pince à vélo pour répandre la parole du Christ en milieu urbain et les désagréments de la chemise blanche en cas de crevaison ». Un débat d'une haute tenue qui n'était pas sans rappeler les conférences houblonesques d'Achille Talon et de son Pôpa…

Juste pour info, aujourd'hui c'est Ste Béatrice, qui était chartreuse et qui a inspiré cette réflexion (mais si ce n'est pas elle – ce n'est pas grave) : La nuit toutes les chartreuses sont grises, surtout quand elles ont bu de la Chartreuse…

Donc, non, je n'ai rien contre les « Béatrice » (SVP les Béa que je connais, ne m'en veuillez pas pour cette éphéméride) mais aujourd'hui tout ce qu'on peut fêter, si on veut éviter de déclencher une de ses tirades homériques (et au mérite de ceux qui doivent l'entendre) … c'est un St ou une Ste qui n'existent pas… Et ça tombe bien… J'ai ce qu'il faut sous la main.
Nous allons donc décréter que 13 février, on fêtera la Ste Coustouille. Oui, ben, ce n'est pas plus con qu'un autre prénom et non, je ne vais pas donner d'exemple de prénom encore plus con. Ok, Coustouille, ce n'est pas vraiment un prénom… c'est une recette de cuisine que j'ai inventée, ou en tout cas, j'ai inventé son nom.

Alors pour la Ste Coustouille, il faut se munir de légumes méridionaux, d'huile d'olive, etc… et pour commencer, il faut faire une grande marmite de ratatouille. Les proportions ne sont pas forcément toujours les mêmes mais l'important c'est qu'il y en ait plus que ce que vous en mangerez, en gros, prévoyez, deux fois trop. Une fois que vous avez mangé la ratatouille, il vous reste donc, si vous avez bien calculé… encore un grand plat de ratatouille… Et même si c'est bon, et même si c'est encore meilleur le lendemain, on va quand même faire de la coustouille.

Donc, votre reste de ratatouille, vous rajoutez de l'eau en quantité raisonnable (faut toujours être raisonnable avec l'eau) et des épices selon votre goût… Moi, je mets de la cannelle, du cumin, de la muscade, du paprika… mais vous pouvez personnaliser… et vous laissez mijoter pour que tout cela se mélange bien. Pendant ce temps vous préparez de la graine, comme pour le couscous… Voilà et quand c'est prêt, vous servez la graine et les légumes… c'est la coustouille…

Et le premier qui en fait, m'invite pour la goûter !

## Vendredi 14 Février – St Valentin

*Bonne fête à tous les fleuristes !*

## Samedi 15 Février – St Claude

La St Claude est la fête préférée des amateurs de pipe. Notamment de pipes en bruyère car La Bruyère donne du « caractère ». Voilà, ça c'est fait… J'aurais pu rajouter il « Jura », mais un peu tard, qu'on ne l'y prendrait plus… mais c'est un autre auteur…

D'ailleurs je signale à ceux qui s'alarment des niches fiscales trop nombreuses et inutiles pour la plupart (les journalistes, par exemple, ne protestent pas contre la leur) qu'il en existe une qui trouve tout son sens aujourd'hui… c'est la déduction supplémentaire pour frais professionnels dont bénéficient les « tailleuses de pipe de St Claude » (ce sont les mots exacts du Code Général des Impôts).

Je n'ai jamais vraiment cherché à savoir quels étaient ces frais professionnels particuliers nécessaires pour l'activité de tailleuse de pipe de St Claude… mais c'est le genre de vanne qui fait bien rire en fin de banquet tous ceux qui se sont mis à la colle avec l'alcool… C'est la cerise à l'eau de vie sur le gâteau…

Je profite de l'occasion pour expliciter le terme de niche fiscale. C'est parce que le gouvernement peut se permettre de dire aux bénéficiaires « Allez, cou-couche-panier, au pied, sinon je te reprends ton os ! ».

Le St Claude dont on parle aujourd'hui est St Claude La Colombière, un jésuite né à « St Symphorien d'Ozon » … ce qui rend l'histoire amusante c'est qu'aujourd'hui est assigné par l'Eglise le nouveau film sur un prêtre pédophile (oui, je ne fais pas le teaser, je vais juste à l'essentiel) dont le réalisateur est François « Ozon » … Etonnant, non ?

Bon allez, il est déjà tard, on fera mieux pour la prochaine.
Comment ça encore une dernière ? Bon alors, mais c'est vraiment parce que c'est vous : Je pense donc jésuite…

## Dimanche 16 Février – Ste Julienne

Ils sont partout ! Même dans le calendrier ! Bon après, on ne peut pas les détester tous… juste les intégristes.
Quoi ? Mais non, pas les cathos… eux je sais bien qu'ils sont dans le calendrier… difficile de faire autrement… non, je parle de ceux qui veulent nous construire un monde idéal sans pâté en croute, sans côte de bœuf, sans saucisson, SANS CAILLETTES ??
Ils ont réussi à s'introduire dans le calendrier… les Végans ! Ils ont leur fête ! Aujourd'hui c'est la Ste Julienne… ça fait peur, non ? La fête du légume coupé en petits bâtonnets…

Oui, bien sûr, ce sont des conneries, la vraie Ste Julienne c'est vachement (bien joué) plus sérieux.
C'est Julienne de Nicomédie. Un nom assez peu adéquat d'ailleurs : Nitragédie aurait été plus adapté à son destin. Figurez-vous que comme elle ne voulait pas épouser le préfet s'il ne se convertissait pas, celui-ci lui fit verser du plomb en fusion sur la tête. Heureusement elle utilisait Petrol Hahn (ou un truc du même genre) et ça ne lui a rien fait. Après elle a vaincu un démon par la pensée (elle devait être parente avec M. Spock ou un autre Vulcain, à mon avis), puis il l'a faite écarteler mais un ange l'a guéri…

Je vais quand même faire une pause deux minutes pour vérifier si la religion catholique oblige à manger des champignons hallucinogènes et je reviens… Ben non, rien sur les champignons, donc forcément… c'est que ça doit être vrai cette histoire… et la fin aussi alors ? Oui parce qu'après il lui a fait prendre un bain dans du plomb fondu, ça n'a pas fonctionné non plus, et donc elle a été décapitée… le temps qu'on perd parfois en formalités…

Voilà sinon aujourd'hui nous avons aussi Lucille, Pamela, Samuel et Pamphile… si quelqu'un est tenté…

Et il y a aussi un prénom que je n'ai rencontré qu'une seule fois… sur un 45tours de mon père… C'est Onésime. Il avait un disque d'Onésime Grosbois… dont j'ai oublié le titre… et la musique… mais du coup, je viens d'aller vérifier et c'était le pseudo d'un pianiste de jazz qui s'appelait François Vermeille, qui a joué avec Django Reinhardt (sur Nuages, notamment) et travaillé avec Barclay et écrit pas mal de titres pour les variétéux de l'époque… et donc en a enregistré certains sous ce pseudonyme…

## Lundi 17 Février - St Alexis

Oui, alors je ne peux pas être formel, mais je verrai bien pour le 17 février de cette année, une journée de la Ste Grève. Ben, pour une fois, Alexis passera son tour.
En tout cas, moi je passe le mien.
Je sais bien qu'il n'y a jamais 100% de grévistes et donc certains vont arriver devant cette page et se diront « Merde, mais qu'est-ce que je vais bien pouvoir faire aujourd'hui ? ».
Alors voilà, je vous laisse un peu de place, vous pouvez faire un dessin, jouer au morpion, prendre des notes… C'est à vous ! C'est cadeau !

## Mardi 18 Février - Ste Bernadette

Je pourrais très bien commencer en disant qu'aujourd'hui on fête la bannière de Bigorre, puisque c'est là qu'est née Bernadette et qu'elle sûrement la personne la plus connue du coin. Mais je ne ferai pas cette vanne toute pourrite… Ah ben si, je viens de la faire.

Après, je pourrais enchainer sur la différence entre l'eau lourde, qui est utilisée pour détecter les neutrinos, et l'eau de Lourdes qui permet de repérer les mérinos (moutons cathos qui viennent se faire tondre la laine sur le dos). Et puis, je pourrais continuer avec la véritable histoire de la petite Bernadette qui allait retrouver son copain dans une grotte miraculeuse pour faire jaillir la source… et que c'est pour ça qu'on l'appelait Bernadette sous biroute…
Mais je ne vais pas faire ça… Comment ça, je l'ai fait aussi ? … Ah mais alors c'est certainement à l'insu de mon plein gré (de plein de magrets comme on dit dans le Sud-Ouest).
Donc oublions tout ça et voyons ce que nous avons pour aujourd'hui.
Ah ben voilà, on a Flavien ! C'est bien ça, Flavien, non ? Enfin le seul que je connaisse c'est Flavien Berger, qui fait un peu penser à Etienne Daho qui aurait oublié de prendre ses vitamines… mais…

Siméon ? C'est un prénom c'est sûr ? Je trouve que ça fait un peu charade :
Mon premier est une conjonction de subordination
Mon deuxième est une conjonction de coordination
Mon troisième est un pronom indéfini…

Bon alors, Nadine ?
**N**aturellement
**A**udacieuse…
**D**ivinement,
**I**nstinctivement,
**N**onchalamment
**E**nvoutante !

Ah ben là, ça le fait mieux quand même, non ?
Voilà, sinon, pour les nostalgiques du Franc fort (et de la saucisse du même nom) c'est le 18 février 2002 qu'on s'est pris l'Euro dans l'ECU (European Currency Unit).

## Mercredi 19 Février – St Gabin

Salauds ! Me faire ça à moi ! Vous savez (ou vous l'apprenez peut-être— mais dans ce cas vous n'avez pas dû être très attentifs) que je n'ai absolument pas cet instinct, au demeurant fort répandu actuellement,

qui pousse les êtres humains à se réfugier dans une dépendance servile à tout un tas de choses dont la liste serait sans doute trop longue à énumérer... Mais on peut se faire un « Reader's Indigeste » :
- les maisons témoins avec vitraux et les agents immobiliers en soutane
- les Hanounesqueries télévisuelles
- l'inéluctabilité du néo libéralisme
- la Naguisation de la musique
- la Pernautisation de l'info...

Et surtout ... le câlinage intempestif de trucs à poils (qu'ils perdent) qui pissent partout et t'empêchent de faire ta vie comme tu veux, de rentrer à pas d'heure (pas de jour ?) et te coûtent un pognon de dingue en litière parfumée et corned-beef de luxe !

Ils ont osé la St Chat ! Bien sûr que si !! Regardez mieux !
C'est la St Gabin (Jean) et, en même temps, la Ste Simone (Signoret) !
Ce n'est pas « Le Chat » (Pierre Granier-Deferre – 1971) ??
Non mais quel esprit détourné, quel vice ! Ils pensaient sans doute que je ne m'en apercevrais pas ! Heureusement que la Ste Parano (qui veille sur moi avec toute sa tendresse et la petite pointe d'énervement nécessaire) est là pour me mettre en garde contre tous ces trucs de charlatan !

C'est aussi la fête des gabians... la journée des animaux, quoi. Bon, ils ont écrit Gabien, mais je sais lire entre les lignes...
Et c'est la St Beat... que je n'entends pas être... Oui, alors, faites attention à la prononciation... ce n'est pas de l'anglais... Evitons la confusion et la grossièreté phonique...
Je vous ai gardé le meilleur (faut le dire vite) pour la fin : Quodvultdeus (ce que Dieu veut). Même dans Astérix il n'y est pas celui-là. Le seul qu'ils ont trouvé qui portait ce nom ils l'ont béatifié. C'est vrai qu'il eut été dommage de s'en priver. Je me demande si des parents ont baptisé leur fils Quodedetdeus (ce que Dieu mange) ou Quodbibitdeus (ce que Dieu boit... n'allez pas imaginer autre chose) ?

## Jeudi 20 Février - Ste Aimée

*Justice :*
*Si l'on parle de rendre la justice, c'est quand même bien parce que quelqu'un l'a prise ?*

## Vendredi 21 Février - St Pierre Damien

*Médecine :*
*La roméopathie c'est d'essayer de rendre les gens heureux avec des doses infinitésimales d'amour... C'est con ce truc !*

## Samedi 22 Février - Ste Isabelle

*Ophtalmologie :*
*Ben pourquoi vous demandez si vous savez déjà qu'elle a les yeux bleus ?*

## Dimanche 23 Février - St Lazare

*Musique :*
*Prochaine sortie de la reprise du morceau « Juke Box Baby » par le groupe Halal Vegan, qui a la particularité de ne jouer que sur des instruments fabriqués à partir de bambous abattus rituellement... Ben si, ça doit être bien c'est recommandé par Les Zinbrockultimes...*

## Lundi 24 Février – St Modeste

*Avenir :*
*J'ai passé l'âge des illusions, mais toujours pas celui des utopies.*
*Avenir (encore) :*
*J'ai aussi passé l'âge de mourir jeune…*

## Mardi 25 Février – St Nestor / Mardi Gras

Parfois on a le choix… et parfois… Non !!
Aujourd'hui par exemple, l'alternative à la St Nestor (si l'on écarte les dérivés genre Nestorine, Nestorette ou Nestora) … c'est le prénom breton Koulfinid…
Et là, je suis bien obligé d'admettre que je serais bien en peine pour vous raconter quelque chose d'intéressant sur un Koulfinid quelconque…
Bon, ok, si je cherche un peu, je vais pouvoir vous parler de ces jumeaux employés à la Mairie de Marseille au service du nettoyage : Koulfinid et Koulpartid… mais pas de quoi faire une éphéméride digne de ce nom.
Donc, tant pis, restons sur St Nestor.
On est sur du classique, du martyr standard, donc on va plutôt parler des Nestor célèbres. Nestor n'est pas un prénom très répandu, et les exemples qui me viennent spontanément sont assez variés.
Quel rapport entre le Nestor majordome chez Tintin, le Nestor Combin footballeur, le Nestor Kirchner homme politique ou le Nestor Burma détective parisien ?
Autant j'ai adoré Nestor Burma à l'écrit, autant la version télévisuelle m'a toujours semblé fade. Sous prétexte d'adaptation, exit le contexte politique et social pourtant si important. Exit aussi la fameuse pipe à tête de taureau, la résolution d'enquête en état semi-comateux résultant souvent d'un coup sur la tête… et les idées anarchistes. Parait que Léo Malet aimait bien Guy Marchand dans ce rôle… Je reste dubitatif…
Oui… ça pourrait s'arrêter là… Comment ? Pas d'autres Nestor ? Ça fait peur, non ? Ok, on va en inventer alors !
Nestor est un prénom que l'on rencontre surtout dans le Nord de l'Italie. A Venise… les fameux Nestor vénitiens…

Un espagnol aussi, célèbre pour ses questions... le Julien Lepers de l'Inquisition : Nestor Quemada...
Le fils d'un écrivain aux pensées sinueuses : Nestor Sade
Un alcoolique invétéré : Nestor Gnole
Un pervers véhiculé : Nestor Pédo
Un cuisinier mexicain : Nestor Tillas (un cousin des Daltons)
Et je finirai sur une citation de Jean-Claude Brialy (il n'y a pas de raison, il a passé son temps à citer « ses amis ») : « C'est de son café que Nestor est fier... »
PS : si vous n'avez pas trouvé le jeu de mot dans cette phrase, ne cherchez pas... après l'heure, c'est plus l'heure !

## Mercredi 26 Février – Cendres

*Littérature :*
Dans les romans de Françoise Sagan, la ligne directrice, c'est le rail...

## Jeudi 27 Février – Honorine

*Musique (un petit peu) :*
N'empêche, un groupe de reprises des Stones qui s'appellerait les Rolling Chardens... Ouais, c'est vrai qu'on pourrait sans doute s'attendre au pire...

## Vendredi 28 Février – St Romain

Bon sang, tout ça parce que je ne veux pas regarder à l'avance pour avoir la surprise... bonne ou mauvaise (selon le prénom et ce qu'il inspire). J'avais un truc nickel pour aujourd'hui et malheureusement j'ai déjà brûlé la cartouche. Ben non, je ne peux pas réutiliser... pas par principe, vous vous en doutez bien, la réutilisation de vanne étant

finalement une sorte de démarche écologique… l'humour durable… mais juste parce que là… pour le coup… c'était vraiment trop proche… Une autre chose que j'aime bien aussi… c'est l'humour homéopathique… quand tu dilues une vanne dans une grande quantité de mots, que dis-je, de phrases qui ne servent à rien sinon à gagner du temps et à donner l'impression que tu as beaucoup travaillé pour pondre un texte aussi long.
Je pense que mon amour pour certains feuilletonistes français (Gaston Leroux, Maurice Leblanc, Gustave Le Rouge… des écrivains qui donnent des couleurs au récit… dès que tu vois leur nom sur la couverture, en fait) n'y est pas pour rien.
Voilà, je ne sais pas ce que vous en pensez, mais en matière de dilution… limite foutage de gueule… ça me semble plutôt réussi là.

Donc tout ça pour dire que si je ne m'étais pas précipité sur la St Félix pour faire un jeu à la con avec des noms en –ix… j'aurais pu profiter de la St Romain (c'est aujourd'hui) pour fêter la St Gaulois !!

Bon j'ai un peu regardé St Romain, sa vie, son œuvre, etc… pas de quoi faire un blockbuster (petite parenthèse… enfin petite… faut voir… blockbuster ça veut dire littéralement qui fait exploser le quartier… on peut donc tenter l'humour bilingue en parlant de blockbuster qui tonne… oui, je sais faut avoir connu le cinéma muet pour la comprendre).
Seul truc notable, son frère est St Lupicin… Je suis comme vous… je découvre l'existence de ce prénom… mais si ce n'est pas du favoritisme ça, du népotisme, de la magouille familiale.
Le premier Romain qui me vient à l'esprit c'est Romain Bouteille… mais je ne sais pas si c'est à cause du Café de la Gare… ou des bouteilles du dit Café !
Ben non, c'est ça l'idée… c'est la St Romain… Fêtons les Romains ! Un jeu avec des noms en « us » !! Genre encore Ancorutilfalukejelesus !! Ratélebus ; Unkilometrapiéssaus ; Cartapus ; Anglobtus ; Servicinclus ; Mondevénus ; Iliadécactus ; Baisselechorus ; Petitalus ; Avekikéajétoujourunvissanplus ; Unrienlamus ; Docteurmabus ; Marchéopus ; Petitpimus…

## Samedi 29 Février - St Auguste

Voilà, c'est une année bissextile. Et là, je ne peux pas m'empêcher de penser à une sorte de vengeance contre les Romains. Parce que, quand même, l'Auguste César, du coup, on ne le fête qu'une fois tous les 4 ans...

## Dimanche 1ᵉʳ Mars - Carême / St Aubin

Il y a des jours comme ça où ça ne vient pas... pas le temps, pas l'envie, pas l'inspiration... et du coup pas d'éphéméride... ou plutôt... une éflemméride... une envie de rien... et du coup, pas de remerciements !
Heureusement que ce n'est pas un travail sinon, pas de salaire... et pas de salaire... tu deviens un sale hère... encore que de nos jours... même avec un salaire...

Alors deux attitudes possibles. L'attaque !! « Et c'est qui d'abord le saint du jour que je lui fasse sa fête ! Non, parce que si on me cherche, on va me trouver ! Alors ? Qu'est-ce qu'on a aujourd'hui, encore un petit malin qui prêche la pauvreté et se fait construire gratos une villa avec des plafonds de 12 mètres et des vitres en couleurs ? »

Ou la fatalité... Pas d'inspiration ? Oh ben tant pis, je ferai mieux demain ! Pas le temps ? Oh ben je vais faire court, alors. Pas l'envie ? Oh ben faut pas se forcer... c'est dommage, mais qu'est-ce qu'on peut y faire ?

Eh bien on va lui faire sa fête, justement... vu qu'aujourd'hui... c'est la St Oh ben.... Enfin... la St Aubin...

## Lundi 2 Mars - St Charles

*Non ! Je m'en fous si ce n'est pas le même, mais on a déjà eu un St Charles, alors pas de raison qu'il ait droit à une deuxième éphéméride. Encore un profiteur !!*

## Mardi 3 Mars - St Guénolé

Voir Mercredi 4 Mars... (il y avait l'humour de répétition, maintenant il y aura aussi la fainéantise de répétition).

## Mercredi 4 Mars - St Casimir

Bon, il faut savoir accepter la défaite... Enfin, défaite est un bien grand mot... Juste, fallait que je sois plus rapide. Parce que là... la St Casimir...la référence était incontournable et il ne servirait à rien d'essayer d'en mettre une deuxième couche (non parce que, le gloubi-boulga... une couche, déjà...). Pour ceux qui ont du mal à suivre mon cheminement de pensée... c'est juste qu'il y a de la compétition sur les éphémérides et là je me suis fait devancer sur Casimir.

Donc, que faire ? Voir quel est le prénom breton ? Ah ben ça ne va pas être triste ça ! Alors aujourd'hui c'est la St Jeran... Mais ce n'est pas tous les jours ? Au moins, tous les jours où tu bois du chouchen en quantité... importante ? bretonne ? Moi, on m'a toujours dit ça : « Quand tu bois du chouchen, c'est la St Jeran ! Sauf si ton foie est bionique. »

En plus, ça fait un peu la foire au village, mais hier aussi c'était Spécial Bretagne ! C'était la St Guénolé, Gwenolé, Gwenola et... Guignolet (vous savez le truc à base de cerises... ils sont forts ces bretons pour te glisser des noms d'alcool quand tu ne t'y attends pas). Par contre, nous sommes obligés de constater un oubli de taille, qui, je le sais, désolera un de nos auteurs marseillais favoris... pas de St Granola.

Franchement, ils auraient pu, c'était le bon jour, à une lettre près. En plus c'était mérité parce que, quand même Granola n'a pas eu une vie facile. Pourchassé par les Pepito, repoussé en fin de gondole, pendant des années, comme un vulgaire biscuit de seconde zone. Trempé dans de l'indigeste café au lait... Non vraiment, des trucs horribles... on ne se rend pas bien compte des efforts qu'a dû faire ce pauvre Granola dans le monde hostile des biscuits chocolatés... ses luttes contre Delichoc, Prince et Mikado...
Enfin, ce n'est pas moi qui fais le calendrier... mais sérieusement... quelle occasion ratée...

On fêtait aussi la Ste Cunégonde... je ne sais qu'en dire... je ne voudrais vexer personne... et par chance... je ne connais pas de Cunégonde... mais c'est quand même le genre de prénom qui te fait regretter qu'on ne s'appelle pas par des numéros (vous êtes le numéro 6... je suis le numéro 2. Qui est le numéro 1 ??)

Et pour en finir avec mes allusions BDesques de la semaine dernière... c'était aussi la St Liberatus (un romain, donc) et la St Astérix !!!!

Et le St Marché en a profité aussi pour nous glisser la fête des Grand-Mères et... je ne devrais peut-être pas le dire mais... mon fils a appelé sa mère pour lui souhaiter bonne fête... je ne sais pas de qui il tient ce truc de faire des blagues... oui, parce que c'était une blague !!

## Jeudi 5 Mars – St Olive

Normalement aujourd'hui ça devait être la St Beurre ou la St Doux... mais comme Mardi-Gras était trop proche... ils ont pensé que ça ferait beaucoup. Du coup, c'est la Ste Olive, qui est plus digeste.

> Quand tu veux choyer tes convives
> Pas de nourriture bourrative
> Et pense aux vertus digestives
> De la Ste Olive
>
> Va jusqu'à la coopérative
> Pour y chercher quelques endives
> Certes, elles sont peu nutritives

> Rajoute de la Ste Olive
>
> Car elle n'est pas purgative
> Et elle n'est pas vomitive
> Ni même non plus laxative
> C'est la Ste Olive

Ce n'est pas une chanson des Frères Jacques... mais c'est presque aussi idiot... Petite précision. Concernant les vertus énoncées de l'olive, ce n'est pas parce que ça rime que c'est forcément exact. Sinon Macron serait con, Philippe un sale type et Griveaux un gros blaireau...ah ben si, là ça marche (voire ça En Marche) ...

## Vendredi 6 Mars – Ste Colette

> Colette, Colette,
> Tu es la reine des côtelettes
> Notre amour ne serait pas si beau
> Si je n'aimais pas les côtelettes
> Quand tu es aux fourneaux
> Colette, Colette,
> Tu es la reine des côtelettes...

Pour une fois, j'ai laissé les explications historiques (tout le charabia habituel, et vas-y que je fais un miracle, et vas-y que je te canonise et tiens, si je construisais un couvent, un ordre, une basilique... et ben moi je vais en faire deux, nananère). Bon Ste Colette, il parait qu'elle en a construit 17, des couvents... elle devait se doper, je ne vois pas autre chose... soi-disant elle était Bénédictine... tu parles, elle la buvait la Bénédictine, oui !).

Bon, du coup intéressons-nous à un autre sujet : la Recherche Française. Grâce au travail sérieux, passionné et méticuleux d'une équipe de chercheurs français (les CHARLOTS : **CH**ercheurs **A**ssociés pour **R**echercher **L**es **O**rigines du **T**aboulé **S**tambouliote... mais pas que) nous savons désormais que Paulette était la reine des paupiettes ... et rien sur Colette la reine des côtelettes ?
Pas tout à fait comme le montre le petit paragraphe cité plus haut... il existait une première version. Pourquoi les travaux ont mieux avancé pour les

paupiettes ? Je ne sais pas... Faudrait sans doute demander à la SACEM (**S**ainteté, **A**nchois, **C**ouscous **E**t **M**ozzarella) qui est l'organisme chargé de chapeauter toutes les études musico-culinaires...

Un peu de d'étymologie ? Colette est un prénom dérivé de Nicolas (le dit vin ?). Et ça viendrait du grec : niké qui veut dire « victoire » et laos, qui désigne le « peuple ». Ben ils vont être contents à Vientiane de savoir que la « victoire du peuple », ça consiste à « niquer le Laos » !!

## Samedi 7 Mars – Ste Félicité

Est-il bien raisonnable de fêter Félicité, Félicie, Felicity... alors qu'on a fêté Félix il y a juste quelques jours... C'est la même racine, non ? Quoi l'équilibre ? Ah, c'est pour avoir autant de saintes que de saints ?
Ce serait bien la première fois que l'Eglise se préoccuperait de la parité (vous pouvez tenter la par-ite missa est... ça le fait bien avec les latinistes) !
En plus, la veille de la Journée de la femme (ou des Femmes – ou des Droits de la (des) femme(s) – je ne voudrais vexer personne, les gens dont devenus tellement susceptibles maintenant à sur-interpréter la moindre tournure de phrases dans leur délire politico-socio-moralo-merdico correct) c'est quand même bien joué. C'est pour préparer le terrain ? Une pré-journée de (ici reprenez tout le bloc précédent parce que c'est pénible à la longue ces précautions oratoires), en quelque sorte !

Bon, ok, va pour Félicité et Félicie aussi... Oui, ben, c'est difficile de ne pas la faire quand ça t'a bercé toute ton enfance...
Oui, parce qu'à Marseille... il y a une vie avant le rock, faite de Pagnolades (avec un « a » et de chanteurs à grandes dents ! Enfin, ça s'était avant parce qu'aujourd'hui... l'avant, le pendant ou l'après ne sont pas très rock !
Ce n'est pas strictement local d'ailleurs... mais ici, même le foot n'est pas rock, alors qu'il l'est en Angleterre.
Il semblerait que j'ai un peu divergé... mais que voulez-vous, moi, la félicité, ça ne m'inspire pas. J'entends une sorte de béatitude niaise dans ce concept, qui ne m'intéresse absolument pas. Une conception nunuche du bonheur...
Donc, si vous permettez, je vais écourter...
Tiens, et je profite de l'occasion pour résumer mes propositions pour le Grand Débat... écourter !! Oui, c'est bref mais finalement pourquoi chercher des solutions compliquées. Donc écourter, d'environ 30 centimètres à partir du

sommet de la tête (un peu plus en cas de coiffure iroquois – mais c'est très rare dans ce domaine d'activité) les politiciens menteurs, les grands patrons fraudeurs, les banquiers voleurs et quelques autres dont la liste se trouve avec la recette des Pim's (je sais, mes références datent un peu...).

Et donc, à deux mains, si vous le voulez bien, comme disait Lucien Jeunesse, les jours où il se prenait pour Jean Marie Bigard...

## Dimanche 8 Mars – St Jean De Dieu

*Et c'est aussi la Journée Internationale des Droits des Femmes.*

## Lundi 9 Mars – Ste Françoise

Désolé pour les Françoise, mais comme hier c'était la Journée Internationale des Droits des Femmes, aujourd'hui, je décrète la Journée Internationale du Doigt de l'Homme.
1. Le doigt de l'homme peut servir à jouer de la guitare... ou du piano.
2. Le doigt de l'homme peut servir à vérifier la température de l'eau du bain.
3. En l'absence d'agitateur il peut servir à remuer la mauresque (non, je ne veux pas entendre d'interprétation équivoque).
4. Le doigt de l'homme est tout particulièrement efficace avec les touches de la télécommande.
5. Le doigt de l'homme est capable de proférer des insanités (et avec un seul doigt).
6. Le doigt de l'homme est rarement recouvert d'un dé à coudre... Il y a plusieurs raisons à cela :
- l'homme préfère montrer sa poitrine velue plutôt que de s'emmerder à recoudre son bouton de chemise
- et les machines à coudre ça sert à quoi ??
- même avec un dé à coudre on peut se piquer le doigt (oui, ben on ne peut pas être doué pour tout), et du coup, c'est problématique pour jouer de la guitare... ou du piano (voir point 1).
- un dé à coudre ? Ce n'est pas une unité de mesure pour alcools forts à usage des petites natures ?

7. Le doigt de l'homme est rarement recouvert d'un gant Mapa pour faire la vaisselle à cause de sa grande sensibilité aux températures élevées. Ben non, ça ne veut pas dire qu'il fait la vaisselle sans gants !! (en ce qui concerne les interprétations équivoques sur l'usage de doigts en plastique… se rapporter au point 3).

8. Le doigt de l'homme (surtout par deux) est capable de mimer un petit bonhomme qui marche.

9. Le doigt de l'homme (surtout par deux, mais pas les mêmes) peut reproduire à s'y méprendre les cornes d'une vache (c'est fou, non ?).

10. Jusqu'à… bon il y a déjà un certain temps déjà… le doigt de l'homme permettait de solliciter l'autorisation de faire plein de trucs (répondre à la question, aller aux toilettes, sortir pour ne pas répondre à la question en prétextant devoir aller aux toilettes, etc…).

11. Le doigt de l'homme permet d'écrire des poèmes (ou d'autres trucs) sur les voitures poussiéreuses.

12. Le point 11 autorise aussi une variante avec la buée sur les vitres.

13. Le doigt de l'homme peut reproduire des figures rythmiques complexes en tapotant sur la table (un talent admirable qui n'est pas toujours apprécié à sa juste valeur par les personnes se trouvant dans un environnement immédiat et n'étant pas atteintes de surdité).

14. Le doigt de l'homme peut changer de couleur (si, quand il se coince dans la porte !!).

15. Le doigt de l'homme (généralement en début de vie – mais ça laisse bien présager de la suite) peut rester assez longtemps appuyé sur une sonnette… et C'EST BIEN CHIANT quand vous êtes sous la douche !!

16. Le doigt de l'homme peut remplacer aussi bien la boule Quies que le coton-tige.

17. Le doigt de l'homme est capable de reconstituer le glaçage d'un gâteau après avoir vérifié qu'il était assez sucré, pas trop chaud, bien parfumé…

18. Le doigt de l'homme révèle un don naturel pour les arts graphiques quand il se trouve en présence d'une assiette de purée. (La purée Mousline offrant généralement un meilleur rendu que la purée Vico. Mais cela reste une opinion personnelle. Effectivement je ne parle pas de la vraie purée faite avec de vrais morceaux de vraies pommes de terre… mais c'est parce que la texture exige une maitrise bien plus importante de la résistance des matériaux.)

19. Le doigt de l'homme, dès que celui-ci (l'homme) entre dans une voiture est irrésistiblement tenté par des expériences rigoureusement scientifiques nécessitant une exploration méticuleuse des cavités nasales.

20. Le doigt de l'homme peut faire office d'aiguilles à tricoter, mais enfin, vu le prix des aiguilles ce n'est peut-être pas la peine de s'emmerder avec ça… Surtout que déjà, faudrait savoir tricoter…
21. Le doigt de l'homme trouve, du premier coup, le trou au fond de la doublure d'une poche.
22. le doigt de l'homme, de l'avis de nombreuses femmes, est notoirement sous employé lors des préliminaires. Et pas seulement le doigt…
23. Le doigt de l'homme sait exactement derrière quel nuage se cache Dieu quand il convient de l'engueuler.
24. Le doigt de l'homme connait parfaitement le chemin qui va de l'œil jusqu'au coude.
25. Le doigt de l'homme ne devrait pas servir à désigner des personnes. Ce n'est pas poli !
26. Le doigt de l'homme, quand il se serre contre ses voisins, est tout à fait capable de parcourir le chemin qui mène jusqu'à la joue d'une personne qui est vraiment trop con. Mais ce n'est pas toujours une bonne idée.
27. Le doigt de l'homme, quand il est petit, a tendance à dire des choses… Mais on n'est pas obligé de l'écouter (un peu comme Carla Bruni, en fait).
28. Le doigt de l'homme a un rapport vertical avec le whisky (bon, c'est un peu technique, mais je pense que vous voyez ce que je veux dire).
29. Le doigt de l'homme n'obéit qu'à lui-même… et un peu à l'œil, aussi.
30. Le doigt de l'homme permet de compter sur lui-même (surtout quand vous mettez tout ça au pluriel) … et finalement ce n'est sans doute pas plus mal… parce que quand tu comptes sur toi, le résultat n'est pas garanti… mais au moins tu sais à qui t'en prendre.

## Mardi 10 Mars – St Vivien

Aujourd'hui tous les gouvernements se trouvent à peu près dans le même cas de figure, qu'ils se disent de gauche ou de droite (ou les deux comme au Burger Quizz).
Une partie de la population a cessé de croire à la politique, juste parce qu'ils ont réalisé que les politiciens ne se préoccupent pas de leur sort. Il peut s'agir d'un raisonnement argumenté, comme d'une simple constatation, sans prise de conscience « politique ». Mais le résultat est le même. Ils n'interviennent plus.
Une partie de la population a bien réagi aux stimuli destinés à en faire un troupeau bêlant : télé réalité, chaines de fake news, exaltation de

l'individualisme, vénération de l'argent-roi, maintien dans une pauvreté relative (financière et intellectuelle) et dépendance qui annihile toute velléités de révolte (vous croyiez que les aides servaient à lutter contre la pauvreté ?

Pas du tout, elles servent à faire en sorte que les pauvres aient juste assez pour ne pas se révolter violemment. En leur donnant quelque chose qu'ils ont peur de perdre). Cette partie-là est nombreuse, mais pas très dangereuse. Enfin, pas très, jusqu'à un certain point.

Ce qui la rend docile est aussi ce qui peut la rendre malléable et perméable. Et une partie de la population essaie de garder les yeux ouverts et s'oppose de plus en plus ouvertement et de plus en plus violemment (cette violence étant relative par ailleurs – et personnellement j'aurais plutôt tendance à la qualifier de réponse légitime) aux gouvernants officiels (gouvernements) comme officieux (banques, fonds de pension, etc…).

Une des réponses qu'apportent les différents gouvernements à ce type d'attitude, c'est essentiellement la répression, largement argumentée sur le(les) mensonge(s).

Les différentes théories du complot aussi. Mais voyons comment pouvez-vous imaginer que des milliardaires, des oligarques assoiffés de pouvoir, des connards dans leurs tours d'ivoire puissent vouloir tout accaparer et vous réduire en un état de semi-esclavage ? Ben c'est bizarre, moi ça ne me semble pas étrange. J'ai même l'impression que, si on prend la peine d'ouvrir des livres d'histoire on s'aperçoit que l'histoire de l'humanité, c'est essentiellement ça…

Aujourd'hui on assiste au niveau mondial à une superbe mesure d'enfumage. Comment détourner les gens de leurs légitimes angoisses ? En leur en créant de nouvelles, bien « pires » ! De quoi les gens ont-ils peur, avant tout ? Ben, de mourir.

Alors on te transforme une maladie qui, certes va tuer quelques personnes (qui, vu leur âge, pour la plupart, seraient mortes de la grippe), mais dont la dangerosité par rapport à certaines épidémies du siècle dernier est juste risible (penser à rajouter une icône d'éclat de rire 😄), en Grande Faucheuse avec des dents encore plus longues que celles d'un bataillon d'étudiants en Ecole de Commerce (penser à rajouter une icône de machin verdâtre en train de vomir 🤢).

Et du coup, plus aucun sujet ne mérite qu'on en parle. Et toutes les mesures idiotes deviennent acceptables. Tiens si on en profitait pour taper sur le milieu du spectacle, parce que c'est quand même un milieu dans lequel

beaucoup de gens ont encore un semblant de culture, de curiosité intellectuelle. Qu'ils en soient auteurs ou spectateurs.
Bref, des gens qui sont encore les heureux possesseurs d'un reste de cerveau. Vous savez, ce truc qui permet de réfléchir par soi-même. L'anti-télé, l'anti-religion, l'anti-tan (comme disent ceux qui préfèrent aller bronzer au soleil).
Et si on interdisait les rassemblements. Ah ben non, vous comprenez bien qu'avec le virus, vos petites manifestations du jeudi vous allez vous assoir dessus (oui, je sais c'est pointu et ça fait mal quand on s'assoit, mais autant pour les masques et les gels hydroalcooliques, nous sommes en rupture... autant pour la vaseline... on a prévu des stocks importants).
Moi, complotiste dans l'âme, je me dis : mais si c'est si contagieux, la première chose à interdire, c'est quand même le métro parisien, non ? Avec ses millions de voyageurs par jours entassés dans des wagons à bestiaux à quatre par mètre carré (statistique INSEE).
T'en veux de l'épidémie ? Lâche-moi un microbe sur la ligne 2 et je te garantis qu'il va en rencontrer des gens à qui laisser sa carte de visite !
Mais bon, je suis déjà trop long (ce qui sexuellement n'est pas toujours un défaut) et j'espère que vous avez compris. On vous (nous) prend pour des CONS... ce qui finalement est moins grave que si on vous (non pas moi – je passe mon tour) laisse pour des CONS...

## Mercredi 11 Mars – Ste Rosine

Aujourd'hui, c'est la fête du bandana et du short en jean (la version 80/90s de l'élégance façon claquettes/chaussettes – non, je n'exagère pas), de la voix criarde insupportable, de la soupe rock'n rollienne pour MTV, heureusement sauvée quelquefois du naufrage par une guitare échappée d'un rideau de cheveux dégoulinant d'un haut de forme... C'est la St Guns 'n Rosine ! ou presque... je suis moins sûr pour Guns, mais Rosine c'est bien aujourd'hui !

Et c'est la Ste Rosa. Petit aparté : il vaut mieux Rosa Luxembourg que Junker Luxembourg (je dis ça parce que laisser diriger l'Europe par le connard qui y a organisé la fraude fiscale des grands groupes, c'était quand même dans le Top Five des saloperies mondiales du siècle.)

## Jeudi 12 Mars – Ste Justine

*Médecine :*
*Parano, moi ? Absolument pas ! Je crois à la théorie de la compote. Celle qui dit qu'on peut faire de la confiture avec moins de sucre...*

## Vendredi 13 Mars – St Rodrigue

- Et alors ? Nous jouons ou on baille aux Corneilles ?
- Voilà, voilà, j'arrive... on n'est pas aux pièces ! Moi, je connais très bien le jeu de la manille... et si je savais que Rodrigue coupe à cœur, je n'hésiterais pas une seconde...
- Té vé, pendant que tu reufléchis, je me ressers un verre de Cid-re !
- Et depuis quand tu sers du cidre, toi ?
- Depuis que je n'ai plus de Chimay-ne
- Et arrête de lui faire des signes !
- Je ne lui fais pas des signes, je dis bonjour à Bernardo, le serviteur de Don Diègue !
- Et bien même pour dire bonjour à un muet, on ne fait pas de signe quand on joue à la manille !

... Et voilà ce qui peut arriver quand on lit plusieurs livres à la fois...

## Samedi 14 Mars – Ste Mathilde

*Je ne dis pas qu'elle n'est pas revenue... je dis juste que je ne l'ai pas vu...*

## Dimanche 15 Mars – Ste Louise

*Question :*
*Pourquoi toujours à vue d'oeil et jamais à ouïe d'oreille ?*

## Lundi 16 Mars – Ste Bénédictine

*Littérature médicale :*
*Ce n'est pas Alexander Fleming qui a découvert la flemmingite... par contre, c'est bien son frère Ian qui a découvert James Bond...*

## Mardi 17 Mars – St Patrice

*Philosophie et jeux de cartes :*
*Je suis donc je pense... en tout cas, je devrais...*

*Philosophie, politique et technique de surface :*
*Quand on voit à quel point cette société salit tout, vivement la Lutte des Crasses...*

## Mercredi 18 Mars – St Cyrille

Aujourd'hui, j'ai droit à Cyrille ou Cyril... Je ne vais pas vous dire que ça me fait énormément plaisir car ce prénom, quelque puisse avoir été sa signification antérieurement, renvoie actuellement à tout un tas de gens qui ne m'intéressent absolument pas. Des exemples ? Mais bien sûr... mais faut d'abord que je fasse un petit paragraphe un tant soit peu intelligent ou, à tout le moins, cultivé... Il faut... il faudrait... et puis... si je veux, d'abord !
Ben non, aujourd'hui... Je ne veux pas ! Marre de tous ces illuminés dont on voudrait nous faire croire qu'ils ont une importance pour l'humanité ! St

Cyrille de Jérusalem ? Ben je le jérusalem pas, voilà ! Sous prétexte qu'il s'est fait chasser de son siège épiscopal pendant 17 ans sur fond de disputes entre les ariens et les orthodoxes (germano-soviétique ?), faudrait s'extasier ? Je m'en fous ! Voilà ! Et du coup, j'ai gagné quelques lignes... mais celles-ci sont autorisées.

Cyril Neveu : je traverse les villages africains à fond la caisse avec mes autocollants de sponsors...
Cyril Lignac : vous boufferez de la cuisine à la télé jusqu'à l'indigestion...
Cyril Collard : ce n'est pas parce que je vais en crever que je ne peux pas m'en servir pour être sous les feux des projecteurs...
Cyril quoi ? ... même pas en rêve, je ne lui ferai l'honneur d'écrire la moitié d'une phrase sur lui, ce condensé de stupidité, de vulgarité et de fric (car c'est quand même la raison principale de tout ça). Qu'on le jette aux lions !!

## Jeudi 19 Mars - St Joseph

Allez, je veux bien admettre qu'il m'arrive d'exagérer un peu quand je tourne en dérision les exploits de St Machin ou Ste Chose, qui se trouvent récompensés par une béatification, et leur nom dans le calendrier... Parce que le calendrier c'est un peu le Guinness Book des croyants (ou le Livre d'Or... il y avait bien le Veau d'Or).
Tu fais un truc bien et hop, on rajoute ton nom... Bon forcément, depuis le temps, ils sont un peu serrés, à plusieurs par jour... D'ailleurs je me demande si on ne devrait pas envoyer Blanquer pour dédoubler les jours... histoire de ne pas surcharger...

Donc, ok, parfois j'exagère... Mais là ? Il a fait quoi lui, à part tourner la tête pendant que le St Esprit (tu parles d'un pseudo) se fait passer pour un démonstrateur Tupperware et déballe tout son bazar. Bon, à la limite, il aurait eu un Oscar pour son rôle dans « le cocu de Bethléem », opéra en trois actes (dont un manqué) ... j'aurais compris...
Et Gabriel qui passe après coup pour voir si le Tupperware ferme toujours bien – tu parles, c'est St Esprit (oui, ben, je n'ai pas trouvé son nom, je ne suis pas dans la police, non plus) qui lui a donné la bonne adresse !

Non, franchement, et sans vouloir faire de mauvais esprit (même pas Saint – et en plus, ce n'est pas le genre de la maison), là, ce n'est pas sérieux. C'est juste du favoritisme.

Parce qu'il connaissait bien Jésus (forcément), il a eu droit à sa place dans le calendrier... C'est encore magouilles et compagnie, tout ça...

Tu m'étonnes qu'on veuille te faire avaler ça quand tu es petit (non, il n'y a pas d'allusion pourquoi ? Vous pensiez à quelque chose ?), après tu n'y crois plus... Enfin, tu n'y crois plus si tu as bien reçu ta dotation de neurones au début... Et apparemment il y aurait un problème au service de distribution des neurones. Faut que je vous explique...

Au départ, la distribution des neurones était assurée par le Service Public et ça fonctionnait à peu près normalement. Mais pour des raisons à la con, le Consortium Interplanétaire a décidé de réduire les effectifs (soi-disant, ça coûtait trop cher – non mais de quoi je me mêle – est-ce que je vais les faire chier moi avec la couleur du ciel ou la taille des nuages – désolé, je diverge... et dans diverge, il y a « di »), et résultat, tout le monde ne reçoit pas sa dotation complète... Et du coup, il y a une résurgence du sentiment religieux... allez comprendre !

Quelques Joseph célèbres ? et moins polémiques, du coup ?

Joseph Balsamo, dit le Comte de Cagliostro : aventurier... aujourd'hui on dirait escroc...
Joseph Barbera : complice de William Hanna : Tom & Jerry, les Pierrafeu, etc...
Joseph Bolduc : québecquois qui n'a pas inventé le bolduc...
Joseph Bonaparte : pistonné parce qu'il connaissait Napoléon...
Joseph Bové : « Ils n'auront pas Larzac et la Lorraine. »
Joseph Crockett : c'est con, s'il s'était appelé Davy on l'aurait mieux connu...
Joseph Gallieni : démontra qu'en général on pouvait être colon et maréchal...
Joseph Goebbels : publicitaire allemand de la première moitié du XXème siècle...
Joseph Kennedy : éleveur d'hommes politiques assassinés...

## Vendredi 20 Mars – St Herbert

Pas évident, a priori, de se dire qu'on va pondre une éphéméride à caractère plutôt sexuel avec ce prénom. C'est pourtant ce que j'ai rencontré ce matin sur Facebook : un Herbert inspirant des commentaires aussi désobligeants qu'orientés. Et après tout, la description semblait cohérente et le personnage semblait incarner assez bien le prénom (sexuel tendance misère) ...

 D'ailleurs je me suis demandé, un moment, si ce prénom ne devrait pas être obligatoire pour entrer dans les boites de cakes marseillais (avec la chaine en or et les écrase-merdes fabriqués par des gosses dans les pays du Sud-Est asiatique). C'est dire si la description était réaliste.

Un petit retour en arrière et je réalise que Jerry Lewis (l'ancêtre de Jim Carrey), dans le film « Le Tombeur de ces dames », se nomme Herbert H. Herbert... difficile de faire plus Herbert... et tout à fait adéquat, en plus... puisqu'il incarne cette espèce de drague lourdingue (va bien sur le coup que c'est une comédie).

Tout cela étant d'autant plus étrange que, ce prénom, pour ma part, me ramenait plutôt à des lectures fantastiques.
Herbert George (H.G.) Wells (La Machine à explorer le temps, l'Ile du Docteur Moreau, etc...) ; Frank Herbert (Dune) ; James Herbert (Les Rats, La Lance) ; Herbert Von Karajan (le nom déjà, mais en plus il fait peur quand il dirige un orchestre... il est méchant, non ?).
Et puis j'ai compris... Ce n'était pas à cause du prénom...
C'est parce que.... C'est le PRINTEMPS !!
En plus, aujourd'hui il y avait un autre prénom c'était Alexandra. C'est un prénom qui vient du grec « alexein » repousser et « andros » homme. Alexandra c'est celle qui repousse les hommes. Du coup elle repousse Herbert, qui va aller faire le cake ailleurs... Et il nous reste le Printemps, juste pour nous, pour les gens civilisés...
Un petit slogan printanier ? « Bourgeons, oui, oui, Bourgeois, non, non ! »

---

## Samedi 21 Mars – Ste Clémence

---

Clémence ? Vraiment pas un prénom qui m'inspire... Ça rime avec trop de mots que je n'aime pas, du genre repentance, résilience, abstinence, concurrence, cohérence, convergence, déliquescence, efficience, ambivalence, exigence, flatulence, indulgence, influence, jurisprudence, omnipotence, prudence, référence, violence, turbulence, urgence, référence, silence, sentence... Ce qui est bien évidemment un argument en bois...

puisque je pourrais dire exactement le contraire… étant souvent sujet aux crises de mauvaise foi…
Ah ben tiens, justement, la foi… Saviez-vous que l'on renie sa foi… alors que l'on prend des pastilles Rennie pour le foie ?

Vous me direz, et l'éphéméride dans tout ça… J'y viens… enfin… j'essaie… parce que là… On ne pourrait pas parler un peu d'autre chose ?

Voilà, on va faire ça… Pour changer, au lieu des saints et des saintes, on va parler des autres trucs à la con que l'on relie à des jours du calendrier. Par exemple aujourd'hui, ce n'est pas le printemps, puisque c'était hier, donc c'est un mauvais exemple… Oui, ben faut le temps que je trouve mes marques…
Donc aujourd'hui, et là c'est vrai, c'est la Journée Mondiale de la Poésie. Dans certains pays c'est jumelé avec la Journée du Camion… dis « Poète pouet ». C'est aussi la journée de la Trisomie 21, mais en principe, j'arrive à ulcérer assez de gens sans avoir besoin de plaisanter sur ce sujet…
C'est la Journée Internationale des Forêts… et en même temps, c'est celle du Livre Voyageur… Un rapport avec la pâte à papier ?
C'est aussi la journée mondiale de la Marionnette… mais vous pouvez la rebaptiser Journée des Hommes Politiques ou de la Girouette (c'était mieux à vent).
Ainsi que la Journée du Rangement de Bureaux… Alors celle-là… je ne sais pas d'où elle sort… mais il y a quand même de grands malades ! Et pourquoi pas la Journée de la Serpillière ou de l'Aspirateur, tant qu'on y est ? La semaine du Chiffon à Poussière ? La Journée Internationale du Liquide Vaisselle ?
Bon sang, même avec des trucs comme ça, ils arrivent à m'énerver. Bon… et c'est la journée Européenne de la Musique Ancienne… Non, je n'ai pas d'idée sur la question. C'est quoi ancien ?
Vous me direz que je saute du coq à l'âne (ce qui est moins dangereux que l'inverse… surtout pour le coq) mais c'est aussi la St Axel, qui, si les choses étaient bien faites, devrait être le patron des patineurs.

## Dimanche 22 Mars - Ste Léa

*Petite annonce :*
*Echange cœur brisé contre n'importe quoi d'autre, mais en meilleur état.*

## Lundi 23 Mars - St Victorien

*Quand on voit ce qu'on voit et qu'on entend ce qu'on entend... on se dit que si on était aveugle et sourd, faudrait qu'on trouve une autre expression...*

## Mardi 24 Mars - Ste Catherine de Suède

Aujourd'hui, je vais un peu tricher... je vais faire comme si c'était son anniversaire plutôt que sa fête. Oui, ben ça m'arrange parce que j'ai déjà écrit une autre Ste Catherine et là, j'ai un texte plutôt sympa, ce serait idiot de ne pas l'utiliser. Je ne sais pas pourquoi je vous explique vu que, de toute façon, je fais ce que je veux, donc...
Une amie, c'est celle qui sait trouver les mots quand tu ne vois que les maux. Les mots que tu dois dire et ceux que tu dois entendre.
Une amie, c'est la grande sœur que tu n'as pas et à qui tu peux tout dire.
Une amie, c'est la petite sœur que tu n'as pas et qui peux tout te dire.
Une amie te dit la vérité quand tu dois l'entendre.
Une amie a mal quand elle doit te mentir parce que la vérité te ferait souffrir inutilement...
Elle te la dira... Mais plus tard...
Une amie essaie de te faire croire que tu n'as jamais été aussi vivant quand tu contemples sur le parquet les éclats de ce qui, un jour, était ton cœur.
Une amie sait qui tu es... Tu es son ami...
C'est pour ça qu'elle se dit... Ça fait 43 secondes qu'il est sérieux... Il y a forcément un truc qui ne va pas... Ben oui, bien sûr... C'est mon anniversaire

et il n'a pas pu s'empêcher de… Ben de dire ce qu'il voulait, en fait… Il est comme ça…

Et donc comme c'est ton anniversaire je t'aurais bien fait un gâteau… mais pour le manger en live Facebook… Ce n'est pas encore ça… On manque encore de pratique du confinement (Oui, parce que je vous rappelle que nous sommes confinés).

Surtout que j'avais trouvé une recette qui semblait faite pour toi : Le Gâteau au Chocolat et à la Guinness. Comment faire ? Le mieux en fait c'est sans doute de te donner la recette… mais en l'améliorant, en tout cas, en apportant quelques précisions parce que s'il y a bien un truc qui manque cruellement de précision… ce sont les recettes de cuisine sur internet.

Donc : le gâteau au chocolat et à la Guinness

Ingrédients :

- 250 ml de Guinness (tu ne peux pas dire un demi, comme tout le monde ?)
- 250g de beurre (Ok… mais c'est une recette pour tout le monde ou juste pour les bretons… parce qu'il faudrait quand même savoir beurre doux, demi-sel, salé…)
- 60g de chocolat noir de bonne qualité (alors ça, dans le genre foutage de gueule… ça veut dire quoi bonne qualité… teneur en cacao ? bio ? équitable ? cher ? ce n'est vraiment ni fait ni à faire)
- 400g de sucre (oui, je me répète… mais le sucre… blond, roux, blanc, en poudre, en morceaux ?)
- 175g de crème fraiche (épaisse, semi-épaisse, liquide ? ben oui… mais on nous en vend de toute sorte… alors faut dire laquelle, parce qu'après c'est n'importe quoi)
- 2 œufs (oui, on va dire des œufs de poule… parce qu'a priori les autruches ne vivent pas dans le même pays que la Guinness)
- 1 c. à soupe d'essence de vanille (il parait que les cours sont fixés par l'OPEP : Organisation des Pays Exportateurs de Pâtisserie… non, je dis ça, c'est juste pour la culture générale)
- 275g de farine T65 (oui je vais faire comme s'ils avaient écrit farine de blé et pas de maïs, de seigle ou de riz… Par contre, si je ne trouve pas de la T65 c'est grave ? Je risque quoi ? Le four va exploser ?)
- 2.5 c. à café de levure chimique (ça ne se vend pas en cuillères, ça se vend en sachet… tu ne peux pas dire un sachet ?)
- 1 pincée de sel (j'ai de petits doigts… mais ça devrait aller je pense)
- 1 pincée de noix de muscade râpée (oui, là aussi on pourrait discuter, mais après on va dire que je critique tout…)

Et pour le glaçage :

- 220g de fromage blanc (non, tu penses bien qu'ils ne précisent pas le pourcentage de matière grasse… autant pour la farine ils sont pénibles, autant là…)
- 20g de sucre glace (ce qui suppose quand même que tu aies une balance précise et pas juste le doseur en plastique avec des traits tous les 50 grammes… en plus il n'y a pas la colonne sucre glace sur les doseurs)
- 100g de cream cheese type Philadelphia (Le Philadelphia était à l'origine, vers 1873, un fromage à la crème fabriqué à Chester dans le comté d'Orange (New York) sous le nom de « Neufchatel & Cream Cheese ». Non, là c'était juste pour faire l'intéressant.)

Préchauffer le four à 225°C. (oui, là c'est bien écrit Celsius… pas Farenheit… Après moi, mon four il n'a pas 225… il a 7 ou 8… Je vise entre les deux ?)

Chemiser un moule à gâteau long ou rond. (Moi j'ai toujours cru que la forme du moule était importante… pour que la pâte lève etc… faut croire que sur ce coup, non… Cependant, est-ce qu'on peut le chemiser à fleurs… non, c'est un truc perso… mais ça m'arrangerait)

Dans une casserole, faire fondre le beurre, le chocolat et la Guinness. (Est-ce bien raisonnable d'essayer de faire fondre la Guinness ?)

Avec un fouet, incorporer le sucre et la levure (non, pas avec un martinet… un fouet on vous dit). Enlever du feu, transférer dans un saladier et laisser tiédir. Bon, ça fait beaucoup d'informations d'un coup. Alors le feu, vous l'éteignez, déjà… Pour le transfert dans le saladier vous n'êtes pas obligé de faire appel à un agent comme au football… faites simple. Et laissez tiédir… attention pas refroidir… tiédir.

Dans un bol, mélanger la crème fraiche, les œufs et la vanille (non, les coquilles vous les enlevez et puis si vous pouviez éviter de mélanger avec les doigts… je sais bien que ce n'est pas précisé… c'est ce que je dis depuis le début).

Ajouter au mélange Guinness/beurre/chocolat (mais on attend que les deux soient tièdes ?).

Non, je demande parce que j'essaie de m'intéresser). Puis à l'aide du fouet ajouter la farine, le sel et la muscade. Alors je connais quelqu'un qui pose tout sur la table et qui frappe avec son fouet pour envoyer la farine dans le récipient… mais je suppose qu'on doit pouvoir faire plus simple.

Verser le mélange dans le moule. (Ça tombe bien c'est ce que je pensais faire) Faire cuire environ 35 à 45 minutes. (Ah ? et quand c'est la première fois je devine comment si c'est cuit ?) Laisser refroidir…

Vous êtes sûrs, vous voulez savoir pour le glaçage ?

Pour le glaçage, mélanger le fromage blanc et le cream cheese avec un batteur électrique (j'ai essayé avec une boite à rythmes… c'est plus

compliqué). Ajouter le sucre glace (non, là je fais une pause). Mettez dans une poche à douilles (et faites attention à l'orthographe).
Décorer le gâteau avec le glaçage.
Voilà… Bon Anniversaire ??

## Mercredi 25 Mars – Annonciation

Communiqué gouvernemental :
Chloroquine ? NON
Je vous chloronique !

## Jeudi 26 Mars – Ste Larissa

*Voir le 2 avril…*
*Une petite image pour patienter ?*

# Vendredi 27 Mars – St Habib

*Voir aussi le 2 avril…*
*Non, j'ai décidé de ne pas vous infliger que l'Habib ne fait pas le moine. Encore que ce n'était pas totalement hors-sujet…*
*Une petite image pour patienter ?*

Finalement, ce n'est pas si mal de mettre quelques illustrations. J'aurais dû y penser plus tôt

# Samedi 28 Mars – St Gontran

Oui, c'est ça, pareil que pour les jours précédents… Et en plus cette fois, je n'ai même pas une mauvaise vanne pour patienter. Gontran ! Le seul que je connaisse c'est le cousin de Donald, celui qui crie tout le temps et on ne comprend pas ce qu'il dit… Euh… C'est là que je réalise que la description n'est pas assez précise.

Une image ? Remarquez, ça tombe bien parce que j'ai la troisième pour finir la série.

## Dimanche 29 Mars – Ste Gwladys

Je ne vais pas le répéter sans arrêt. C'est quoi que vous ne comprenez pas dans « 2 avril » ?
Non, les images c'est terminé. Ben, je ne sais pas quoi d'autre... une citation ? Va falloir que je verse des droits d'auteur non ? Bon, je vais m'auto-citer, ça coutera moins cher :
« Comme je me nourrissais de ton amour, j'ai aussi perdu l'appétit. »
Moralité (oui, c'est pour le côté Lafontaine) : Si l'on veut perdre du poids, le chagrin d'amour est le régime le plus efficace.

## Lundi 30 Mars – St Amédée

Non. Pourquoi le 2 avril ? Là, c'est juste une impasse totalement assumée. Rien sur Amédée (ce qui ferait d'ailleurs un très bon titre de film français pour l'avance sur recettes – ou un nom de groupe d'indie pop/rock/french/electro spécialement créé pour être chroniqué dans Télézinrockama).

## Mardi 31 Mars – St Benjamin

Voilà, si vous voulez on peut dire qu'on reprend le cycle normal des activités, c'est-à-dire que vous allez voir le ??? Oui, je sais j'aurais pu faire un truc sur le festival du selfie de la Mairie de Paris... mais bon... Ok, juste une petite alors.
Définition d'une consigne de vote : ton vote est vide (de sens) ? Tu le ramènes et on te rembourse. C'est pour recycler le « vert » ...

## Mercredi 1ᵉʳ Avril – St Hugues

Le 2 avril, c'est ça. Oui, il y a aussi une histoire de poisson, mais ne mélangeons pas tout... Ou alors insistez !! Les poissons ! Les poissons ! Bon d'accord.
Alors c'est l'histoire de Jésugues (oui, ben, je fais comme je peux pour raccrocher le truc) qui était parti prêcher dans le désert. Et donc, tandis qu'il prêchait, certains commençaient à avoir un petit creux. Il décida, pour satisfaire son auditoire de multiplier les petits pains et les poissons (en chocolat ?). Il aurait peut-être pu multiplier les faux-filets mais comme il prêchait sans filet... D'ailleurs, si quelqu'un se sent d'aller prêcher dans le « dessert », je veux bien qu'il multiplie les éclairs (oui, au chocolat) et les religieuses (non, celles avec la crème). Pour toute réclamation quant aux éventuelles approximations religieuses, adressez-vous directement à la maison d'édition « la Bible ne fait pas le moins... mais pas le plus, non plus », seule habilitée à envisager des corrections dans les tirages ultérieurs... Personnellement, je ne me sens concerné que par le tirage de l'Euromillions.

P.S. (Poisson Servile) : avec BFMTV, c'est le 1ᵉʳ avril toute l'année...

## Jeudi 2 Avril – Ste Sandrine

Bon, j'ai sauté beaucoup de saintes et de saints (pas au sens biblique, évidemment) et il va bien falloir s'y remettre.
Qu'est-ce que j'ai raté ?
Ben déjà, Larissa aurait pu faire une éphéméride épicée (allez, fait risette au monsieur, fais couscous à la dame !)
Y avait aussi l'Habib qui ne fait pas le moine (mais comment est-il devenu saint alors ?)
Gontran. C'est le cousin de Donald dans Picsou Magazine, celui qui passe son temps à manger des sandwiches. Je me souviens même d'une histoire où il cueillait directement des sandwiches sur les arbres.

Il avait quand même dû prendre un truc bien relevé pour trouver des arbres à burgers. Des pilules à l'harissa, peut-être ?
Gwladis ? Je ne sais même pas comment ça se prononce. Peut-être comme Bouilladisse mais avec un G ?
Benjamin ? Le cadet de mes soucis…
Hugues ! Allons bon, si on rajoute des indiens maintenant… Je veux bien s'il vient avec son calumet de la paix (et ça fera un Hugues qu'a paix) … ou avec sa tenue de super héros (Hugues capé ?)
Donc voilà, aujourd'hui c'est Sandrine. C'est dommage parce que j'en connais plusieurs et que je les aime bien… et je vais encore être obligé de dire du mal… Non, ça ne me fait pas plaisir… Mais bon, comme par hasard, c'est encore une religieuse qui a fondé un couvent… Faudrait quand même essayer de changer un peu les critères de sélection parce que là c'est vraiment du favoritisme.
A l'époque où je pensais encore qu'il y avait un intérêt à fréquenter des trucs avec des poils, j'avais une chatte qui s'appelait (enfin… qu'on appelait… parce qu'elle n'a jamais réussi à le dire) Sandrine. Oui, un animal… P-T—N, vous êtes lourd ! Non, ben voilà, du coup, j'ai oublié à force de m'interrompre avec vos sous-entendus. Puisque c'est comme ça, on verra demain pour la St … non, je ne le dis pas… faut pas donner le sujet avant le début de l'examen !! Et ne regardez pas sur le calendrier, bande de tricheurs !

## Vendredi 3 Avril – St Richard

St Richard de Chichester est le patron des cochers parce qu'il conduisait des charrettes et des chariots… 6 « ch » dans une seule phrase… ou bien c'est un concours, ou un auvergnat s'est caché derrière cette phrase.
Sinon, vous savez pourquoi une célèbre marque de camembert s'appelle Cœur de Lion ? Parce que le Richard du même nom puait des pieds… Voilà, c'est ça… en fait je n'ai absolument aucune envie de vous parler de ce St Richard…

D'abord, rien que le mot « richard » … en ce moment… ça n'est plus possible… C'est bien simple quand j'entends « richard » j'imagine toute une ribambelle de gros cons ventripotents en train de chier (tiens, là aussi un « ch ») sur la planète, sur la société, voire même sur moi, si je n'avais pas pensé à me munir d'un petit accessoire fort utile… le repousse Richard, autrement appelé guillotine de voyage.
Non, c'est pour rire…
Dans le Richard, c'est comme dans le reste, fait savoir trier le bon grain quand on se fait livrer (j'aurais aussi pu faire avec le bon grain et l'ivresse… à cause de l'alcool de grain… mais dans la vie faut choisir).
Quoique finalement, chez les bretons, aujourd'hui on fête Izuned, qui est le St patron des pommes à cidre… alors bon… ce n'est surement pas un jour à boire de l'eau… surtout qu'il suffit d'enlever une lettre à Richard pour faire Ricard… C'est pour ça qu'ils font des Bobs publicitaires chez Ricard, à cause de Bob l'éponge…
OK, on fait quoi maintenant ? des Richard célèbres ? Oui, ça serait pas mal parce que sinon j'ai bien peur que l'on parte dans le n'importe quoi le plus total (c'est déjà bien engagé).
Richard Branson (Virgin) : en fait c'est plutôt Richard prend le son… et le revend pour s'acheter des avions
Jean Richard : le commissaire Maigret d'avant… et le cirque…
Richard Anthony : il ne faut pas confondre le sirop Typhon avec le sirop « Tu fonds » … ça ne marche pas…
Richard Burton : My Taylor is tellement rich que je l'ai épousée deux fois…
Richard Chamberlain : il jouait si mal du « chamberlin » (ancêtre du mellotron) que les oiseaux se cachaient pour mourir.
Richard Clayderman : les pianos se cachent pour mourir aussi…
Richard Ferrand : Maréchal nous voilà (si… pour les ânes)
Richard Gotainer : il était où hein ? le youki ?
Richard Nixon : je suis plombier-bier-bier-bier-bier, j'ai un beau métier…
Richard Virenque : L'insu de son plein gré…
Richard Kolinka : L'insu-portable…
Richard Gere : rends les filles wet ?

## Samedi 4 Avril – St Isidore

Voir le 8 avril... ou pas...

## Dimanche 5 Avril – Ste Irène (Rameaux)

Si vous vous dîtes « Il est en train de nous refaire le même coup » ... Vous avez raison.

## Lundi 6 Avril – St Marcellin

Je veux bien reconnaitre que le principe est un peu cavalier et que ça peut désarçonner (tiens, bizarre cette association), mais vous allez tout retrouver au 8 avril.

## Mardi 7 Avril – St Jean Baptiste De La Salle

Oui, lui aussi... dès demain...

## Mercredi 8 Avril – Ste Julie

Oui, je sais, on dirait bien que je prends l'habitude d'un certain décalage dans la publication des éphémérides... mais comme apparemment je souffre aussi d'un certain décalage en matière d'humour... tout cela demeure cohérent... au moins pour moi.
Donc dimanche c'était la Ste Irene. Irene est un prénom très ancien puisque c'était celui porté par la fille du gardien du Jardin d'Eden.

Celui-là même où a eu lieu l'histoire avec le serpent. Je ne vais pas vous raconter ça, parce que, franchement, dans le genre totalement inventé et farfelu... on peut difficilement faire mieux. Non, ce qui est, en revanche, une vérité historique, c'est que le gardien, un brave homme qui s'appelait Steve et cumulait plusieurs Jobs, avait 4 enfants : une fille et trois garçons : Irene, Imac, Ipod et Iphone...

Et lundi, c'était la St Marcellin. Pas fait non plus d'éphéméride... mais comme je n'aime pas le fromage... on ne va pas en faire un, hein ? En plus, Marcellin, je pense toujours à Raymond Marcellin, un ministre de l'intérieur de sinistre mémoire (décoré de la Francisque sous Vichy et plombier en chef au Canard Enchaîné – oui, je sais, ça ne parlera pas à tout le monde). D'ailleurs, en même temps, on fêtait aussi St Célestin... du coup, avec Vichy, ça reste dans le ton (voire dans le deux-tons)

Mardi, vous fêtiez St Jean Baptiste de la Salle (non, pas moi, je faisais autre chose). Ils ont laissé le nom entier, parce que des St Jean, y a pas pénurie (ce n'est pas comme l'humanité en Macronie). Il parait qu'il a inventé ce qui deviendra l'Ecole Normale, de formation des maîtres. Comment faire entrer des connaissances dans un cerveau, tout en le vidant avec la religion... vaste programme...

Et aujourd'hui, c'est donc la Ste Julie... et par chance, je viens déjà de faire un truc assez conséquent... parce que là... je n'ai pas trop d'idées pour Julie. Mes parents avaient un animal de compagnie qu'ils appelaient Julie. Vous savez, ce truc qu'ont la plupart des gens. Non, pas un parapluie... un truc qui sert tous les jours... ou plutôt, l'inverse, un truc que tu sers tous les jours. Un chat, voilà, c'est ça... Non, ben sinon, je ne vois rien d'autre à vous dire à ce sujet. C'est aussi la Ste Constance... Je trouve qu'en tout cas, le gouvernement actuel fait preuve d'une « belle » constance dans son entreprise de démolition d'une société démocratique...

# Jeudi 9 Avril – St Gauthier

L'histoire est un perpétuel recommencement.

Dans l'ancien temps on trouvait déjà des constructions de plusieurs étages (on n'a pas attendu les américains pour jouer à « la mienne est plus longue que la tienne » – cf. l'Empire State Building… en pire…). Mais ce n'étaient pas des immeubles de bureaux (on n'avait pas encore inventé les sociétés de services) mais des maisons pour les pauvres : des H.L.M. (Haouzizes à Locataires Misérables).

Dans la ville de Massilia il y avait notamment deux de ces HLM, à quelques dizaines de mètres l'un de l'autre. Comme on n'avait pas encore inventé les sonnettes (enfin, les sonnettes oui, mais pas l'électricité) il fallait laisser les fenêtres ouvertes pour entendre les gens qui appelaient depuis la rue. Pour être tout à fait exact, c'était assez facile de laisser les fenêtres ouvertes, car on ne les avait pas encore inventées. Donc, dans l'un de ces immeubles, tous les habitants s'appelaient Manuel, et quand on appelait « Oh, Manu, tu descends ? », tout le monde venait à la fenêtre pour vérifier de quel Manu il s'agissait, car ils en avaient marre de descendre pour rien (c'est vrai quoi !).

PS : il semblerait que, malgré l'absence de fenêtres, personne n'attrapait le rhume et c'est depuis cette époque qu'on dit que les Ibères sont rudes…

Il parait qu'un de ces Manu en question en avait tellement marre de descendre pour rien, qu'il décida un jour de repartir dans son Sud originaire, en Hispanie. La rumeur prétend qu'il se serait présenté aux élections à Barcelone avec pour slogan « Inventez l'électricité qu'on puisse avoir des sonnettes ! ». L'histoire ne dit pas s'il fut élu…

Dans le 2ème immeuble, sans doute pour se différencier, les gens n'appelaient pas pour demander de descendre mais pour savoir si les gens étaient là (franchement, de quoi je me mêle !). Et donc, systématiquement ils appelaient « Oh Gros, t'y es ? » Oui, parce qu'à l'époque déjà, ils s'appelaient tous « Gros » … ce qui ne facilitait pas plus que s'ils s'étaient tous appelé Manu… mais pas moins, non plus…

Par le plus grand des hasards, il se trouve que, non loin de là, vivait un remplisseur de calendrier (les petits métiers se perdent) un peu dur de la feuille… et en entendant tous ses appels il crut qu'il s'agissait d'un prénom… et comme il n'était pas dans son calendrier… il décida de le rajouter…

Et c'est ainsi qu'on fête la St Gauthier (oui, ben je vous ai dit qu'il était un peu sourd… alors forcément… il a transformé…).

## Vendredi 10 Avril – St Fulbert

Le truc c'est que ce n'est pas le jour pour essayer d'aborder l'éphéméride sous un angle sérieux parce que sinon on va commencer à se poser une question… que l'on devrait d'ailleurs se poser actuellement un peu plus souvent.
Doit-on juger le passé en fonction du présent ?

Perso, j'aurais souvent tendance à dire non et à trouver plutôt ridicule ces procès à travers les âges où l'on doit s'excuser de ce que nos aïeux ont pu faire, il y a quelques dizaines ou centaines d'années.
Le genre de raisonnement qui amène à ce qu'un pauvre con veuille faire interdire « Tintin au Congo » (et pourtant, je ne suis pas fan de Tintin).

Je vous dis ça parce qu'aujourd'hui c'est la St Fulbert, qui fût évêque de Chartres et à qui à l'époque (X-XIème siècle) passait pour quelqu'un de plutôt bien… selon les critères en vigueur… et a écrit un Traité Contre Les Juifs…
Alors qu'est-ce qu'on fait ? On l'enlève du calendrier ?

P.S: et je ne vous dis même pas le nombre de nobles qu'on devrait rétrospectivement condamner pour pédophilie ! Quasiment tous les rois…

Bon, je vous laisse réfléchir, moi je vais chercher une connerie à écrire à propos des Fulbert, parce que c'est quand même ce qu'il y a de mieux à faire. Et donc Fulbert, mais aussi Norbert, Robert, Albert, Gilbert, Humbert, Philibert, Dagobert, Lambert, Herbert, Hubert… à croire que les rimes en « bert » (bère), c'est juste pour les prénoms… ou pas loin.
Et sinon… ça ne fait pas envie…
Camembert ? ça pue
Cerbère ? ça mord

Lombaire ? ça fait mal
Prépubère ? ça fait chier
Réverbère ? ben là, ça fait pisser…
Berbère ? les Charlots chantaient « l'allumeuse de vrai berbère » … voir donc, ci-dessus…
Ibère ? il me semble bien avoir déjà dit que c'était rude
Nightclubber ? mais dans quel Guetta j'erre…

Alors que, bizarrement, avec les rimes en « bière » … on s'amuse beaucoup plus !!

## Samedi 11 Avril – St Stanislas

Bon autant le dire tout de suite… je ne connais pas personnellement de Stanislas. Je me suis un peu renseigné sur celui dont on a fait un saint : un évêque de Cracovie, assassiné par le roi qu'il avait excommunié. Ce qui témoigne, de la part du roi en question (Boleslas le Cruel – tiens Boleslas, ça rime avec Stanislas) d'une logique toute relative puisque pour protester contre son excommunication, il accomplit un acte qui, à tout le moins, justifie celle-ci après coup. Mais passons sur les rapports entre les Polonais et la religion (oui, Cracovie, c'est en Pologne) qui m'ont l'air au moins aussi sains que ceux qu'entretiennent les Anglais avec l'Europe…
Donc, des Stanislas… ben Stanislas Borowitz, alias Belmondo dans Flic ou Voyou. Ou Stanislas Guerini, le remplaçant de « Casta-niais ou -gneur » chez La Raie Publique en Marche. Bref, rien de bien intéressant.
On pourrait s'amuser avec des rimes mais avec l'imparfait du subjonctif des verbes en « ler » du premier groupe on a environ 800 mots en lasse possibles… et franchement un poème avec des rimes en rigolasse, pantouflasse, bricolasse ou coagulasse…
Sans les verbes ? Bon, ok il nous reste quelques mots :
Dégueulasse : pas le verbe, l'adjectif. Peut-être employé pour désigner indifféremment n'importe quel député de LREM (ou assimilé).
Mélasse : état dans lequel se trouve le pays malgré les grands yeux écarquillés des députés de LREM (ou assimilés).
Paillasse : on peut être dans la mélasse ou sur la paillasse… dans les deux cas… voir ci-dessus.

Folasse : on en trouve un certain nombre dans les rangs des députés de LREM (ou assimilés) – notamment une abrutie avec une coupe au carré blondasse et une qui porte le nom d'une lampe – mais n'est pas une lumière…
Lovelace : Linda… inspiratrice des députés de LREM face à leur patron.
Populace : Tous ceux qui ne sont pas députés de LREM (ou assimilés).
Culasse (joint) : joint servant à assurer l'étanchéité du moteur. En politique, ensemble des députés de LREM (ou assimilés) dont la fonction principale est d'empêcher toute manifestation de vérité.
Classe : (lutte des), n'existe pas selon les députés de LREM (ou assimilés) qui s'appliquent consciencieusement à protéger les intérêts de celle au pouvoir.
Wallace : copain de Gromit… à ne pas confondre avec les grosses mites qui font, dans les vêtements, le même genre de trous que les députés de LREM (ou assimilés) font dans les droits des salariés.
Glace : mon dessert préféré… oui, ben c'est pour finir sur une note optimiste…

## Dimanche 12 Avril - St Jules / Pâques

Il semblerait que certains estiment que je serais prêt à raconter n'importe quoi pendant plusieurs pages… juste… pour arriver à la fin avec une vanne toute « pourrite » …
Euh… ce n'est pas totalement faux… Mais il m'arrive aussi de faire des vannes courtes. D'ailleurs, pas plus tard que ce matin, il ne m'a fallu que quelques lignes pour, à l'occasion de la St Jules, indiquer que ce dernier était le St Patron des saunas et des hammams parce qu'il faut laver César.
Tiens, pour les Marseillais qui ne le sauraient pas (et pour les autres), les vrais prénoms de Raimu étaient Jules Auguste César… en toute humilité…

Sinon, je ne suis pas un fan des voyages. Je dis ça pour planter le décor. En fait il y a plein de pays où je n'ai pas envie d'aller pour diverses raisons. Soit parce que ce sont des pays pauvres… et je trouve plutôt indécent d'aller les visiter avec mon pouvoir d'achat (pourtant ridicule ici) ; soit parce que leur régime politique ne me convient pas et du coup, visiter des dictatures, ça ne me tente pas (faut dire aussi que j'ai un sens assez large pour le mot dictature – et ce n'est pas parce que je vis dans une dictature – je vous l'avais dit… sens large - que j'ai envie d'en voir d'autres).
Bref, tout un tas de bonnes ou de mauvaises raisons.

Mais bon, il se trouve que je suis quand même allé à Cuba.
Alors un truc valable pour beaucoup de pays… ne pas boire l'eau du robinet (quand vous trouvez un robinet).
Du coup à Cuba vous êtes obligés de carburer au Mojito, matin, midi et soir. On s'habitue vite et ce n'est pas forcément désagréable. L'autre sujet important c'est ce qu'on appelle communément la « tourista » …
Là c'est liquide aussi mais pas forcément par le même orifice. Donc, ne pas oublier de lutter avec de grandes quantités de riz.

Oui, matin, midi et soir aussi. Bon, je raccourcis un peu l'histoire (restons raisonnable) et on arrive directement au voyage du retour. Je me souviens, c'est la sœur de mon père qui était venue me chercher à l'aéroport.
Et donc, la voyant au loin je m'étais exclamé : « Mojito-riz te salue, tante ! »
…
Avouez, celle-là, vous ne l'aviez pas vue venir… En plus, ça fait la boucle avec « laver César » …

## Lundi 13 Avril - Ste Ida

Et c'est aussi le lundi de Pâques… puisque dimanche c'était Pâques.
Alors, j'ai bien cherché dans le jardin pendant tout mon dimanche... et je n'ai pas encore trouvé les œufs... mais déjà la Pâques de 12... Ça risque de ne pas faire plaisir à St Bière... il va finir par mettre la clé sous la porte...

## Mardi 14 Avril - St Maxime

Non, je n'ai pas fait d'éphéméride pour St Maxime. Mais en revanche j'ai un certain nombre de maximes qui mériteraient sans doute d'être mises en application ……
Comme celle-ci par exemple :
Si l'on ne peut pas rire de tout, on ne peut rire de rien (Quelqu'un qui avait raison).

Ou celle-ci, qui ne le mérite pas mais dont les décrets d'application sont parus : pour les pauvres, le Paradis c'est après la Mort, mais pour les riches, le Paradis fiscal, c'est tout de suite...

## Mercredi 15 Avril – St Paterne

Annonce sérieuse : en raison de la sénilité probable du remplisseur des lignes du calendrier, cherche remplaçant pour rédiger l'éphéméride de la St Paterne. Non mais franchement... Paterne...

Bon, c'est vrai, je pourrais faire un effort, vu que le Paterne que l'on fête aujourd'hui... c'est Paterne de Vannes... si ça n'en pas une, ça ! Mais non, je vais laisser passer celui-ci et attendre le prochain...
En plus St Paterne de Vannes est considéré comme l'un des sept saints fondateurs de la Bretagne... je ne vais pas, en plus, me fâcher avec les bretons.
Certes, abondance de biens ne nuit pas (sauf si tu as fait le vœu d'ascèse), mais je ne vais pas commencer à parler de cette incongruité qu'est le beurre salé qu'ils foutent partout (alors que tout le monde sait très bien que l'huile d'olive c'est meilleur pour la santé) et.... Stop.... J'ai dit que je n'en parlais pas... en plus aujourd'hui ils fêtent les « Juved » et je n'en connais pas. Enfin si, je connais Patrick Juved... mais il parait qu'il n'est pas breton...

Bon, allez, à demain...

Ah non, j'oubliais... vous savez qu'il y a très souvent plusieurs prénoms et pas juste le saint du jour. Ben aujourd'hui on fête aussi les « Maron » ... à une lettre près... comme quoi il n'y a pas de hasard... ou alors il a fait exprès, comme un signe du destin, pour le côté monarque de droit divin... Surtout qu'on fête aussi « Olympiade » et que je ne pense pas me tromper de beaucoup en prédisant du sport pour la suite des événements...

## Jeudi 16 Avril – St Benoît

Non, il se trouve que je n'avais rien pour la St Benoît et comme Christophe est décédé aujourd'hui je me suis dit « Tiens, je vais faire d'une pierre (tombale) deux coups et utiliser ce pastiche des Mots Bleus en forme d'hommage. »

| | |
|---|---|
| Il est six heures au clocher de l'église | en heure d'été ? |
| Dans le square les fleurs poétisent | Ouh là… des fleurs de pavot, peut-être, non ? |
| Une fille va sortir de la mairie | elle y travaille ? |
| Comme chaque soir je l'attends | |
| Elle me sourit | bon, ben c'est plutôt bien parti alors… |
| Il faudrait que je lui parle | |
| A tout prix | ah, si tu veux qu'elle te réponde… c'est mieux! |
| | |
| Je lui dirai les mots bleus | donc, c'était bien du pavot |
| Les mots qu'on dit avec les yeux | ouverts-fermés-ouverts… tu fais ça en morse ? |
| Parler me semble ridicule | surtout avec les yeux, si tu veux mon avis |
| Je m'élance et puis je recule | comment veux-tu, comment veux-tu ?.. Oh, pardon… |
| Devant une phrase inutile | ben c'est surtout que c'est fatiguant de cligner des yeux |
| Qui briserait l'instant fragile | je connaissais un Antoine qui les brisait menu… C'est lui ? |
| D'une rencontre | |
| D'une rencontre | Y a de l'écho ? |
| | |
| Je lui dirai les mots bleus | ah ok, tu voulais dire avec un stylo bleu… |
| Ceux qui rendent les gens heureux | ah non, définitivement, ce sont les plantes |
| Je l'appellerai sans la nommer | "Hep, vous là !"… pas sûr que ça soit très |

| | |
|---|---|
| | classe ça |
| Je suis peut-être démodé | ben disons que c'est un peu macho quoi... |
| Le vent d'hiver souffle en avril | en tout cas, pour les saisons, tu es bien décalé par contre... |
| J'aime le silence immobile | licence poétique ?? Tu n'aurais pas plutôt fait une halte dans un lieu qui possède la licence IV ? |
| D'une rencontre | |
| D'une rencontre | 4 fois déjà... cherche un synonyme, merde ! |
| | |
| Il n'y a plus d'horloge, plus de clocher | allons bon, qu'est-ce qu'il s'est passé ? |
| Dans le square les arbres sont couchés | une tempête ? |
| Je reviens par le train de nuit | on ne savait même pas que tu étais parti |
| Sur le quai je la vois | |
| Qui me sourit | moi, je trouve qu'elle a quand même du mérite... |
| Il faudra bien qu'elle comprenne | ... oui ben justement, puisqu'on en parle |
| A tout prix | ... mais même sans en faire une histoire d'argent |
| | |
| Je lui dirai les mots bleus | ok, j'arrête de chercher là |
| Les mots qu'on dit avec les yeux | remarque il parait qu'ils vont mieux rembourser l'ophtalmo, alors... |
| Toutes les excuses que l'on donne | avec un mot ? d'excuses... |
| Sont comme les baisers que l'on vole | non, je ne vais pas discuter sur tout... mais quand même... |
| Il reste une rancœur subtile | voilà, c'est ça... c'est subtil... |
| Qui gâcherait l'instant fragile | et le conditionnel il fait quoi dans la phrase? C'est pour faire genre, ouais, moi je sais conjuguer ? |
| De nos retrouvailles | non, mais c'est bien de garder l'espoir... |
| De nos retrouvailles | mais pas trop, quand même |

Je lui dirai les mots bleus
Ceux qui rendent les gens heureux   souvent le truc avec l'alcool, c'est qu'au bout d'un moment on se répète...

Une histoire d'amour sans paroles   ben et les mots bleus, ils sont passés où ?
N'a plus besoin du protocole   non, mais parfois, le protocole, ça permet de baliser un peu le terrain, savoir où l'on va... après... tu fais comme tu veux...

Et tous les longs discours futiles   ... et fatigants
Terniraient quelque peu le style   oh non, pour le style, là je crois qu'on est servi...
De nos retrouvailles   optimiste...
De nos retrouvailles   ou inconscient...

Je lui dirai les mots bleus
Les mots qu'on dit avec les yeux   ou alors peut-être avec des lunettes bleutées... mais du coup, on ne verra pas quand tu clignes, non, laisse tomber on va trouver autre chose...

Je lui dirai tous les mots bleus
Tous ceux qui rendent les gens heureux   LEGALIZE IT !!
Tous les mots bleus
Tous les mots bleus   et du coup, si tu avais eu les yeux marron, tu aurais chanté les mots marron ???
Non, je
déconne... c'est bien ton truc...

## Vendredi 17 Avril - St Anicet

Aujourd'hui c'est la St Anicet. Qui se souvient d'Anicet Le Pors (ministre communiste sous Mauroy) ?
Mais c'est aussi la Ste Wanda... qui comme chacun sait est un poisson...
Donc ce sera au choix : porc ou poisson...
Bon appétit.
P.S: pour les susceptibles de tous bords - il ne s'agit évidemment que d'un jeu de mots sur le nom et pas d'un jugement de valeur (font ch--- ces intégristes du politiquement correct).

## Samedi 18 Avril - St Parfait

*... Et quand tu te lèves avec la tête dans le Q, c'est la St Pas Frais...*

## Dimanche 19 Avril - Ste Emma

Je suis vraiment désolé pour toutes les « Emma » (pas certain que l'inverse soit vrai) mais aujourd'hui, vu l'urgence de la situation, je viens de signer un décret pour fixer au 19 avril (oui, c'est aujourd'hui) la St Gros.
Parce que tous les jeunes s'appellent Gros.
Gros, mais aussi Bro et Frère, sont des prénoms **substitutifs**, **auto-déterminants**, **gizmoïdes** et moches (je vais préciser bien évidemment tout cela... sauf pour moche... qui est assez évident) qui effacent d'un trait de plume (on voit bien qu'il s'agit là d'un expression ancienne puisque, d'un trait de plume... tu n'effaces rien... tu barres, tout au plus...il faut reconnaitre, toutefois, qu'effacer d'un trait de gomme ce serait n'importe quoi comme expression) comme autant d'heures perdues et inutiles, des dizaines de repas familiaux qui furent le théâtre d'affrontements homériques dans la Quête du Prénom à choisir (Colonel... c'est la guerre !!).
Alors voilà, tu t'es fait chier à éplucher pendant des heures des calendriers, tu t'es disputé avec ta belle-famille (future ou ex – selon le degré dans la dispute), ton conjoint, tes collègues de bureau se sont moqués de toi (mais

comment tu as pu choisir un prénom pareil pour un enfant ? C'est celui de mon labrador !) ... et finalement, entre eux, ils s'appellent tous « Gros » ...
**Substitutif** : ils ont remplacé le prénom que tu avais choisi et fait enregistrer à l'Etat-civil par « Gros ».
**Auto-déterminants** : c'est un prénom qui s'impose tout seul, il arrive et il prend la place.
**Gizmoïde** : au début il n'y avait qu'un seul « Gros », mais quelqu'un s'est mis à arroser tout le monde et les « Gros » se sont multipliés (je ne sais pas d'ailleurs si ce n'est pas le fait d'avoir arroser avec du coca plutôt que de l'eau).

Mais c'était qui, au fait St Gros ?
Et là... je vais essayer une nouvelle technique, issue à la fois de mon intérêt pour les feuilletonistes français, et du fait que j'ai autre chose à faire ce matin... ah non, cet après-midi, déjà, en fait... C'est la technique du « la suite au prochain épisode » ... c'est-à-dire à deux mains, si vous le voulez bien... (copyright Lucien Jeunesse).

## Lundi 20 Avril – Ste Odette

Donc nous en étions à St Gros...
L'histoire commence en 124 après Jésus Christ, donc en 1815 avant Jean Claude Gredin selon le calendrier marseillais. Bien évidemment à cette époque ils ne savaient pas qu'ils étaient en 124 après J.C parce que le calendrier actuel ne fut utilisé qu'en gros (ah ben tiens le voilà lui) à partir de Charlemagne. Mais si l'on pouvait ne pas focaliser sur ce détail...
Au départ, il ne se prénommait pas « Gros ». Ses parents, Ronaldus Macdonaldus et son épouse Marie-Cholestérose l'avaient affublé des prénoms véritablement hideux de : Hamburgerus, Ketchupachoups et Chisifichibacon. Ce qui, même pour un Romain (sorte d'équivalent du Parisien à l'époque) était quand même particulièrement laid.
Oui, parce que ça se passe à Rome, je ne vous l'avais pas dit ? Bref, de nos jours de tels parents iraient directement en prison pour voies de faits sur mineur mais la société, à cette époque, n'était pas encore assez évoluée.
Il se trouve que Ronaldus Macdonaldus avait une petite échoppe de restauration rapide aux abords du Colisée qui fonctionnait bien, notamment quand il y avait un spectacle avec des animaux et des Chrétiens.

De nos jours d'ailleurs une variante de ce type de spectacle existe toujours mais avec des crétins qui (chantent ?) des choses qui semblent avoir été écrites par des animaux. L'histoire est un éternel recommencement.

Mais bon, revenons au sujet. Et donc Hamburgerus (on va rester juste sur le premier prénom, c'est déjà bien) était tellement honteux de ses prénoms que, profitant de l'activité de son père, il s'empiffrait pour oublier sa triste condition à tel point qu'il devint rond, puis grassouillet, puis enveloppé, puis carrément Gros. Mais Gros !! A tel point que l'on commença à l'appeler « Gros ». Tout le monde l'appelait Gros. Les clients, les inconnus, tout le monde. Il faut bien admettre que son père en était vexé car, enfin, c'était quand même lui qui avait choisi les prénoms et il ressentait cela comme une atteinte à sa liberté de choix.

Bon, il y avait aussi un autre problème, c'est que Ronaldus Macdonaldus avait décidé d'inventer le libéralisme économique et ce fils qui lui bouffait tout le bénéfice tellement il mangeait, ça ne l'arrangeait pas.
Certes il pouvait augmenter ses tarifs pour reconstituer sa marge, ce qu'il faisait d'ailleurs, mais il aurait aussi pu les augmenter si « Gros » ne mangeait pas autant.
Un jour n'y tenant plus, poussé par son actionnaire principal, lui, il décida de se séparer de son fils pour le bien de l'entreprise et de le délocaliser, son fils, dans le désert.

Et celui-ci se retrouva dans un village de pêcheurs pêcheurs. Bon, c'est un peu technique, mais en gros (non, pas lui) il s'agissait de Chrétiens qui avaient été chassés parce qu'ils pêchaient (chasse-pêche-nature et tradition du goût) et devaient leur survie à une petite activité de pêcheurs dans le lac auprès duquel se trouvait leur village.
Mais le moins que l'on puisse dire c'est que la pêche n'était pas miraculeuse. Or il se trouve que « Gros » en arrivant devant le lac, victime d'une insolation (il avait traversé le désert pour arriver là, quand même) se mit à vomir dans le lac (oui ben, ce n'est pas moi qui écris l'histoire, alors même si ce n'est pas très élégant, ce sont des faits historiques).
Et aussitôt les eaux se mirent à frétiller et tous les poissons du lac se ruèrent littéralement sur la nourriture régurgitée par « Gros ». Les pêcheurs-pêcheurs lancèrent aussitôt leurs filets et attrapèrent des milliers de poissons.

Après, je vais faire court (ben oui), mais l'histoire de Gros et de sa technique pour « broméger » se répandit dans la Chrétienté jusqu'à finir par tomber

dans l'oreille d'un évêque à qui il manquait un Saint pour obtenir son diplôme d'évêque du mois (il était peut-être parent avec Ronaldus Macdonaldus d'ailleurs parce que cette histoire de truc du mois... ça me rappelle quelque chose) et proposa donc St Gros.
Et franchement... ça ou autre chose... honnêtement je vous en ai raconté de pires.

## Mardi 21 Avril – St Anselme

Etudes et statistiques :
La comparaison du matin (mais je n'ai pas les chiffres d'IPSOS) : On entend (lit) beaucoup de femmes qui se plaignent de leurs petits seins (alors que certains hommes aiment ça – oui, j'en fais partie) et finalement très peu de mecs qui se plaignent de leur petite bite (alors que... euh... non rien...) !

## Mercredi 22 Avril – St Alexandre

Avec Instagram, le monde se trouve de nouvelles e-connes...

Informatique encore (mais plus basique) :
Control C : copier
Control V : coller
Control Q : collé-serré

## Jeudi 23 Avril – St Georges

Explication :
Le consumérisme n'est pas un jugement de valeur sur les Sumériens...

## Vendredi 24 Avril - St Fidèle

St Fidèle était une sorte de prédicateur chrétien qui fut assassiné parce qu'il parvenait à convertir des protestants (ce qui dans le cas présent ne veut pas dire manifestants) suisses... Une sorte de Fidel cause trop...

## Samedi 25 Avril - St Marc

Politique :
Président Macaron : la contestation s'inscrit dans "Ladurée"...
Politique (encore) :
Quand on parle des suppôts du Macronisme, les deux orthographes sont acceptées (suppos).

## Dimanche 26 Avril - Ste Alida

Non, pour « Olida » ils n'ont pas prévu de fête... Mais vous pouvez dire un pâté et deux Ave...

## Lundi 27 Avril - Ste Zita

Je passe... Ou alors... une image ? Bon, d'accord !

## Mardi 28 Avril - Ste Valérie

Je fais semblant de me plaindre mais en fait, ça m'arrangerait plutôt quand les saints du jour ont des prénoms anciens, inusités ou juste permettant des jeux de mots faciles...
Parce que quand il s'agit de prénoms plus communs, forcément, dans la vraie vie, je vais en connaitre... Du coup l'éphéméride... ils (elles) vont peut-être la trouver moyennement sympa...
Alors, ça pourrait me faire hésiter... mais quand on me connait on sait bien que c'est juste pour rire... ou pas, d'ailleurs... enfin, je ne veux pas dire que ça ne soit pas fait pour rire... mais personne n'est obligé de trouver ça drôle.

C'est valable d'ailleurs pour à peu près tout ce que j'écris. Ça peut ne pas faire

rire (personne ne rit des mêmes choses) et ça n'est jamais fait pour choquer (sauf les cons, mais ça ne compte pas).
Par exemple, j'ai plusieurs amis qui font du rock en français pour plein de bonnes raisons (les gens comprennent le texte, c'est ma langue, etc…) alors que pour moi, faire du rock en français c'est un peu comme vouloir à tout prix manger un steak végan !
 Eh bien, quand je dis ça, ils ne se vexent pas. Et quand je dis ça, je m'éloigne assez nettement de l'éphéméride, ce qui, il faut bien l'avouer, était un peu le but, aussi.

Oui, parce qu'aujourd'hui c'est la Ste Valérie. Et forcément, je connais des Valérie. D'ailleurs une de mes premières histoires qui a duré, c'était avec une Valérie. Ste Valérie était de Limoges ce qui devait être un signe puisqu'il me semble bien que la Valérie dont je parlais m'a limogé. Et elle n'était pas en porcelaine (comme ça on aura fait le tour des vannes vaseuses).

Mais comme je ne suis pas là que pour dire des conneries (ben non !), j'en profite pour vous apprendre (oui, parce que là, si il y en a un(e) qui me dit « je le savais » …) que Ste Valérie de Limoges est une sainte catholique céphalophore, c'est-à-dire, qui porte sa tête décapitée dans ses mains et se met en marche… La République céphalophore en Marche ? Pourquoi pas, c'est une idée…

Bien évidemment cette histoire de saints céphalophores c'est à peu près aussi crédible que le Chevalier Noir dans Sacré Graal… En vrai, elle avait mis une cagoule et elle portait un photophore…

Bon allez un dernier truc pas trop idiot et après je recommence comme d'habitude. Valéry n'est pas le masculin de Valérie. Valérie est la forme féminine de Valère (du latin « valere », avoir de la valeur), alors que Valéry vient du germanique « Walh » (étranger) et « ric » (puissance). Puissance étrangère ? Ce n'est pas top ça pour un prénom de président !

La bonne année pour les Valérie c'est 69… C'est l'année où c'était le prénom le plus usité de France. N'en tirez pas de conclusions hâtives (oui, celle-ci, c'était juste pour me faire engueuler de l'avoir faite).

# Mercredi 29 Avril – Ste Catherine de Sienne

Donc aujourd'hui nous fêtons Catherine de Sienne, donc pas la mienne (les miennes – soyons fous). Oui, je sais, j'ai déjà fait l'impasse sur la Ste Catherine des chapeaux et je ne vais pas pouvoir y échapper tout le temps. Mais faut dire aussi que les chapeaux de Ste Catherine sont jaunes et verts… un peu trop reggae pour moi. En plus ce genre de couleurs ça attire les djembés (si, si, c'est connu – pour attraper des joueurs de djembé il faut semer des petits papiers verts et jaunes qui vont jusqu'au port, et là, quand ils s'approchent du bord… tu les pousses !!).

Donc, Catherine de Sienne était la 23ème d'une famille de 25 enfants. Il parait que son père était teinturier… Je n'y crois pas du tout. 25 enfants ? A mon avis son père c'est l'inventeur de la reprographie, ce n'est pas possible autrement. Oui, ou un descendant du Dieu Priape, mais on avait dit qu'on restait correct. On ne l'avait pas dit ? Ah, ben alors, c'est possible.
En tout cas, ça pourrait expliquer qu'elle ait fait vœu de chasteté à 6 ans, parce que cela me semble quand même une préoccupation étrange pour cet âge.

Sinon, il semblerait qu'elle soit pour quelque chose dans le fait que le Pape, qui à ce moment-là résidait en Avignon, soit reparti à Rome. Non mais, de quoi je me mêle ? Est-ce que je me préoccupe du retour à Deauville d'Emmanuel 1er, roi des Crons ?

Donc c'est pour la Ste Catherine, et je sais que ça va vous faire plaisir, il existe une très jolie chanson… belge… intitulée Catherine était chrétienne… « Et Ste Catherine, et bron, bron, bron, et Ste Catherine était fille de roi… ».
Si vous ne la connaissez pas, je vous conseille d'aller lire ce texte tout en finesse qui parle de décapitation (histoire d'en revenir à mon histoire de photophore d'hier).

Des Catherine célèbres ? Bien sûr…

Catherine Alric : le physique de Catherine Deneuve sans la suffisance.
Catherine Deneuve : Catherine Alric en plus vieille et moins sympa.
Catherine Arditi : sœur de Pierre, mètre étalon de la gauche caviar.

Catherine Bach : « Daisy Duke » et ses shorts en jean à faire pâlir une certaine Whitney qui serait, parait-il, venue jouer à Marseille.
Catherine Breillat : j'ai toujours préféré sa sœur Marie-Hélène.
Catherine Ceylac : spécialiste du petit déjeuner télévisuel.
Catherine The Great : comme Mme Arthur elle eut une foule d'amants... mais Neil Hannon n'a pas fait de chanson sur Mme Arthur (et c'est tant mieux).
Katharine Hepburn : reçût quatre Oscars et ne vînt en chercher aucun... Ça c'est la Classe !
Catherine Jacob : « Comment on fait les bébés ? »
Catherine Lara : violon surmonté d'une perruque blanche...
Catherine Leprince : « Vive les Femmes ! »

Mais bien évidemment, les plus intéressantes sont celles que je connais. Bonne fête les Catherine(s) !

## Jeudi 30 Avril - St Robert

*Ils ne vont pas forcément par deux...*
*(et puis j'ai déjà dit que je les préfère petits)*

## Vendredi 1ᵉʳ Mai - Fête du Travail

C'est quand même étonnant que pour la fête des travailleurs, on vende des brins d'herbe à un tarif de capitalisme sauvage...
Social (oui, c'est le bon jour) :
Interdiction des rassemblements ?
1976 : Abandon de la dictature du prolétariat.
2020 : Avènement de la dictature du macronavirus.
Dormez, braves gens...

## Samedi 2 mai – St Boris

Nous sommes en 50 avant Julien Clerc (ou un peu avant) et toute la Gaule est occupée par les Romains.
Petite remarque incidente : l'occupation c'est finalement souvent une histoire de salade car après la romaine, nous aurons droit aux frisés...

Du coup, l'Armorique est devenue une destination de vacances notamment pour les Belges. Mais ceux-ci ne faisaient que de courts séjours car le climat ne leur convenait pas vraiment. C'est ainsi qu'au bout de quelques heures d'humidité (il parait qu'il ne faut pas parler de pluie), ils se lassaient et repartaient de Condate (je n'y peux rien c'était le nom) en râlant : « Oh, marre des Armoricains ».

Petite remarque pas si incidente, quand on y pense : Cette phrase inspira une recette au cuisinier de César, Polbocus...

Donc, ce jour-là, le belge Bertranplastix et son épouse Pénicilline (oui, si vous avez lu Astérix, vous savez que les Belges aussi ont des noms en ix et en ine, comme les Gaulois) se promenaient dans les rues de Condate. Devant eux un petit romain très poli saluait toutes les personnes qu'il croisait en disant « Ave, Ave ».
Bertranplastix fut très surpris de constater que tous les Bretons se prénommaient Ave et décida qu'il baptiserait ainsi son prochain fils. Faut dire que déjà, à cette époque, les Belges avaient un sens de l'humour très développé...

Et c'est pour cela qu'aujourd'hui les Bretons fêtent la St Ave... à peu de choses près... Bègue, le romain ? Vous croyez ?

Bon et sinon on fête aussi Zoé qui est un prénom que les cruciverbistes aiment beaucoup.
Et la St Exupéry... donc vous pouvez manger des Prince (au chocolat)...

## Dimanche 3 Mai – St Jacques

C'était déjà la St Jacques le 28 novembre. Il serait temps de voter une loi pour limiter le cumul des fêtes. Bon c'est vrai, c'est aussi la St Philippe… J'aurais pu faire un effort… On verra.

## Lundi 4 Mai – St Sylvain

Les histoires sans queue ni tête du Professeur Sambou :
« L'autre jour, me promenant au bord de la mer, j'ai vu une carriole recouverte par une barque échouée. »
Moralité : Sous l'épave est l'attelage…

## Mardi 5 Mai – Ste Judith

Musique :
Communiqué spécial de « The Ministry of Silly Notes » : Aucun Mi bémol ne sera maltraité dans cet ouvrage… pour le Si bémol… c'est déjà moins sûr…
Musique encore (selon certains) :
Si tu engages Misou-Mizou tu peux le payer par PetPal.

## Mercredi 6 Mai – Ste Prudence

Anatomie (can you hear me ?) :
Fait main, d'accord… mais si c'est fait de la main gauche par un droitier…
Anatomie (can you hear me ?) :
L'aisselle velue repousse même le plus courageux… c'est l'aisselle mine-héros…

Anatomie (can you hear me ? How can he be saved ?) :
Une âme ? Pas sûr… mais le palmier et l'artichaut ont un cœur.

## Jeudi 7 Mai – Ste Gisèle

Je sais, j'ai encore pris du retard sur les éphémérides. Faudra que je récupère pendant les jours fériés, qui sont quand même la seule chose intéressante dans les religions.

Mais aujourd'hui c'est la Ste Gisèle. Vous allez finir par croire que j'ai choisi les saints et les saintes exprès pour pouvoir dire des trucs pas sympas… mais je vous rappelle que ce n'est pas moi qui fais le calendrier. Et donc, la Ste Gisèle en question était fille de Duc, sœur d'Empereur, épouse de Roi et fit construire des couvents, des monastères et autres réserves à cornettes (ou à sornettes – des écoles religieuses).
J'en profite d'ailleurs pour signaler que de nos jours dans la catégorie écoles religieuses on oublie souvent de citer les écoles de commerce qui ne servent qu'à propager la religion de la vision capitaliste de l'économie – mais j'y reviendrai une autre fois.
Donc, quand on voit le parcours de Ste Gisèle on se dit que, quand même, la sainteté ça ressemble beaucoup à une sorte de récompense pour avoir fait du lobbying, dans les sphères du pouvoir, pour la religion. La légion d'honneur des cathos ! La religion étant servie enrobée dans du papier catho (la Bible). Sinon, Gisèle, ça veut dire flèche. Mais ça ne devait pas être perçu de la même manière avant, parce qu'aujourd'hui, se faire traiter de flèche…

## Vendredi 8 Mai – St Désiré

Souvent confondu avec le jour de la Ste Réalité…

Aujourd'hui on fête le « OUI MAIS » …

Oui mais si on n'avait pas voté pour lui ce serait pire.
Oui mais on ne pensait pas qu'il allait prendre aux pauvres pour donner aux riches.
Oui mais il ne venait pas d'un parti.

Oui mais il allait renouveler la classe politique.
Oui mais il disait qu'il n'était ni de droite ni de gauche.
Oui mais il était plus jeune.
Oui mais il fallait changer…

OUI MAIS

Oui mais vous auriez pu regarder d'où il venait.
Oui mais vous auriez pu regarder qui le soutenait.
Oui mais vous auriez pu regarder ce qu'il avait fait au Ministère de l'Economie.
Oui mais vous auriez pu regarder qui se ralliait à lui.
Oui mais vous auriez pu descendre un peu plus souvent dans la rue.
Oui mais vous auriez pu comprendre que les gens ne font pas grève pour aller à la plage (d'abord parce qu'il n'y a pas systématiquement de plage à côté de la grève… ou alors ce n'est pas la même grève).
Oui mais vous pourriez ouvrir un peu les yeux quand on vous dit que le néolibéralisme ce n'est pas l'Economie… c'est une théorie économique… parmi d'autres.

Oui mais MERDE !!!

## Samedi 9 Mai – St Pacôme

Ben, non, je ne vais pas la refaire… on fête Maria… Pacôme !
Comment ça je viens de la faire ?
Ben vous direz que vous ne l'avez pas vue…
Encore que… la sœur de Pacôme s'appelait Marie… alors, ce n'est pas complètement n'importe quoi.
Donc St Pacôme, qui vécut au début du IVème siècle en Haute Egypte était tranquillement en train de jouer à l'ermite dans le désert quand il entendit une voix lui dire de créer un monastère… Selon certaines sources fiables, cette voix n'avait rien de céleste, c'était juste Frère Jean Patrick qui chantait « quand t'es dans le désert, depuis trop longtemps… »
Toujours est-il qu'il fonda un monastère avec une dizaine de potes. On le considère comme le fondateur du cénobitisme chrétien (mais ce n'est pas sexuel – non, je ne vous dis pas, vous irez voir sur Wikipedia)

P.S : juste un petit tour de magie pour les repas de communion. Vous prenez un ermite qui a mariné un bon moment dans un désert, ou une grotte – voire au sommet d'un arbre (mais ils sont plus difficiles à attraper) et donc, forcément, qui ne mange pas beaucoup. Vous l'installez devant une belle choucroute (mais ça marche aussi avec des spaghettis à la bolognaise ou un bon cassoulet). Une fourchette, un verre de vin et vous allez voir… à la troisième assiette… l'ermite rend… Oui, je sais, c'est très con ! Mais c'est socialiste…

Bon alors vous avez trouvé cénobite ?
Non, ça n'a aucun rapport avec ceci est mon corps, ceci est mon sang…

## Dimanche 10 Mai – Fête de Jeanne D'Arc

Cette année, ça tombe un dimanche. Pour peu qu'il fasse beau vous allez pouvoir faire une reconstitution historique autour d'un barbecue ! Quelques morceaux de cochon et hop ! Le tour est joué. C'est mieux aussi d'avoir un jardin, plutôt qu'un balcon… rapport aux voisins qui ont souvent une sensibilité exagérée à la fumée de charbon de bois…

## Lundi 11 Mai – Ste Estelle

*Proverbe des moines de Pise… uniquement :*
*Je penche donc Jésuite…*

## Mardi 12 Mai – St Achille

*Voir demain… Oh, ça va, c'est juste après, ce n'est pas comme s'il fallait chercher !*

# Mercredi 13 Mai – Ste Rolande

Aujourd'hui c'est la fête d'une personne que je vénère à plus d'un titre.
Vous avez sans doute remarqué qu'il m'arrive (parfois) de m'affranchir de certaines normes littéraires conseillant de faire des phrases courtes, concises, juste sujet/verbe/complément, afin que la personne qui se trouve confrontée au texte ne soit pas déroutée, au hasard d'un point-virgule ou d'une parenthèse, par un surplus d'informations faisant obstacle à la bonne compréhension d'une idée, souvent simple au départ, mais qui, une chose en amenant une autre, peut se complexifier au gré de certaines péripéties grammaticales, au demeurant souvent judicieuses – de bon aloi comme aurait dit Maître Capello dont les prestations dans les Jeux de 20 heures furent une source inextinguible de ravissement pour une génération de téléspectateurs nourris à la Rubrique à Brac et à Hara Kiri, et qui savait à quel point les mots sont importants dans la construction d'une civilisation respectueuse des sensibilités de chacun – ceci entraînant généralement une légère perte de vue du sujet principal... Si je me suis bien fait comprendre...

Donc là, c'était le premier point, le second étant que son Pôpa à lui, est un fin connaisseur en matière de liquidités houblonesques et revitalisantes.
Oui c'est la St Achille et c'est du Talon dont on parle !
Comment ça, non ?
Ben, on est mardi 12, c'est la St Achille !
On est mercredi ? Oh P-T—N... j'avais un rendez-vous important...
Bon, nous reprendrons cette intéressante conversation un peu plus tard, du coup (de Talon).
Remarquez aujourd'hui c'est bien aussi... c'est la Ste Rolande. Non, je ne sais pas ce qu'elle a fait (et je m'en fous) mais à vue de nez (il est 5 heures) je dirais que c'est probablement la sœur de Roland de Roncevaux... Rolande de Rond de Serviette... Non ? Ben tant pis...

En revanche, chez les Bretons, on est plutôt bien. On fête Mael... Si tu en trouves deux tu peux former les Sparks (Ron Mael et Russel Mael – j'explique parce que parfois... les gens ne savent pas... alors que c'est au moins aussi important que $E=MC^2$... surtout si tu veux écrire des critiques de rock plutôt que faire Maths Sup).

## Jeudi 14 Mai - St Matthias

*Conseils de voyage :*
A Venise, il est interdit de lancer des pierres plates dans la lagune pour faire des ricochets : faut éviter le rond d'eau Veneziano...
*Décalage horaire :*
L'heure d'été te permet quand même de trouver midi à quatorze heures, ce qui n'est pas à la portée de n'importe qui.

## Vendredi 15 Mai - Ste Denise

*Voir le 17 Mai... Oui, je sais, l'histoire se répète.*

## Samedi 16 Mai - St Honoré

*Cette journée présente une certaine similitude avec la précédente... Voilà, bien deviné... Voir le 17 mai...*
*Et le premier qui dit que me supporter, ce n'est pas du gâteau...*

## Dimanche 17 Mai - St Pascal

J'ai donc raté la Ste Denise, que St Garcimore me pardonne...
J'ai raté le St Honoré... mais je préfère les glaces... (mais pas les glaces à la panisse – révisez votre Pagnol).
Et voici qu'arrive St Pascal ! Faut bien que je fasse quelque chose sinon on va croire que je n'ai plus envie de rire... et du coup on pourrait bien me traiter de pisse-vinaigre* (vous l'aviez vu venir celle-ci ?).
Bon, on va vite écarter le côté religieux parce que... Il se trouve que St Pascal était un berger (bon, jusque-là, ça peut aller – berger – agneau – pascal) qui, après plusieurs tentatives a réussi à se faire engager comme portier chez les Franciscains.

Tu parles d'un critère ! Un peu comme si « Fifi », le videur de « Sex Machine » (oui, je sais les moins de cinquante ans vont avoir du mal à comprendre… z'avaient qu'à naître plus tôt) était intronisé au Rock'n Roll Hall of Fame… je ne dis pas qu'intrinsèquement… il ne le mériterait pas… mais au niveau des critères… on est un peu en creux là, quand même… C'est ça, un critère en cratère… à déclencher une éruption de susceptibilité…

Voyons plutôt cela, côté grammatical. Il y a très peu de rimes riches avec Pascal, si l'on excepte tous les dérivés justement de pascal (unité de mesure) : escale, pour un voyage musical… et… fiscal… oui, je sais ça ne tente personne.

Mais le pascal a de nombreux sens :

c'est un cratère lunaire, une entreprise de matériaux de construction, un langage de programmation, une unité de pression… du coup, c'est vachement utile d'avoir un Pascal avec soi…

Pascal est un prénom très, très, très, très, très répandu en France et donc, forcément… il y en a des célèbres… bon y a des grosses truffes aussi (non, je n'ai pas cité Pascal Praud… mais je veux bien reconnaitre que j'y ai pensé très fort) mais en fait, on s'en fout… on va juste souhaiter bonne fête à ceux que l'on connait.

* ceci était une private joke à l'intention de ceux-ci qui savent que je jouais avec Pascal dans Doc Vinegar…

## Lundi 18 Mai - St Éric

C'est mon anniversaire !
Non, je sais bien que vous vous en foutez, mais c'est pour expliquer.
C'est juste un principe de vie : je ne travaille pas le jour de mon anniversaire.
Non, mais même pour une éphéméride. D'accord ce n'est pas forcément un travail au sens « fiche de paie » du mot.
Mais c'est quand même une activité qui demande certains efforts et donc je m'y refuse.
Bon, évidemment, s'il s'agissait de fournir certains efforts physiques en compagnie d'une personne que j'aime, toutes ces arguties seraient balayées en moins de temps qu'il n'en faut à Bernard Arnault pour gagner 10 euros sur le dos d'un petit hindou…

Du coup, est-ce que je ne devrais pas, malgré tout, même si c'est mon anniversaire (et que j'ai dit que je ne travaillais pas ce jour-là) en profiter pour glisser un petit message plus personnel. OUI, sera ma réponse !

Alors que des petites salles, des assos proposent chaque jour de super concerts pas chers, trop de postes de spectateurs ne sont à ce jour pas pourvus. C'est pourquoi je propose d'utiliser la méthode "Pôle emploi". Au bout de 3 offres raisonnables de concerts refusées, on vous supprime la télé, les pantoufles... Voire même le chat qui fait office de plaid. Il est grand temps d'insuffler un peu de libéralisme économique dans la gestion désastreuse de vos soirées musicales !!!

Voilà, ça me semble bien comme message d'anniversaire !

## Mardi 19 Mai – St Yves

*Littérature :*
*La poésie c'est vers après verres (Charles Bu qu'au ski...).*
*Est-ce que les buveurs(ses) de bière brune font partie des black bocks ?*

# Mercredi 20 Mai – St Bernardin

Donc le 18, pour la St Eric, j'étais un peu (é)ric-rac... difficile de penser fête quand c'est l'heure de l'anniv (le mien). J'avais bien une petite blague en réserve (pas forcément un grand cru – on va dire la réserve du patron) ... mais je n'ai plus le droit de la faire depuis une dizaine d'années. Mais si vous connaissez des gens nés en 69 (bonne année quand même), ils peuvent l'utiliser et dire : « J'ai 51 ans, c'est mon anis-verseur. »
Voilà, je vous avais prévenu que ce n'était pas la vanne du siècle...

Et il va encore falloir que vous m'excusiez parce que je vais faire un tir groupé pour hier et aujourd'hui. La faute à « pas le temps ».

Mais finalement, vous allez voir que ça tombe plutôt bien. Donc le 19 (hier) c'était la St Yves Hélory de Kermartin... mais pour des raisons évidentes nous allons l'appeler St Yves... ça fera un peu plus « peuple », de manière à éviter les critiques sur une religion pour les pauvres qui profite quand même surtout aux riches. St Yves est le patron des avocats (mais rien n'est dit pour la vinaigrette).

Et aujourd'hui nous fêtons St Bernardin qui est le patron des publicitaires et des prédicateurs. Oui, vous avez bien compris, deux jours consécutifs dédiés aux bonimenteurs de toutes sortes ! La fête du mensonge et de la mauvaise foi (pour ma crise de foie... ou de foi... on verra plus tard) ! Les deux jours de remise spéciale sur la vérité ! La célébration des Fake News !

PS : St Bernardin est aussi le patron des métiers du textile ! Si ce ne sont pas des ruffians, ceux-là ! Mais, la vérité, je ne veux pas de problème avec les... ni les..., ne m'emmenez pas sur ce « sentier » ... Bref, tous ceux qui vendent du textile, bonne fête à vous aussi !

## Jeudi 21 Mai – Ascension

C'est la fête du stylo Mont Blanc ??
Montagne et jeu télé :
Et si on filmait des « people » (célèbre-ratés) en train de faire une randonnée ? On appellerait ça « Star Trek » …

## Vendredi 22 Mai – St Emile

Et une série qui raconterait l'histoire d'un groupe de retraités, dont le pouvoir d'achat a fondu, comme un glaçon au fond d'un verre quand il est midi et que les cigales cymbalisent (ça veut dire qu'il fait plus de 25° que la cigale Romeo appelle la cigale Juliette… oui, ben c'est mieux que le djembé… et c'est le criquet qui stridule), à cause des réformes iniques d'un gouvernement qui préfère marcher que penser… et qui attaquerait un dépôt de boissons apéritives anisées?

On pourrait appeler ça : Le Casa du Papet, non ?

## Samedi 23 Mai – St Didier

Maths :
L'eau bout à 100°
L'angle droit bout à 90°
La démocratie bout à 49.3°

Echecs et maths :
Avec le Macronavirus, la fièvre peut atteindre 49.3°…

## Dimanche 24 Mai – St Donatien

… voilà du boudin ?
Ben oui, mais je cherche, mais je ne trouve pas toujours…

## Lundi 25 Mai – Ste Sophie

Ach, la guerre, gross malheur…
La Politique ?
C'est un peu comme un restaurant qui s'appellerait "A la soupe de palourdes". Tu entres, tu t'assoies, on te tend la carte et forcément, tu commandes une soupe de palourdes. On prend ta commande avec le sourire et on t'amène un rizotto aux champignons. Tu paies le prix de la soupe de palourdes et le cuisinier vient te voir et te dis "Alors, comment vous l'avez trouvé ma soupe de palourdes ?"
Tu lui dis "mais, ce n'était pas de la soupe de palourdes" et il te répond : "Oui, mais si vous étiez allé en face "Au civet de chevreuil" ils vous auraient servi des pâtes au beurre, à la place du civet de chevreuil, alors soyez contents !!"

## Mardi 26 Mai – St Bérenger

## Mercredi 27 Mai – St Augustin

Principe de base :
On ne se méfie pas assez du grain de sable. Faut dire qu'il est si ridiculement petit, si insignifiant, si transparent, si… c'est bien simple, je ne trouve pas le mot… c'est vous dire… Personne ne se préoccupe du grain de sable… Et personne ne l'aime… Comment pourrait-on ? Faut dire quand même que, si l'on n'a pas peur des comparaisons osées (et ça tombe bien, je n'en ai pas peur), le grain de sable a un peu le même genre de charisme que la moule avariée, que le dindon surpris en train de se rhabiller (si, si, ça peut arriver), voire que le catho extatique quand il s'aperçoit qu'on a versé du pastis dans le bénitier.

Mais pour autant, on ne peut pas nier l'extraordinaire pouvoir de nuisance du grain de sable… Il est si petit (oui, je sais, je l'ai déjà dit) qu'il se faufile partout. Il passe sous les portes, dans les rainures des fenêtres, s'incruste sous vos chaussures, etc… (oui, le et caetera s'impose car je pense, qu'en gros, vous avez compris).

Et il est si insignifiant qu'on ne pense pas qu'il puisse être la cause de la perturbation, et du coup on cherche ailleurs les raisons. Je vous le dis, non seulement le grain de sable est petit, mais il est aussi fourbe et sournois, il s'avance masqué (tout en étant beaucoup moins amusant que le concombre… masqué, lui aussi).
Un exemple tout bête : imaginez un banal engrenage qui fonctionne normalement, tant bien que mal ; un simple grain de sable peut venir gripper le mécanisme, abimer les pièces… et vous n'allez pas penser qu'un grain de sable en est peut-être la cause… vous allez jeter la pièce.
Donc, comment se débarrasser du grain de sable. Une solution peut être de mélanger le sable avec du ciment et de jeter de l'eau dessus (comme si vous vouliez séparer deux chiens qui… non, mais je m'égare là) pour le transformer en ciment.
Du coup, il est pris, il ne peut plus bouger et fin des ennuis… Mais autant c'est efficace pour le grain de sable physique, autant pour le grain de sable au sens figuré… trouver du ciment au sens figuré ?... Ça me semble compliqué.
Non, en fait, la meilleure solution, et qui fonctionne aussi bien au sens figuré qu'au sens premier… c'est de le chauffer… pour le transformer en verre. Bon, pour le sable au sens physique, il faut le chauffer autour de 1500° et il va se transformer en verre (je simplifie bien sûr, mais ce n'est pas un cours de physique, non plus).
Et une fois transformé en verre… plus de grain de sable récalcitrant qui vient s'incruster dans votre vie. Il forme un gros tas compact que vous pouvez visualiser.
Pour le grain de sable au sens figuré, les questions de température sont moins précises… mais disons qu'en gros, si vous le chauffez bien, voire, vraiment bien, le grain de sable va perdre sa consistance de grain de sable virtuel, vous allez le transformer en verre virtuel, et hop… direction lave-vaisselle ou ce que vous voulez, mais bon, en tout cas, vous allez pouvoir vous en débarrasser plus facilement.
Bon, pour être tout à fait honnête il reste encore un problème à résoudre… si vous cassez le verre, faut éviter de vous blesser avec… je vais y réfléchir… Stay tuned for updates…

## Jeudi 28 Mai – St Germain

Comme dit régulièrement mon buraliste chaque 28 mai quand je vais faire valider mon bulletin de l'euromillions : « A la St Germain, il est Qatar pour les paris… ». Non, ce n'est pas pour ça que j'ai arrêté de fumer. Honnêtement, aussi mauvaise soit-elle, une vanne par an, même footballistique… c'est supportable.

## Vendredi 29 Mai – St Aymar

Sciences :
Tout liquide plongé dans un corps reçoit une poussée de haut en bas qui le conduit jusqu'à sa destination… Et puis à un certain moment, qui est fonction de la quantité de liquide ingéré et du "degré" de pertinence de son absorption, il reçoit une poussée de bas en haut… C'est archi-connu comme principe…

## Samedi 30 Mai – St Ferdinand

Non, Ferdinand de Lesseps n'était pas négociant en champignons…

## Dimanche 31 Mai – Pentecôte / Ste Pétronille

OU PAS… car après tout pourquoi systématiquement confiner (verbe transitif du 1er groupe ayant connu un regain de popularité à partir du 17 mars 2020) cette expression en fin de proposition alors qu'elle incarne de façon totalement essentielle la notion primordiale du choix qui s'offre à nous en toute circonstance, et, quelque part (non, pas là, plus à gauche, voilà, vous y êtes), est l'expression même de notre Libre Arbitre face, pêle-mêle, à l'obscurantisme religieux, à l'obscurantisme politico-économico-financier, à l'obscurantisme de ta maison quand tu as oublié de changer une ampoule, et de manière plus globale mais tout aussi scientifique, aux décisions prises pour d'obscures raisons et que tu ne comprends pas forcément même si on te dit qu'on t'a déjà expliqué 100 fois...

P.S: et c'est là que tu te dis... j'aurais aussi bien pu rester couché... ou pas...

## Lundi 1er Juin - Lundi de... / St Justin

Bénédiction apéritive :
"Que Dieu soit avec vous...
Et avec votre Spritz..."

## Mardi 2 Juin - Ste Blandine

Tirage du mardi :
Loto-médication :
Rien à la ChloroQuine...
Tout au ChloroCartonPlein !

## Mercredi 3 Juin - St Kevin

Aujourd'hui nous fêtons les Kevin... et demain, si tout se passe bien... nous fêterons les Kebière... Et vendredi, soyez en forme, nous fêterons les Kepastis... enfin... faudra voir...et n'oubliez pas... pour ne pas être malade quand on boit... il faut manger... des Kenelles ? Des Kedelangoustes ?

## Jeudi 4 Juin - Ste Clotilde

Insom-nuit n°x :
C'est quand tu essaies de chasser les moutons de ton sommeil (en fait, du sas d'endormissement qui mène à ton sommeil) que tu t'aperçois que le mouton court vite la nuit. Super vite même. Il court à perdre la laine...

P.S: bon ça va là ?... Je n'ai pas fait durer trop longtemps avant la chute ?

## Vendredi 5 Juin - St Igor

Insom-nuit mathématique :
Sachant que le volume de la pièce est d'environ 30 mètres cube.
Sachant que la température est de 21° (ce serait sans doute un peu trop pour une bière, mais pour une chambre, c'est correct).
Sachant que le lit est en 160 et le matelas plutôt ferme (lui).
Sachant que je pèse entre 73 et 74 kilos (oui, j'ai pas mal perdu).
Sachant que je n'ai pas utilisé de boissons alcoolisées pour favoriser artificiellement une perte de conscience (juste une bière, franchement...).
Questions :
1. A QUEL MOMENT VAIS JE ARRIVER A DORMIR PLUS DE TROIS HEURES DE SUITE ?
2. On s'en fout du 2. Répondez déjà au 1.
3. Voir question 1.
Vous avez... ben, vous avez le temps, de toute façon, je ne dors pas...

## Samedi 6 Juin - St Norbert

Le film Idiocraty se passe dans 500 ans... Mais quand tu vois le nombre de gens qui sont encore à croire que la classe politique actuelle est honnête, compétente, qu'ils font de leur mieux et que de toute façon le monde est ainsi, et que le système capitaliste est le seul qui fonctionne, et que c'est important de croire en Dieu, et que les gens de Gauche défendent de vrais valeurs, et que les Ecologistes ne sont pas un ramassis d'arrivistes bobos, et que c'est important aussi d'avoir des partis centristes parce que les extrêmes c'est vraiment trop horrible, et que nous ne sommes pas en train de vivre dans un régime qui installe une dictature larvée au profit d'une caste qui a remplacé la Noblesse...

Ben en fait tu te dis que dans même pas 20 ans... on y est... et qu'il ne faudra pas se plaindre... Sur ce, je vais reboire un café, je suis vraiment trop calme en ce moment...

## Dimanche 7 Juin - St Gilbert / Fête des Mères

"Et puis tout le monde sait bien que c'est dans la Marine qu'il y a le plus de cocus, 40 !"

Ceci est une private joke, destinée uniquement à moi-même... il n'y a donc aucune raison pour que cela vous fasse ne serait-ce que sourire. Mais en revanche, vous pouvez penser au film et rire en imaginant la scène avec Raimu; ou penser au livre de Pagnol et du coup, rire aussi... Bref, vous pouvez en profiter pour rire de ce que vous voulez... L'important étant de rire chaque fois que vous en avez l'occasion...

Et un rire d'occasion c'est toujours mieux qu'un chagrin tout neuf (ah ben tiens, je vais la garder celle-là) ...

## Lundi 8 Juin - St Médard

Justice :

Si l'on n'arrêtait que les coupables, ça ne servirait à rien que les innocents aient des alibis.

## Mardi 9 Juin – Ste Diane

Vous vous dites peut-être que ce n'est pas d'actualité, mais j'ai tendance à considérer que ça devrait être en permanence d'actualité...

Virginité politique, bonne conscience, satisfaction de soi, amnésie sélective, liberté (au logis), égalité (à la menthe), fraternité (létubbies), prévention des crises de foi ...

avec le "sticker"

**JE SUIS CHARLIE**

(aux extraits de "politicus correctus")

- peut se porter sur un tee-shirt, une pancarte (en défilé), s'afficher sur une page facebook ou tout autre site internet
- recommandé par 49 marques de machines à laver les esprits

Contre indications: s'efface dès que l'on associe le terme "oui, mais quand même" à la liberté d'expression. Possibilité de réactions en présence de croyances religieuses.

Livré avec un crayon à papier HB (Halte aux Barbus)

## Mercredi 10 Juin – St Landry

En fait les CRS étaient au courant bien avant tout le monde pour la pandémie et ils faisaient oeuvre de pédagogie :
la grenade de désencerclement pour faire respecter les bonnes distances entre les gens...
et le LBD pour pouvoir arrêter quelqu'un sans courir le risque d'une contamination par contact...
On a vraiment une police... non excusez, pas police... la police je sais ce que c'est... et ce n'est pas ça.... on a vraiment une milice formidable...

## Jeudi 11 Juin – St Barnabé

Et donc après une traduction du latin en russe, puis du russe en japonais, du japonais en grec, du grec en espagnol, de l'espagnol en javanais, du javanais en tamoul, du tamoul en mandarin, du mandarin en polonais, du polonais en français, on obtient :
Un esprit tagada tsoin tsoin dans un corps de marsouin...
J'ai comme un doute.

## Vendredi 12 Juin – St Guy

Je me demande si les gens ne sont pas vraiment accros au dernier degré. Et toujours ils y retournent à heure fixe... ou presque... Merde ! Mais que fait la police ??
Non, pas moi, j'ai réussi à me désintoxiquer. Je ne touche plus au sommeil...

## Samedi 13 Juin – St Antoine

Médecine et religion :
Les gens veulent des preuves de l'efficacité de la chloroquine... mais pour l'existence de Dieu, ils sont beaucoup moins exigeants...

## Dimanche 14 Juin – Ste Elisée / St Rufin

Avouez quand même que mettre, le même jour, Ste Elisée et St Rufin... Pour peu que tu décides d'en faire un dimanche de Ste Election... ça aurait de la gueule...

## Lundi 15 Juin – Ste Germaine

Non, finalement, aujourd'hui je vais plutôt vous raconter une histoire pas vraiment de Germaine... mais, quelque part, un peu de Germain.

En fait on le sait peu mais, au début des années 30, Adolf était venu passer l'été en Provence avec ses amis Reinhard et Josef. Ils avaient loué une petite maison dans la pinède, bien ensoleillée.
L'été était particulièrement chaud et comme chacun sait, quand il fait chaud, en Provence, les stridulations ont tendance à envahir l'espace sonore sans se soucier des frontières que vous essayez de tracer avec des fenêtres, des rideaux ou autres paravents.
Et Adolf, entre autres tares, était sensible des oreilles. Autoritaire et coléreux, aussi. Il entrait dans une rage folle au moindre bruit.
Reinhard et Josef furent donc chargés de l'élimination des hémiptères chanteurs pour préserver la tranquillité du petit homme moustachu (mais non, pas Vassiliu, suivez, merde !)

En plein cagnard, quand les chants raisonnaient dans toute la pinède, Adolf se plantait devant les arbres et scrutaient les branches à la recherche des insectes interrupteurs de sieste. Et quand il en voyait un, ses acolytes, armés de tapettes (non, ce n'est pas sexuel) accouraient pour l'éliminer.
Là, il tendait le bras vers l'insecte honni en s'écriant « Cigale ! ». Il parait qu'ils ont continué à faire ça à leur retour en Allemagne...

## Mardi 16 Juin – St Jean François Régis

Question :
L'inverse d'une profonde nuit, c'est une journée où on a pied ?

## Mercredi 17 Juin – St Hervé

Resto Végan ?
Raclette à Vitres ?
Rideau Vénitien ?
Reporter Vidéaste ?
Rhododendron Véloce ?
Rappeur Volubile ?
Réglisse Vanille ?
Range ton Vélo ?
Recherche Vendeur ?
Rantanplan Vaincra ?
Rétropédalage Véhément ?
Revoir Venissieux ?
Repose Valises ?
Rasoir de Voyage ?
Robot Vengeur ?
Rouleau Ventral ?

Oui, aujourd'hui c'est la St R.V... et faut pas l'N.R.V...

## Jeudi 18 Juin – St Leonce

On essaie de nous culpabiliser avec les anglicismes, le franglais et toutes ces sortes de choses… Mais ça ne date pas d'hier. Par exemple au IIIème siècle après Jules César (ou quelqu'un ayant les mêmes initiales) la mode était déjà de donner à ses enfants des prénoms qui n'étaient ni tout à fait du français, ni tout à fait de l'anglais.

Ce n'était pas forcément très élégant phonétiquement mais répandu à tel point que même l'Eglise a dû en mettre un dans son calendrier (c'est faux, en fait il y en a eu très peu, mais faut bien que je trouve une raison – je ne peux pas toujours raconter que c'est parce qu'ils ont été crucifiés, ébouillantés, coupés en petits morceaux parce qu'ils répandaient la parole qui devine – oui, c'est le vrai terme utilisé à l'origine pour désigner les prophéties des charlatans).

Alors comme personne n'aime vraiment les anglais on a décidé de regrouper en même temps que la commémoration de la Grande Braderie des outils de jardin chez Harrods… La Pelle du 18 Juin. Bonne pioche diront certains esprits subtils !

Il y avait une famille où trois garçons portaient ces étranges prénoms et il fut donc décidé de sanctifier l'ainé – la tradition (le droit de Nénesse – faut dire que Nénesse étant particulièrement costaud, on lui donne souvent raison).

Et donc, bonne fête St Léonce… et tant pis pour tes frères Letwice et Lethrice…

P.S : je décline toute responsabilité quant à l'état mental de l'auteur de ce chapitre…

## Vendredi 19 Juin - St Romuald

*Comme disait Verlaine au vent mauvais (pet à son âme) : Y a le bruit et l'odeur...*

## Samedi 20 Juin - St Silvère

*Quand on entend ce qu'on entend et qu'on voit ce qu'on voit ; pour peu qu'on dise ce qu'on dit et qu'on pense ce qu'on pense... on ne devrait pas être loin de la phrase la plus con du monde...*

## Dimanche 21 Juin - Fête des Pères / St Rodolphe

Proverbe amoureux :
Qui trop embrase, mal éteint.
(une seule lettre vous manque...)

## Lundi 22 Juin - St Alban

En parcourant sur mon téléphone ou mon ordinateur, selon l'heure et le lieu où je me trouve, les souvenirs que Facebook me propose régulièrement (quotidiennement) de republier (dans le souci évidemment écologique de faire des posts durables), j'ai retrouvé cette phrase qui disait que Facebook misait sur la téléphonie pour développer la réalité augmentée et qu'à Marseille, la réalité augmentée, on l'avait depuis longtemps... c'est l'exagération.

Non, je sais bien que ça n'aucun rapport avec ce qui va suivre (encore qu'avec la théorie du battement d'ailes de papillon on ne soit jamais à l'abri de rien)

mais en fait c'est parce que j'essaie de trouver une variante à mon utilisation fréquente de la digression.
Au lieu de partir sur un truc et de dériver avant d'y revenir (façon réformes successives des différentes administrations par des ministres plus préoccupés de laisser leur marque sur l'emballage que de développer le produit et imbus d'une autosuffisance qui, pour peu qu'on trouve un moyen de la convertir en électricité, alimenterait en énergie une ville moyenne pendant toute une année), je commence directement sur autre chose.

Le procédé existe peut-être déjà. Je n'en sais rien. Pour l'instant tout ce que je constate c'est que ça m'a fait gagner quelques lignes et que c'est bien le matin pour délier un peu les doigts... et le cerveau.

Et donc, il se trouve qu'au cours de ma dernière insom-nuit je pensais aux éphémérides passées, aux prénoms inusités et à ceux manquants... Oui, j'aurais sans doute pu penser à des choses plus intelligentes ou plus utiles, mais le manque de sommeil n'est guère propice au développement harmonieux d'une pensée construite et rigoureuse. En tout cas, pas chez moi. Je fais ici un petit aparté pour signaler qu'habituellement, le simple fait d'utiliser la locution « chez moi » déclenche inévitablement l'envie de fredonner cette chanson popularisée par Les Charlots « derrière chez moi, savez-vous quoi qui n'y a » mais que dans un souci de soutien à une économie musicale bien en berne actuellement, je vais essayer de m'en abstenir aujourd'hui.
J'aurais pu faire un autre aparté pour signaler qu'habituellement, le simple fait d'utiliser la locution « pas chez moi » déclenche inévitablement l'envie de fredonner cette chanson popularisée par AS Dragon « Pas chez moi », mais il se trouve qu'elle n'est pas très populaire (sauf chez moi) ... et puis il fallait choisir.
Et pour revenir (ou arriver enfin ?) au sujet de départ (celui de la case qui rapporte 20.000 francs) : les prénoms. Et je me disais. Comment faire avec les prénoms qui ne sont pas dans le calendrier. « Ben je vais vous le dire Madame Chabot... J'ai pas été élu pour laisser des prénoms au bord de la route à l'abandon comme des animaux de la 7ème Compagnie un jour de départ en vacances. Alors ce qu'on va faire c'est qu'on va créer un comité avec des gens intelligents qui seront choisis en partie par le gouvernement, mais aussi par l'opposition – parce que c'est un sujet sérieux et que l'on doit éviter les querelles partisanes – et dans lequel la société civile aura toute sa place, pour décider quel jour sera attribué à chacun de ces prénoms. »

## Mardi 23 Juin - Ste Audrey

Insom-nuit n°y :
L'information est encore à prendre au conditionnel (la Chancellerie chancelante n'ayant pas confirmé), mais il semblerait que des Collectifs de moutons soient en train de se constituer pour déposer une plainte collective contre l'Association des Insomniaques Qui Comptent Très Mal Sur Leurs Doigts Et Surtout Quand Ils Sont Couchés Avec La Lumière Eteinte (AIQCTMSLDESQISCALLE - trop nul votre acronyme les gars, les maths ne doivent pas être votre seul problème), ceux-ci profitant très souvent de leur prétendu problème de calcul pour sauter les moutons qu'ils devaient, au départ, juste compter...
Certains moutons auraient d'ores et déjà envisagé de quitter le futur Collectif pour en créer un second (c'est ce que l'on appelle la scission par anticipation), leur demande ne visant pas à faire cesser ces agissements mais juste à ce que l'on se préoccupe de leur consentement... Oui, parce que parfois... on a beau être un mouton...
Bon, ben encore une nuit qui n'aura pas été inutile...

## Mercredi 24 Juin - St Jean Baptiste

Humour (ou pas) :
Très souvent on préfère dire qu'il s'agit d'une « private joke » plutôt que de devoir expliquer.
D'abord parce que le temps de l'explication nuit à la nécessaire spontanéité qui est l'un des éléments constitutifs de la plupart des formes d'humour.
Ensuite parce qu'il n'est pas forcément agréable de faire ressentir à son interlocuteur qu'il ne possède pas les connaissances indispensables pour apprécier toute la subtilité, toute la richesse de l'effet de style à venir qui devrait, selon toute vraisemblance, déclencher une hilarité décomplexée et fort bienvenue par les temps qui courent (d'ailleurs cela me rappelle une vieille blague allemande, un peu passée de mode, qui disait, grosso modo, « il court, il court le

Fuhrer, c'était mieux le ch'min des Dames »… mais il faut la musique avec sinon ça rend moins bien).

Faute de quoi on prend le risque que les choses soient mal interprétées et que certains croient dénicher, au détour d'une vanne bien innocente, des remarques que le « politiquement correct » réprouve.
Par exemple (oui, parce que je pense que ça ne sera pas inutile) :
Si vous ne travaillez pas dans l'électro-ménager, vous n'êtes pas forcément familier de la saine émulation qui peut exister entre Electrolux (mais ça marche aussi avec Siemens) et Bosch. Et donc, quand un commercial d'Electrolux (mais ça marche aussi avec Brandt), tout heureux d'avoir soufflé un contrat à son concurrent s'écrie joyeusement : « Encore un que les Bosch n'auront pas ! » (non ça ne marche pas avec Whirlpool) …
Eh bien ce n'est pas une remarque désobligeante pour les allemands qui ne sont plus nos ennemis, mais nos partenaires dans une Europe unie et …. Bon ça va bien là, non ? Encore que… Bosch… c'est allemand, non ??

## Jeudi 25 Juin – St Prosper

Yop La Boum !
A été bien d'autres choses avant d'être le roi du pain d'épices…

## Vendredi 26 Juin – St Anthelme

Donc, si vous vous souvenez de ce que j'ai expliqué au début de cet ouvrage, l'essentiel est constitué d'éphémérides publiées sur Facebook, l'année dernière. Mais il se trouve qu'à un moment j'étais dans une phase entre le « bon, ça commence à tourner un peu en rond cette histoire », le « ce n'est pas comme si je n'avais pas autre chose à faire, genre de la musique » et le « non là, je suis désolé, mais je suis amoureux, alors je ne vais pas passer des heures à écrire des trucs à la con pour les balancer sur Facebook, j'ai vraiment autre chose en tête ». Et donc nous nous trouvons sur une période relativement importante pendant laquelle les saints ont pu se la couleur douce, à l'abri de ma mauvaise foi proverbiale. Mais comme la nature a horreur du vide et qu'un imprimeur, même virtuel, a horreur des pages blanches il faut bien que je trouve quelque chose.

Et là, vous allez voir comme le hasard fait bien les choses (sur ce coup-là, au moins, et puis c'est une expression, même si je ne trouve pas qu'elle soit toujours très vraie).

Il se trouve qu'après un premier faux-départ, un recueil de nouvelles liées à Marseille et à la musique devait voir le jour et il était prévu que j'essaie de participer à cet exercice. Ce que je fis. Mais il se trouve que d'une part... j'ai fait un texte trop long et surtout je n'ai pas trouvé judicieux les changements que l'on m'a demandé de faire. J'ai trouvé que ça dénaturait, que ça rendait le texte trop plat. Donc, finalement, j'ai préféré ne rien changer et garder mon texte qui ne sera donc pas dans l'ouvrage. Mais puisque j'ai de la place ici...

Bon alors, au niveau pratique, si je commence à tout tronçonner et mettre une page par jour, ça va être pénible à lire... Donc, j'ai choisi de retenir une période (mais je vous laisse quand même le nom des saints - pour votre culture générale) et de garder la nouvelle en un seul bloc.

Samedi 27 Juin – St Fernand

Dimanche 28 Juin – Ste Irénée

Lundi 29 Juin – St Pierre / Paul

Mardi 30 Juin – St Martial

Mercredi 1$^{er}$ Juillet – St Thierry

Jeudi 2 Juillet – St Martinien

Vendredi 3 Juillet – St Thomas

> Samedi 4 Juillet - St Florent
> Dimanche 5 Juillet - St Antoine-Marie
> Lundi 6 Juillet - Ste Marietta
> Mardi 7 Juillet - St Raoul
> Mercredi 8 Juillet - St Thibaut
> Jeudi 9 Juillet - Ste Amandine
> Vendredi 10 Juillet - St Ulrich
> Samedi 11 Juillet - St Benoît
> Dimanche 12 Juillet - St Olivier

## RETOUR VERS LE ROCK

Ante-scriptum : est-il vraiment utile de préciser que tous les lieux, personnages et situations que vous allez rencontrer dans ce récit sont totalement imaginaires ? Ben non, ça ne devrait pas, puisque l'action se déroule dans le futur[1]. Mais, si ça se trouve, d'ici une vingtaine d'années on pourra voyager dans le temps et certains pourraient croire que je n'écris pas ce texte maintenant, mais que je l'écrirai dans vingt ans et qu'ensuite je reviendrai pour raconter ce qui, somme toute, ne serait pas une œuvre de fiction, mais juste, finalement, une simple relation de faits réels, par anticipation. Vous y croyez, vous ? Moi pas !

Marseille :

2040 après J.C (non, pas Jean-Claude – même si l'histoire se déroule à Marseille – l'autre, celui qui faisait de la boulangerie industrielle en multipliant les petits pains... non, mais c'est bon là, ce n'est pas le sujet...)

---

[1] Je sais, je ne l'ai pas encore dit, mais comme je le sais...

Toute la Gaule est occupée à écouter de la musique de Shadoks[2] (rapport à la richesse des textes... mais pas que...), produite à la chaine par des « gamers » en pré-retraite, vêtus de sportswear « China Original »[3], recyclés dans la « Culture », au grand dam (bonheur des ?) de quelques nostalgiques de la guitare électrique échappés d'un temps que les moins de 60 ans...

(Petite parenthèse : il s'agissait d'une phrase-test. Les prochaines seront moins alambiquées, mais je suis assez partisan de mettre d'emblée les pieds dans le plat, comme disait Guy Degrenne[4].)

Toute ? Non ! Car un disquaire, tenu par d'irréductibles rockers, résiste encore et toujours à l'envahisseur (non, je ne vais rien dire sur David Vincent[5] – ni sur Francky[6] d'ailleurs, pas envie d'avoir des reproches sur mes prétendues digressions).

Et donc, quand tu travailles pour la rubrique archéologie musicale d'un publi-magazine sur papier glacé édité par une fondation/bonne conscience, ce qui est le cas de notre héros... à un moment ou un autre... tu vas parler du rock... forcément. Si en plus, il faut rajouter une dose d'exotisme (non province, ça ne fait pas très classe – exotisme, c'est mieux), alors là, pas d'hésitation, tu sautes dans un Fuxing (ce sont les trains chinois qui ont remplacé les TGV – vous étiez au courant, non ?) et deux heures après, tu descends le grand escalier, et tout droit, Bd de Tien An Men (anciennement Bd d'Athènes, mais, niveau phonétique, ça sonne presque pareil et c'est une sorte de clin d'œil

---

[2] Créatures des années 70 qui ne possédaient que quatre mots de vocabulaire (Ga – Bu – Zo – Meu) et qui, pour cette raison, sont considérés comme les ancêtres des paroliers de Jul (ah mais non, il écrivait ses textes lui-même...) donc comme les ancêtres de Jul, célèbre euh... phénomène (?) marseillais de la fin des années 2010 conjuguant l'élégance vestimentaire d'un footballeur et le talent oratoire d'un supporter de foot... pour produire des choses que certains qualifiaient de musique. Mais très honnêtement... le doute est permis.
[3] Célèbre marque chinoise de vêtements qui s'est développée dans les années 2025/2030 quand le gouvernement de « Riz Moké » (1954-2033) a confisqué les biens de toutes les sociétés américaines de textiles implantées sur le sol chinois.
[4] Ecolier qui, malgré son côté cancre, a participé à un grand nombre d'émissions télévisées dans les années 2000.
[5] Non, j'ai dit que je ne dirai rien... mais il les a vu !
[6] Et puis quoi encore ? Vous pensez bien que si je n'ai rien dit sur David, ce n'est pas pour parler de Francky... franchement...

amical à la population actuelle du quartier – ils sont trop chou à la Mairie de Marseille, toujours de petites attentions pour les minorités…), tu continues quatre cents mètres sur les larges trottoirs ombragés du Cours Lieutaud en admirant les vitrines (un snack tacos-pizza-kebab, un concessionnaire moto, un bar à chicha, un snack pizza-kebab-tacos, un garagiste moto, un bar à chicha,…) et… ben voilà, tu y es ! Juste là, sur ta gauche, au pied de la montée vers la Plaine [7] : Lollipop Music Store !

Incontournable ! Le magasin est là depuis quand ? 2010 ? Un peu avant même ! Un refuge, voilà ce que c'est. Enfin, refuge n'est pas forcément le mot adéquat, parce que ça sonne un peu hospice ou animaux malades, ce qui n'est pas très sympa… encore que, faut bien l'avouer… la clientèle n'est pas toujours… jeune… jeune… Du coup, le nom du magasin, Lollipop, en prend un côté finalement assez anachronique. Mais c'est son nom et il ne viendrait à personne l'idée de le changer. Bon, par contre, pour les patrons du lieu, quelques petits malins ont pensé, au fil des années, à remanier leurs pseudos d'origine en Stéphane Neurotonic[8] (ben ça peut être utile parfois) et Sonotonic Polo[9] (je t'avais pourtant dit de baisser l'ampli !).

Mais je vais sans doute un peu vite en besogne. On me le reproche parfois (mais cela n'a aucun rapport avec la sexualité). Revenons donc quelques jours en arrière, au début de cette histoire.

Tu sors à « Pantin Eglise », tu laisses l'église à ta droite (pas de politique) et tu remontes l'avenue Jean Lolive sur une centaine de mètres, bien à l'abri sous ton parapluie. Oui, il y a un microclimat à Pantin qu'on surnomme affectueusement la banlieue bretonne de Paris. Là, tu vas trouver une sorte de jardin public, avec une grille en fer, ouverte la journée et, juste à droite (encore), quand tu l'as franchie, ce qui semble bien cossu pour une maison de gardien, en pierres, ocre et rouge. Normal, c'était en fait la maison de maître de l'ancienne Manufacture des Tabacs. Tu la dépasses et tu te diriges vers l'escalier qui se trouve au fond d'un surprenant îlot de végétation sauvage et drue, planté là au pied d'un ensemble d'immeubles de bureaux. Il fut un temps, par temps clair, tu pouvais voir quelques rats (des villes) passer

---

[7] C'est une particularité locale : on monte vers la Plaine…
[8] Stéphane Neurotic, pseudo inspiré du nom de son groupe de jeunesse : les Neurotic Swingers.
[9] Sonic Polo, en référence à son ancien magasin de disques : Sonic Machine.

d'un bosquet à l'autre, mais quelques restaurants asiatiques se sont ouverts... Non, ça n'a aucun rapport, sans doute, mais ça fait un bail qu'on n'en voit plus. Donc, tu montes les quelques marches en pierre et tu arrives sur une sorte de parvis. Un grand immeuble tout au fond, qu'on atteint en passant sur une sorte de passerelle et deux autres à ta gauche et à ta droite (bon, là, au moins, c'est équilibré). Je ne sais pas quelles sociétés ou services occupent l'immeuble de gauche ; je ne suis jamais allé regarder les noms sur les plaques (je m'en fous, en fait), mais à ta droite se trouve les bureaux de la revue « AAAA+ »[10] (Art – Amour – Argent - Aventures et plus si affinités).

Il y a encore dix ans, se trouvaient là les bureaux de la Direction Nationale d'Enquêtes Fiscales. Un ridicule (par ses effectifs) service dépendant du Ministère des Finances Publiques et dont les gouvernements successifs avaient désespérément voulu persuader le public qu'il avait les moyens de lutter contre la fraude fiscale. Tu parles ! Politique de l'alka-seltzer : dissoudre dans un grand verre d'eau. Et hop, bienvenue dans la nouvelle République des Entreprises au sein de l'Europe des Multinationales. Bon, bref, vente des bijoux de famille (spécialité gouvernementale) et rachat par un joli consortium mediatico-financier dont le président est allé en classe avec le ministre des ------------ (remplacer les tirets par un nom au choix, selon vos inimitiés, voire même vos détestations – n'ayons pas peur des mots - personnelles). La routine, quoi.

Alors d'accord, Pantin c'est moins prestigieux que Paris, mais c'est aussi moins cher au niveau loyer, accessible en métro (par la ligne E[11]) et, au pire, tu pourrais toujours avoir une adresse dans une boîte de domiciliation sur les Champs Elysées[12]. Mais très franchement, pour les lecteurs (et notamment

---

[10] A l'origine, la revue devait s'appeler BBBB : Beauté – Bio – Brexit - Bricolage, afin de fédérer un public multiple, de rencontrer les principales préoccupations des français... de ratisser large en fait... mais B c'est bien... mais c'est quand même moins bien que A... du coup. Eh oui, Brexit... qui aurait cru en 2019 que plus de 20 ans après le problème ne soit toujours pas résolu ? Et passionne le lecteur ?

[11] Ne me demandez pas pourquoi. A un moment, un énarque a décidé qu'il fallait remplacer les numéros des lignes de métro par des lettres. Que voulez-vous ?... Un énarque...

[12] Bon, Ok, c'est un peu technique pour qui n'est pas familiarisé avec certaines pratiques entrepreneuriales, mais si vous avez besoin

ceux de l'édition numérique) ça ne fait pas de différence. Ils ne jugent pas un canard (enchainé ou pas) en fonction de l'endroit où il se fabrique. Et pour les banquiers... ben justement de nos jours, quand tu as un journal... tu as aussi une banque (ou l'inverse, plutôt), car ce ne sont pas les ventes qui te permettent de sortir le numéro suivant. C'était déjà vrai depuis un bon moment pour la presse dite d'information, puis, ça l'est devenu aussi pour les magazines. D'abord modeler les consciences et ensuite apporter un peu de divertissement.

Donc, son nom c'est Julien Grivel. Un nom de plume ? Euh, non, je ne pense pas. Il a fait des études[13], se croit plutôt intelligent et l'est sans doute. Ou cultivé. La culture du moment.

Un premier contrat de stagiaire, suivi d'un contrat de formation, d'un contrat de transition vers un projet professionnel, pour enfin obtenir ce fameux contrat de mission renouvelable qu'il espérait depuis vingt mois. Il serait mal venu de se plaindre. Et d'ailleurs, il ne le fait pas.

Je pourrais vous raconter la conférence de rédaction, dépeindre le rédacteur en chef en transfuge du fonds de pension qui a racheté le journal, ou en en résistant pur et dur d'un journalisme honnête, qui se demande, malgré tout, ce qu'il fait dans cette revue mondaine ; décrire les bureaux, délayer sur le choix des sujets et pourquoi ça tombe sur lui... mais bon, c'est fait, c'est fait. La bonne nouvelle pour Julien c'est que niveau « note de frais » ça semble plutôt souple. Hébergement au forfait, et pas besoin de justificatifs. Ça c'est plutôt un bon plan quand tu as de la famille qui, le hasard faisant parfois bien les choses, est prête à t'accueillir ; car ta tante Henriette ne t'a pas revu depuis le temps des culottes courtes[14]. Vingt ans qu'elle s'est exilée à Marseille la tantine oubliée. Elle n'en pouvait plus de la vie parisienne (passe ton Offenbach d'abord, comme on disait à l'époque où la télévision[15] diffusait des opéras bouffes). Oui, c'est à Marseille qu'il va devoir aller, mais vous

---

d'éclaircissements vous pouvez me joindre 0800 666 666 (c'est un numéro surtaxé mais vous en aurez pour votre argent).
[13] Certains font Sciences Po pour entrer à la Chambre (Po... Chambre... je sais, elle n'est pas très fine), d'autres finiront magistrats du Siège, mais ce n'était pas son but, il a donc fait une Ecole de Journalisme.
[14] Ça compte les bermudas ?
[15] Ancien mode d'abrutissement des masses supplanté par le téléphone. Sorte de neuroleptique collectif, en somme.

l'aviez compris, puisque j'avais commencé un peu à l'envers et dévoilé le pot aux roses.

Le rock à Marseille ! C'est le sujet ! Euh… c'est quoi Marseille ? Non, je déconne. C'est quoi le rock ? Oui ben rigolez pas, il n'en sait rien Julien. Quand il est né le genre musical était déjà en voie de marginalisation. Et pour ses parents, cela s'apparentait clairement à la catégorie des OMNI (Objets Musicaux Non Identifiés). Faut dire qu'à Paris (il y est né) la musique que tu écoutes c'est un peu en fonction de ton arrondissement de résidence. Musique du $20^{ème}$ siècle = $20^{ème}$ arrondissement[16]. Lui, il était dans le $18^{ème}$, donc forcément, musique classique. Par chance chez AAAA+, le sujet a déjà été traité quelques années auparavant. Certes il s'agissait d'une autre ville, mais ça lui donnera au moins quelques pistes sur la manière de structurer son article. Et puis il y a Hugues, le vieux de la rédac. Lui, il aurait bien voulu se charger du sujet, parce que le rock c'est son truc, son époque ; mais bon, la nouvelle direction n'est pas toujours disposée à lui faire plaisir (et c'est réciproque). Et ce jour-là, peut-être encore moins que les autres. Par chance pour Julien, Hugues[17] ne lui en tient pas rigueur, sachant bien que celui-ci n'est pour rien dans le fait qu'on ne lui attribue pas le sujet, et lui a remis, quasi religieusement, un plein carton de ses archives persos sur le rock à Marseille ; et même quelques numéros de téléphone qui pourront lui être bien utiles. Ça semblait même lui faire plaisir de transmettre ça à quelqu'un qui ne soit pas de sa génération.

Bon sang, qui aurait pu penser qu'on pouvait avoir tant de documents sur le rock à Marseille ? Plusieurs bouquins, certes pas très récents, mais quand même… Et des sortes de petites revues « cheap », photocopiées (parait-il) et pliées à la main, à la gloire d'illustres inconnus dont certains paraissent même plutôt jeunes. Et pas mal de fichiers musicaux envoyés directement dans son

---

[16] Bon, d'accord, ça ne fonctionne pas pour tous les arrondissements… mais là, ça m'arrangeait bien. Je peux encore faire ce que je veux, quand même ? Et faudrait songer à rajouter un arrondissement pour les musiques actuelles…
[17] Les jeunes de la rédaction le surnomment « aux fraises », à cause d'Hugues aux fraises… Non, mais laissez tomber, Vous être trop jeunes, vous ne pouvez pas comprendre.

espace pro virtuel. Ça existe donc encore le rock ? En tout cas, il me semble bien que pour Marseille, la réponse soit « Oui »[18].

Il n'a pas encore écouté, mais Julien est quelqu'un de sérieux et quand il prend le Fuxing[19] pour la cité méridionale, non seulement il a déjà lu une grosse partie de la documentation récoltée, mais il a aussi pris contact avec quelques personnes à interviewer. Le schéma de son article est en train (pas le même) de prendre forme dans sa tête.

Alors, et là aussi c'est un choix, je ne vais pas vous raconter les retrouvailles à Marseille avec tante Henriette. Ben franchement, ce n'est pas vraiment le sujet. En plus, il suffirait que vous vous attendiez à des retrouvailles chaleureuses et que ça ne soit pas le cas, et ça pourrait vous chagriner, et du coup vous seriez moins attentifs et moins sensibles au reste du récit. Ou l'inverse ! Des retrouvailles, sans intérêt aucun, qui jetteraient une chape de plomb sur l'histoire. Non, vraiment ! On va faire sans.

Quoi ? Au moins le quartier ? Et ça vous avance à quoi si je vous dis que tatie Rillettes[20] habite St Loup. Ce n'est pas vraiment central, mais depuis peu (faut pas être pressé à Marseille) c'est desservi par le métro : prolongation de la seconde ligne. Oui, la seconde, pas la deuxième. Quand je vous disais qu'il ne fallait pas être pressé… Bon, donc, vous voyez bien que ça n'a aucun intérêt.

C'est parce qu'il manque ? Des descriptions pour rendre le récit plus vivant ? Vous êtes chiants quand même ! Bon alors, le chemin des Prudhommes part du Boulevard de St Loup, à l'endroit où se trouvait il y a bien longtemps le cinéma « La Cascade », s'étire, étroit et sinueux, puis s'en va enjamber le Canal de Marseille pour s'enfuir vers les collines toutes proches, au pied du Parc des Bruyères. Pas d'immeubles ou presque. Des maisons. Des villas collées les unes aux autres, des jardins de graviers, des maisons de village. La route vire, tourne, biscornue, pas très large, entourée de murs à l'ancienne :

---

[18] Un peu comme la réponse des Anglais pour le Brexit ; mais j'ai déjà abordé le sujet, il me semble…
[19] Essayez de suivre, j'en ai déjà parlé plus haut.
[20] Julien l'appelait comme ça quand il était petit. Et puis ça m'évite de répéter sans arrêt tante Henriette. Bon je pourrais aussi dire Mademoiselle Henriette Grivel – vu que c'est la sœur de son père et qu'elle porte toujours son nom de jeune fille n'ayant pas trouvé chaussure à son pied, comme on dit ; mais c'est un peu guindé pour ce récit.

ceux avec les tessons de bouteille incrustés dans le ciment, au sommet, destinés à décourager les monte-en-l'air. Le genre de ruelle dont tu te dis qu'elle n'existe que pour que les conducteurs de 4X4 expient leur pêchés en allant faire repeindre leur voiture tous les six mois. Et ça marche ! Tu y rencontres quasiment aussi fréquemment ce type de véhicules que dans la rue Paradis[21]. Ah, peintre-carrossier à St Loup ! Ça c'est un métier d'avenir !

Au 45 (anciennement 27 avant la renumérotation)[22] le portail, ainsi que la petite porte en fer sur le côté, mériteraient un coup de peinture. La boîte aux lettres vert métallisé et la petite sonnette « Grivel » sont en revanche flambantes neuves. C'est une petite maison, ancienne mais bien entretenue, façade crépie couleur crème à la vanille – avec les petits points noirs -, deux niveaux, un balconnet à l'étage avec sa rambarde en fer forgé, pour fumer sa clope[23] en contemplant le coucher de soleil sur les collines de la chaîne de St Cyr, un petit jardin méditerranéen ; des plantes pas trop gourmandes en eau[24] et quelques fleurs pour la couleur. Bien trop grande pour une personne seule, mais la disposition des lieux permet à Julien d'occuper la petite chambre à l'étage pour la durée de son séjour ; la tantine ayant opté pour

---

[21] La rue Paradis est certainement la rue du centre-ville de Marseille dans laquelle on croise (façon de parler car elle est, dans sa majeure partie, en sens unique) le plus grand nombre de 4X4, véhicules qui sont en effet considérés par la population du quartier comme le moyen de transport idéal pour aller chercher le pain ou déposer les enfants à la crèche.

[22] N'allez pas vérifier, je viens de l'inventer. Ben oui, c'est comme les numéros de téléphone dans les films… Vous ne pouvez pas savoir l'enfer que ça serait pour ceux qui auraient le malheur de voir apparaitre leur numéro de téléphone dans un film. Toujours un petit malin pour appeler et demander M. Martin (plus particulièrement quand le personnage s'appelle Martin dans le film) à n'importe quelle heure. Non, je ne dis pas que le 45 n'existe pas, bien évidemment, il existe, mais bon, c'était juste pour donner un numéro, alors foutez leur la paix à ceux qui habitent au 45. Ils n'ont rien demandé. Et ceux du 27 non plus !

[23] Je ne sais pas si le sujet vous questionne, mais j'ai toujours dit « une clope » et j'ai souvent vu écrit, dans les polars que je lisais « un clope ». Et j'ai longtemps douté (alors que j'aurais dû me renseigner) … En fait ce mot peut être masculin ou féminin : une clope pour une cigarette, un clope pour un mégot. Facile à retenir, en plus… Mnémotechnique.

[24] Un peu comme le pastis. Lui non plus n'est pas très gourmand en eau. Enfin, moi, je le bois comme ça… Mais nous reviendrons au pastis plus tard.

celle du bas à l'occasion d'une entorse avec complications[25]. Idéal pour travailler au calme. Et s'abstraire des récits familiaux très vite pesants. C'est bon comme ça ? On peut revenir au sujet ?

Ce qui est de plus en plus clair pour Julien, qui s'est imprégné de toute la documentation gracieusement offerte, et après ses contacts téléphoniques avec les « honorables correspondants » mentionnés par sa source parisienne, Hugues, c'est que Marseille semble bien être un noyau de résistance rock. Des petits groupes, des petites assos, de petites salles, de petits labels, des structures bien installées, des personnes bien motivées. Un vrai réseau. Plusieurs même. De différentes chapelles. Oui, le rock est polythéiste, ainsi que se plaisait à le répéter un certain Gilles B.[26], ardent défenseur marseillais du rock et de l'enthousiasme, ou des énervements, qui l'accompagnent nécessairement.

Deux jours à actualiser l'état des lieux du rock local. Deux soirs à faire le tour des salles, des bars, des personnages « incontournables » du passé comme du présent. La rencontre avec le pastis. Ne riez pas, c'est important. Le pastis (et les boissons anisées de manière générale) vient troubler l'eau[27] comme le rock vient troubler l'auditeur. Bref, il n'y a pas de breuvage plus adéquat pour saisir toute la subtilité du rock marseillais.

Reste le grand rendez-vous. Celui du vendredi soir. Immuable depuis, allez quoi, trente ans ? Le show-case au Lollipop Music Store où se retrouvent la plupart des musiciens et leurs potes. Fans des premiers jours ou rencontres plus récentes, toutes générations confondues. Tendance rock multi-étiquettes (ou refus d'étiquette) et public pas sectaire.

---

[25] La principale complication étant souvent de trouver un médecin qui ne demande pas un dessous de table pour l'opération. Mais dans son cas il s'agissait plutôt de complications physiques.
[26] « Calme-toi, Gilles ! » phrase attribuée à un marseillais à la fois fan de rock et d'italo-disco (chacun porte sa croix) qui avait l'habitude d'apostropher ainsi le dénommé Gilles B. chaque fois que celui-ci s'emportait pour une cause musicale … ou politique… oui parce que là aussi, niveau chapelles et énervements… il y a de quoi faire. Une expression désormais passée dans le langage commun… Ici, en tout cas.
[27] Normalement c'est plutôt l'inverse. On verse d'abord le pastis, puis c'est l'eau qui vient le troubler. Mais bon, on va dire que c'est une licence (IV) poétique.

D'accord, mais quand tu as passé quatre jours, immergé dans une culture rock qui t'est totalement étrangère, même si cela fait partie ton travail, tu te retrouves confronté à une sorte de « plafond de verre[28] ». Tu ne peux pas aller au-delà. Alors, pour la visite chez Lollipop, il prend rendez-vous avec les patrons du lieu, le vendredi après-midi, histoire d'éviter le show-case vespéral des « Dinky Toys », une nouvelle formation locale dont le guitariste à la réputation de jouer si fort que certains le soupçonnent d'avoir des actions dans la fabrication de casques anti-bruit ou de bouchons d'oreilles.

16h30 : arrivée sur les lieux. La boutique n'a pas vraiment changé depuis son ouverture. Les couleurs, noir, blanc, rouge, au-dessus de la vitrine, mériteraient sans doute un petit coup d'éclat (c'est véritablement une constante de cette ville, qui semble toujours avoir besoin d'un ravalement de façade), mais personne ne vient ici pour s'extasier sur la devanture. Aujourd'hui c'est grand soleil et les petites tables rondes sont de sortie devant le magasin. Ce n'est pas tous les jours, mais le vendredi, quand il fait beau, les patrons sortent la terrasse car la clientèle se déplace autant pour boire un coup entre amis, en écoutant le groupe d'une oreille plus ou moins attentive, que pour acheter la nouveauté discographique, la réédition enrichie en « bonus tracks », la dernière production d'un groupe de potes, voire même l'une des œuvres accrochées aux cimaises. Car ici, c'est aussi un lieu d'expos.

Un sans doute quinquagénaire, blouson de cuir de rigueur malgré la température, est attablé devant une bière et feuillette son Vortex[29]. Un jeune couple fait durer son café, tâche ardue s'il en est, car à Marseille on sert plus facilement des expressos à l'italienne que des cafés américains.

A l'intérieur, Stéphane est derrière la caisse et Polo, pork pie hat vissé sur la tête[30], tient le comptoir. Un très joli comptoir d'ailleurs ; rien à voir avec celui que certains ont pu connaître dans les années vingt[31]. Il parait que celui-ci a

---

[28] Tiens, d'ailleurs, en parlant de verre, je vais aller m'en servir un petit.
[29] Revue mensuelle photocopiée et pliée qui recense tous les événements underground de la Cité. En gros, tout ce qui a été avalé dans le trou noir de la Culture Officielle
[30] Non, ce n'est pas pour masquer une quelconque calvitie. Il le portait déjà alors qu'il avait encore des cheveux. Non, je n'ai pas dit qu'il n'en avait plus !
[31] Années 2020… s'il faut préciser…

été fabriqué spécialement pour eux dans les Ateliers Sud Side[32]. Le côté « café et expos » s'est agrandi aussi, depuis peu, en récupérant une pièce, à l'arrière du magasin, qui servait de dépôt. Des années que les habitués des show-cases attendaient ça ! Surtout lors des vendredis pluvieux, quand tout le monde devait se masser à l'intérieur.

Même quand ce n'est pas ta tasse de thé (ou ta chope de bière), le temps passe vite lorsque tu discutes avec des gens qui connaissent leur sujet, en parlent avec un enthousiasme communicatif, ponctuent leur récit d'anecdotes savoureuses, et possèdent le recul nécessaire pour ne pas se prendre trop au sérieux. Et là, tu parles depuis deux heures, tantôt avec l'un, tantôt avec l'autre, au gré des interruptions liées aux interventions d'une clientèle qui a l'habitude, sans doute méridionale, de considérer qu'un achat ne peut pas se faire sans un minimum d'échange verbal avec le maitre des lieux, souvent devenu un ami, et soudain... l'imprévu ! Pas l'imprévu forcément catastrophique. Non, plutôt celui qui te plonge dans un étonnement qui te fait penser tout à la fois que tu es passé à côté de quelque chose d'incontournable, mais que tout n'est pas perdu pour autant. Voire même que le meilleur reste à venir. Le truc genre scoop, buzz, révélation, selon comment tu vois la chose.

C'est Sonotonic Polo qui a lancé à Julien sur un ton tout à fait naturel :

- Et Xxx, il t'a dit des choses intéressantes sur le rock à Marseille ?
- Xxx ?
- Ben oui Xxx Yyy[33], tu es bien allé le voir ? Qu'est-ce qu'il t'a dit sur le rock marseillais ?
- Xxx Yyy ?
- Oui, il t'a raconté des trucs sympas, des histoires intéressantes ? Sur son parcours, tout ça ?

---

[32] Tout le monde se souvient à Marseille de l'extraordinaire fiesta organisée en 2038 à la Cité des Arts de la Rue pour les quarante ans des Ateliers Sud Side. Je ne vous dis pas le nombre de participants sinon vous allez invoquer la fameuse exagération marseillaise, mais bon... nous étions nombreux !

[33] C'est un peu ça le problème quand tu écris au fil de l'eau, sans avoir fait de brouillon. Là, par exemple, je n'avais pas encore trouvé le nom du personnage. D'accord, je sais, on n'est pas en direct, je pouvais l'écrire après, mais j'aime bien le côté « live » ... mon esprit musicien, sans doute.

- Mais c'est qui Christo Glazer[34] ?

Sonotonic Polo, se retournant vers son compère, avec le petit sourire en coin du vieux rocker malicieux à qui on ne la fait pas.

- Tu le crois ça, Steph, ça ne fait pas une semaine qu'il est arrivé et déjà il veut jouer les rois du second degré ? Avec un marseillais, en plus !
- Et depuis quand tu es Marseillais toi, t'es pas Aixois[35] ?
- Je l'étais… mais il y a prescription !
- La prescription c'est pour les docteurs. T'es pas docteur, non ? Alors, Aixois tu es, Aixois tu restes !
- Plus maintenant ! C'est le droit du sol (pour un musicien…) qui s'applique. Au final, j'ai vécu plus longtemps à Marseille qu'à Aix en Provence…
- Ah non, on avait dit pas de discussions politiques le vendredi ! Après on s'énerve et on digère mal les cacahuètes avec la bière !

Là, vous venez d'entendre tonner la voix basse et grave, comme sortant de la cave, du Libanais[36], qui semblait assoupi au fond du magasin, le visage caché par le dernier exemplaire de « Creuse Encore », revue qui traite, notamment, de l'avantage de la binette sur le sarcloir… Mais non, ça parle (écrit) de rock, enfin !

Retour sur notre ami Julien.

Interrogation ! Questionnement ! Sourcil qui se lève. Œil dans le vague… Yeux dans le vague[37] ? On se recentre et on revient sur le sujet.

- Non mais attends, je ne déconne pas ! C'est qui Christo Glazer ? Il joue dans un groupe ?

---

[34] Voilà, j'ai trouvé. Alors j'avais une idée qui pouvait être sympa, c'était de laisser l'espace en blanc (avec juste des pointillés) pour que chacun puisse choisir le nom du personnage ; donner un côté plus interactif… mais plus personne n'utilise de stylo de nos jours, alors…
[35] Vieille querelle locale opposant Marseille (le peuple) et Aix en Provence (les bourgeois) trouvant de forts échos dans le milieu musical.
[36] Non, il n'est pas libanais. Mais comme il s'appelle Cédric…du coup… cèdre… Liban… Ok, laissez tomber !
[37] A moins de chercher à ressembler à Dalida, en principe, quand un œil s'en va, l'autre aussi.

- Il joue dans un groupe ? T'es pas sérieux là, hein, dixit Polo ?
- Il n'est pas sérieux, renchérit Stéphane !
- Mais c'est bon, arrêtez là. Non je ne sais pas qui c'est. Expliquez ! Il est important ?

Exceptionnellement, parce que l'heure est grave, Polo se penche derrière le comptoir pour remplir trois petits verres ballon de Viognier blanc, laissant à Stéphane le soin d'entamer l'explication.

- Ben, ça dépend de ce que tu appelles important. C'est sûr qu'il ne remplit pas des stades comme l'autre burne de Www Zzz[38] sinon, forcément, tu le connaitrais.
- Forcément, confirme Polo, dont on ne voit que le haut du chapeau.
- OK, mais il fait quoi alors, demande Julien ?
- On pourrait te dire que c'est sans doute un de ceux qui ont joué ici le plus souvent, mais ça c'est juste important pour nous, reprend Stéphane.
- Qu'il a joué avec quasiment tout le monde à Marseille. Mais ça, ça en ferait juste une figure locale comme d'autres.
- D'accord et donc, c'est quoi le truc, demande Julien, qui s'est emparé du ballon de blanc posé devant lui ?

Polo, à son tour, prend son verre et continue.

- Le truc, en fait, c'est que c'est un mec qui, un jour, plutôt que de continuer un boulot de fonctionnaire qui ne lui déplaisait même pas, a décidé de s'arrêter pour ne faire plus que du rock.

Et Stéphane de préciser :

- Mais pas du rock genre : je fais un groupe de reprises et j'écume tous les bars de la région en chantant tout seul avec ma gratte[39]. Non, lui il a continué à faire des compos, à monter des groupes, des projets, utilisé à fond internet pour diffuser tout ça et du coup, avec le

---

[38] Oui alors là c'est volontaire parce que, s'agissant d'une personne qui est censée chanter des trucs que j'aurais du mal à qualifier de musique, vous pensez bien que je ne vais pas m'emmerder à lui inventer un nom. Et non, je n'ai pas utilisé un ancien nom parce que j'espère bien que d'ici 2040 on aura oublié tous les chanteurs actuels figurant dans la catégorie « remplisseur de stade ».

[39] Ce qui est, a priori, la seule solution si tu veux en vivre, vu les tarifs et le peu d'endroits où jouer.

temps… Ben finalement, il arrive à en vivre vraiment. Et hors du circuit subventionné, parce que ça, c'est un truc… faut pas lui en parler… pour lui, c'est pas du rock !
- En fait, ici, sauf à Marseille bien sûr, mais ici en France, on ne le connait pas. Mais il vend sa musique dans le monde entier grâce à tout un réseau qu'il s'est constitué au fil des années. (La précision (Fender ?)[40] venait de Polo).
- S'il y a vraiment quelqu'un pour qui le rock n'est pas mort, c'est bien lui, complète Stéphane en retournant vers la caisse où l'attend un improbable ado boutonneux, tenant entre ses mains, à la manière dont un serveur débutant tient son plateau pour son premier jour à la Brasserie des Arts, la réédition vinyle d'un coffret des Byrds[41].
- C'est sûr que, quand on y pense, là, maintenant, ce serait sûrement bien que tu puisses lui parler.
- Ah ouais, c'est sûr. Ben, passe-moi son téléphone et je vais le contacter, histoire d'arriver à le voir avant de repartir.
- Tu repars quand ?
- Lundi ou mardi, je ne sais pas encore.
- Quand, fait répéter Polo, soucieux sans doute de mériter son surnom[42] ?
- Pourquoi, il n'est pas là, répond le journaliste qui se dit sans doute que c'est bien, de temps en temps, de répondre à une question par une autre question ?
- Qu'est-ce que vous dites, s'inquiète Stéphane en glissant le disque dans une pochette Lollipop en amidon de maïs ? biodégradable…
- Que ce n'est pas forcément une bonne idée, répond le Libanais à la triple interrogation.

---

[40] Si vous êtes bassiste ou guitariste, c'est le genre de vanne que vous avez entendu 100.000 fois, mais si ça n'est pas le cas, vous aurez un peu plus de mal à comprendre.
[41] Certes, je pourrais, à l'usage d'un lecteur pas forcément expert, évoquer plus précisément la musique et le parcours de ce groupe… mais ce n'est pas le sujet. Toutefois, si vous faites partie de ces gens, assoiffés de culture et qui ont besoin de comprendre le moindre mot d'un récit, je ne saurais que trop vous conseiller d'aller chercher quelques précisions supplémentaires chez notre ami Wikipédia. Et non, il n'y a pas de faute d'orthographe… ça s'écrit bien avec un Y.
[42] Sonotonic… voir au début.

- Quoi ? Question collégiale.

Et de reprendre, hissant sa tête au-dessus de la revue.

- Je dis que ce n'est pas forcément une bonne idée de laisser le petit l'appeler. Vous savez comment il peut être ronchon. « Et j'aime pas la presse sur papier glacé, et les journalistes c'est tous des cons, et pourquoi j'irai raconter des trucs dont les gens se foutent… », transformant son authentique voix de rogomme en intonations geignardes.
- C'est vrai que, autant quand tu le connais, il est vraiment adorable ; autant quand il te connait pas, il peut être très con, quelquefois, rajoute Stéphane, en se retournant vers le comptoir.
- Ouais, ponctue Polo !

Et tout le monde reste songeur, la main sur le verre[43].

- Bon d'accord, reprend Julien, mais du coup, je fais quoi, moi, maintenant ? On peut aller voir son site au moins ?
- Ses sites. Parce qu'il n'en a pas qu'un. Mais attend, ce serait con que tu ne puisses pas le voir. Non, ce qu'on va faire, c'est que je vais l'appeler et lui présenter la chose de manière un peu plus diplomatique. Faut juste éviter de le braquer. Et normalement, ça devrait aller, conclue Polo en expédiant, d'un geste ferme, les dernières gouttes de blanc rejoindre leurs cousines.

La sagesse sous le pork pie hat. Ballon de Viognier aidant.

Les choses restent donc entendues comme ça. Polo fera l'intermédiaire… mais pas avant demain matin, parce que le coup de fil risque de s'éterniser et que l'heure tourne.

Si l'église de Notre Dame du Mont[44], juste au-dessus, en haut de la rue des Bergers, sonnait les demi-heures, on aurait pu constater qu'il était très exactement 18h30 lorsqu'un ampli de taille déraisonnable a franchi

---

[43] Alors que la main de ma sœur est dans la culotte d'un zouave, comme chacun sait.
[44] C'est dans cette église que mes parents se sont mariés. Non, je sais bien que ça n'a aucune importance, mais j'avais envie de le dire… En plus, je n'aime ni les églises, ni le mariage… Je me demande vraiment pourquoi je suis allé vous raconter ça…

la porte, précédant de peu le guitariste des Dinky Toys qui avait prévu de l'utiliser ce soir.

Il va y avoir du monde. Il y en a toujours pour les Dinky Toys[45]. Et tant mieux, parce que les corps massés devant l'espace faisant office de scène étoufferont suffisamment le son pour ne pas perturber, plus que de raison, le voisinage. Ce qui, à Marseille, relève de l'exploit. Les salles de rock ont toujours eu ici des problèmes avec les municipalités successives. On veut bien qu'il y ait de l'animation parce que c'est bien pour le tourisme, l'image de la ville, etc… mais par contre il faut que le connard qui a acheté son T3 dans le quartier, en pleine connaissance de cause quant au niveau sonore environnant[46], puisse aller se coucher à vingt-deux heures, sans perdre trop de temps à compter les moutons, vu qu'il se lève, lui, le matin[47]…

Non, Julien n'est pas resté pour le concert, la balance lui a suffi. Bien ? Pas bien ? Ce n'était pas vraiment la question, vu que le rock, malgré ces quelques jours à tenter de s'en imprégner… ça n'est toujours pas son univers musical. Un message à Tatie Rillettes pour éviter le repas du soir (elle cuisine gras, faut dire…), une petite halte sur la Place Notre Dame du Mont, pour manger un truc rapide, puis il s'en est retourné à St Loup en Taber[48], pour mettre au propre son entrevue du jour…

---

[45] Je me suis laissé dire que les Dinky Toys avaient choisi ce nom pour revendiquer une certaine filiation avec un autre groupe marseillais de vingt leur ainé, les Lemon Cars… Mais bon, les explications sur les noms des groupes de rock c'est très souvent sujet à caution…

[46] Forcément, sinon tu ne l'aurais pas payé ce prix. La mauvaise foi de ces gens…

[47] Alors, pour être exact, tous les bruits ne sont pas ressentis – ou en tout cas traités – de la même manière à Marseille. Par exemple toutes les perturbations sonores trouvant leur origine dans des manifestations footballistiques sont considérées avec une certaine mansuétude, voire un laxisme total. Il semblerait que ceci ait à voir avec une déclinaison locale du concept de « paix sociale ».

[48] Il s'agit en fait d'une spécificité marseillaise qui remonte à presque dix ans maintenant. Pendant une dizaine d'années, Uber – les gens qui te conduisent chez toi en étant moins cher et plus aimable qu'un taxi ; mais en se faisant exploiter par la multinationale américaine qui gère l'application – avait essayé de s'implanter à Marseille. Mais un jour les conflits avec les chauffeurs de taxi sont devenus réellement violents et la société à décider de se retirer du

Bien sûr, il en a aussi profité pour jeter un œil sur les productions musicales de Christo Glazer. Site un peu bric-à-brac, à première vue, mais finalement pas trop mal foutu. On se prend au jeu et on suit des liens, on écoute de la musique... Tout en DIY[49]. Le touche-à-tout intégral. Et c'est vrai que c'est surprenant : autant de contenu. Vingt ans d'enregistrements. Des collaborations avec tout un tas d'inconnus aussi illustres que lui. Productif le gars !

Ça donne quand même envie d'en savoir un peu plus.

Parce que, si musicalement il n'est pas plus convaincu que la veille au soir, les gens lui plaisent bien. En tout cas, ceux qu'il a rencontrés jusqu'à présent. Certes ils étaient un peu surpris au départ, pas vraiment enthousiastes. Faut dire aussi que, malgré sa bonne volonté, sa méconnaissance du sujet ne plaidait pas vraiment en sa faveur. Et puis une méfiance quasi ancestrale envers la presse magazine parisienne. Mais bon, ils avaient quand même envie de raconter leurs histoires, sans illusion particulière, sans réel souci de reconnaissance, juste raconter. Ça ne leur arrive pas si souvent.

Samedi matin.

Et il fait beau ce matin ! Personnellement, je ne l'aurais pas relevé, mais Julien est quand même parisien alors, forcément, ça l'interpelle une belle journée bien ensoleillée, en ce début du mois de novembre. Il ne s'est pas levé très tôt, et après tout, on est samedi, quoi. Et puis, il a bien bossé hier soir... jusqu'à pas d'heure. Petit déjeuner sur le balcon. Ça c'est une bonne idée ! Il n'est pas très large, mais suffisant pour la petite table bistrot ronde avec son plateau en marbre et la chaise en fer forgée munie de sa galette matelassée, décor provençal. Un classique.

---

marché. Du coup, pour les clients, on retournait dans les anciennes galères. Alors on a eu droit à une solution « à la marseillaise » : il n'y a plus écrit « Taxi » sur les voitures, tu les appelles, ils viennent s'ils veulent, ils te font faire le tour de la ville pour rentrer chez toi... mais bon... c'est le Taber...

[49] « Do It Yourself ». Oui, ben il fallait bien au moins une note sérieuse, dans le lot (et Garonne).

Des œufs brouillés, un jus de pomme, un yaourt au muesli, un grand bol de café[50] et la première cigarette posée dans le cendar Marlboro, occupée à faire des signaux de fumée ; sans doute pour engager la conversation avec les occupantes des autres cendriers du quartier. La clope c'est convivial, par essence[51].

En attendant Godot... euh, pardon, Polo ! Et finalement, pas si longtemps que ça puisque, à peine la dernière bouchée avalée, le téléphone sonne. Le vieux rocker serait-il, malgré tout, matinal ? Ben non, il est juste comme tous les autres vieux. Ils ne dorment pas[52] !

Je vous passe les premières phrases, les « salut, tu vas bien, remis de ta soirée, pas trop dur le matin, etc... » qui alourdiraient inutilement le récit. Concentrons-nous sur l'essentiel.

- Ecoute, finalement, ce n'était peut-être pas la peine de faire tout ce cirque. commence Polo. Quand je lui ai parlé de ton article, il était presque, allez, pas enthousiaste - faut pas exagérer non plus - mais en tout cas intéressé et plutôt bien disposé.
- Cool, ponctue Julien, en éteignant sa cigarette en fin de vie. Et là on fait comment ? Je l'appelle ? Il est dispo ?
- Ben si tu n'as rien de prévu en fait, tu as rendez-vous chez lui, dimanche, à quinze heures.
- D'accord, mais chez lui, ça se trouve où ? Parce que je ne suis pas en voiture.
- Non, c'est bon, c'est en plein centre-ville. A côté de La Plaine.

Il se trouve que, la plupart du temps, les fins de conversation ressemblent au début dans le sens où, leur intérêt n'est pas flagrant. Ça ne vous dérange pas si je réserve à cette fin le même sort qu'au début[53] du coup de téléphone ? Merci !

---

[50] Mais comment peut-on boire le café dans un bol ?
[51] Et pas uniquement l'essence à briquet.
[52] En tout cas, c'est leur argument favori pour expliquer leurs endormissements postprandiaux.
[53] Oui, je sais, c'est une question fermée. Mais de toute façon, les contingences matérielles ne permettaient pas de laisser vraiment le choix.

Et voilà, déjà dimanche[54]. 14h40, sortie du métro à la station Cours Julien. Sortie par en haut, l'escalier roulant face au camion à pizza. Demi-tour gauche sur le Cours Ju, puis à droite dans la rue Bussy L'Indien : ses façades décrépites couvertes de graffitis plus ou moins réussis, ses portes en bois sur lesquelles on a cessé de vouloir faire disparaitre les tags, ses boutiques de fringues, ateliers bizarres, restos associatifs...

Pour arriver devant le bar du Champ de Mars, « Chez Marius » comme l'appellent encore certains anciens. Haut lieu du punk originel marseillais. Rendez-vous obligé depuis 1977. Une paille[55] !

Je ne vous fais pas tout le trajet, ce n'est pas un guide touristique, non plus. Mais la destination finale, c'est la rue Terrusse. Au numéro --[56]. Vu de la rue, c'est un petit immeuble ancien de la fin du XIXème, plus bas que ceux qui l'encadrent - juste deux étages - donnant un peu, vu du trottoir, l'impression que quelqu'un a creusé une brèche dans une sorte de façade globale, hétéroclite. Deux fenêtres sur la rue – l'immeuble n'est pas très large. Et récemment ravalé. A priori la porte en chêne massif a bénéficié, dans la foulée, d'un bon décapage. A moins que, pour d'obscures raisons, les parapheurs compulsifs du quartier aient décidé de l'épargner. Une seule sonnette. Serait-il l'unique occupant des lieux ? Tiens, presque envie d'utiliser le heurtoir. Un magnifique bronze en forme de... Langue des Stones ? Pas évident de loin, mais quand tu t'approches, plus aucun doute n'est permis.

- Je le fais, se dit Julien ? Tentant, mais il se décide finalement pour l'option plus moderne : la sonnette, qu'il entend grésiller au loin en appuyant son doigt.

Et la réponse, quelques secondes plus tard, dans une tonalité un peu plus grave, accompagnée du claquement qui signale l'ouverture de la porte. Pousser fort. C'est du costaud.

Un petit hall, deux marches, une porte vitrée. Juste derrière, sur la droite, un escalier ancien et, sur la gauche, deux mètres en retrait, une porte

---

[54] Je fais ce que je veux, c'est moi qui raconte.
[55] Non, pas celle-ci.
[56] Vous pensez bien que je ne vais pas me faire avoir cette fois en donnant le vrai numéro.

ouverte. Dans laquelle se découpe la silhouette de Christo Glazer. Et même si on est dimanche et qu'il est dans sa maison, pas question de tenue d'intérieur décontractée. Boots pointus, pantalon étroit noir, chemise paisley dans des tons noir et rose, et blazer noir gansé de blanc. Avec un petit badge discret au revers. Plus proche des Kinks que de Motorhead[57]… La soixantaine est passée, l'allure est restée. En tout cas, il aime bien l'entendre dire.

Ils ont échangé les quelques politesses de rigueur entre personnes qui ne se connaissent pas, puis ont juste traversé le salon, au bout du couloir, la véranda, pour venir s'installer dans le jardin.

Ben il ne pensait pas vendre l'appart, du coup, il n'avait pas de raison de faire visiter. Mais si ça vous intéresse, comme je connais, je peux vous expliquer un peu. Donc, effectivement, il occupe seul l'immeuble. Au rez-de-chaussée on pourrait dire que c'est la partie classique, à vivre : cuisine, séjour, véranda dans le prolongement… qui ouvre sur le jardin, quelques petits arbres, un potager, mais pour les fleurs, il n'a pas vraiment la main verte alors on est plutôt sur des trucs qui poussent tout seuls… et au fond du jardin, ce qu'on appelle par ici, la maison de fond[58], sorte d'appentis, à l'origine, où ranger les outils, mais qui, dans le cas qui nous occupe, a été entièrement refaite et transformée en petit home-studio. Au premier, deux chambres et un bureau, et au dernier étage une grande pièce envahie de livres, instruments de musique, disques, gadgets divers, revues, souvenirs en tous genres, bien rangés pour certains, en vrac pour d'autres, comme si le rangement était une activité dont il se lassait vite[59].

- Tiens, on va se mettre là, il fait beau, on ne sera pas plus mal, dit Christo, en montrant à Julien la grande table en bois, sous l'oranger. Tu préfères une bière ? Moi je suis au Mâcon-Villages.
- Non, le Mâcon ça m'ira très bien.

---

[57] Je veux bien faire des efforts mais là, si ça n'évoque rien pour vous, c'est que décidément le rock, à part le « whisky on the rocks », vous avez dû faire l'impasse…
[58] Désolé pour la répétition mais ça s'appelle comme ça.
[59] C'est sans doute le cas.

- Alors, juste un truc d'abord. J'aime pas qu'on enregistre. Donc, c'est mieux si tu prends des notes, précise Christo en servant les deux blancs[60] dans des verres de cuisine.
- Des notes ? Comme à l'école ? Je ne vais pas pouvoir tout noter ?
- Je n'ai pas tant de choses importantes à te raconter, non plus. Et puis, au besoin je peux répéter ; ça ne me dérange pas, j'ai l'habitude, je ne fréquente que des vieux, dit-il en ponctuant sa phrase d'un sourire pétillant.
- Mais je n'avais pas prévu, je n'ai même pas un bloc.
- Ça, ça va pouvoir s'arranger. Il me reste quelques vieux agendas que j'avais fait il y a pas mal d'années, et il y avait des pages prévues pour prendre des notes.

Il s'est levé tout en le disant et revient, le temps de le dire, avec un petit bloc intitulé « Ephéméride mal saint 2020[61] » qu'il tient ouvert sur des pages blanches, en fin d'ouvrage.

- C'est bon ? Allez, à la tienne, enclenche Christo en levant son verre. Bon alors, à partir de maintenant, vous faites comme si une heure s'était écoulée. Oui, parce que certains sont capables de donner cette impression en faisant du remplissage avec des descriptions, mais ce n'est vraiment pas une chose pour laquelle je suis doué. Encore que... Je ne dis pas qu'il ne m'arrive pas de digresser... mais bon, ce n'est pas pour gagner du temps... C'est juste que parfois, certaines idées s'enchaînent et...

Allez, d'accord ? On dit que ça fait une heure !

- Tu sais quoi ? Finalement, je vais te raconter une histoire dont personne ici n'est au courant...

*******************

Mardi :

Pour être honnête, aujourd'hui, le temps est un peu gris. Pas au point de sortir avec un parapluie, surtout quand, comme Christo, tu développes

---

[60] Ben voilà, si vous ne le saviez pas, le Mâcon-Villages, c'est un vin blanc.
[61] Si vous cherchez bien, en fin d'année 2020, vous aurez des chances de le trouver.

une sorte d'allergie à ce dispositif anti-arrosage. Faut quand même reconnaitre que, dans une région réputée pour ses épisodes venteux, tu as plus souvent l'occasion de le casser que de lui trouver une quelconque utilité. Il entre donc dans le magasin, les mains dans les poches de son vieil imper en cuir.

- Ça va Polo ? Tu me fais un café ?
- Et bonjour d'abord, non, répond-il, faussement bougon.
- C'était pour voir si tu entendais bien ! L'œil malin.

Une bise et Christo s'installe au comptoir, un bout de fesse nonchalamment appuyé contre l'assise d'un tabouret bistrot, pendant que Polo fait couler le café.

- Dis-moi, qu'est-ce que tu lui as dit à Julien ? Parce qu'il est passé hier, avant de reprendre son train et tout ce que j'ai compris c'est que tu lui as dit des trucs dont il ne veut pas parler. Mais qu'il va faire un article spécial dès qu'il aura réussi à tout recouper.
- Ah bon ? Un petit sourire au coin des lèvres tandis qu'il feuillette machinalement le dernier numéro de Rythme & Bouse[62], un fanzine local que son tirage confidentiel protège efficacement des procès pour insultes.
- Non, sérieux, qu'est-ce que tu es allé lui raconter ?
- Tu veux vraiment savoir ?
- Ben oui, sinon je ne te demanderai pas !
- Je lui ai dit qu'en fait, je ne vendais pas tant de disques que ça, en tout cas pas assez pour en vivre. Et qu'en réalité je vendais, cher, des morceaux que je n'aimais pas à des artistes de variété.
- Tu lui as dit quoi ?
- Ce que je viens de te dire. Que je vends des morceaux de merde à des artistes de « variet » et que ça me rapporte un max de blé.

Polo en soulève légèrement le bord de son chapeau.

- Mais c'est pas vrai !
- Quoi ? Que je lui ai dit ça ? Bien sûr que c'est vrai !
- Non mais, c'est pas vrai que tu fais ça, hein ?
- Ah ben, bien sûr que non ! Tu me prends pour qui ?

---

[62] Le nom n'est pas déposé, alors si quelqu'un veut l'utiliser, n'hésitez pas !

- Ben pourquoi tu lui as raconté ça, alors ?
- Tu as le « Seem »[63] de dimanche ?
- Tu es con ou quoi ? Pourquoi j'achèterai ce torchon ?
- Alors regarde sur le web. Un site d'infos quelconque.
- Et je regarde quoi ?
- Les résultats sportifs de samedi.
- Sportifs ?
- Ouais, regarde les résultats de l'OM !
- Et depuis quand ça t'intéresse ? Et quel rapport ça a ?
- C'est quoi le score d'OM – PSG ?
- 4 à 0 pour le PSG au Stade Orange-Bouygues-SFR Vélodrome[64]. Polo a chaussé ses lunettes pour pianoter sur son téléphone.
- Voilà.
- Quoi, voilà ?
- Julien et son magazine ils viennent d'où ?
- De Paris ? Attends, ne me dis pas que c'est pour ça ? Mais enfin, tu t'en fous du foot ! Et de l'OM encore plus, où alors c'est que tu racontes n'importe quoi depuis des années...
- Bien sûr que je m'en fous du foot ! Mais quand il s'agit de PSG – OM, ce n'est pas une question de foot. **C'est une question de principe** !
- Oh putain, je le crois pas ! Mais tu es con ou quoi ?
- Ah ça, je l'avais dit qu'il pouvait être très, très con, répond en écho la voix grave, mais légèrement amusée, pour le coup, du Libanais, qu'on ne voit jamais mais qui est toujours là pour mettre son grain de sel.

Oui, c'est vrai qu'il peut être très, voire trop con. Mais il n'allait quand même pas dire la vérité... Quelle vérité ? Ne me dis pas que toi aussi tu crois vraiment qu'il vend assez de disques pour en vivre ? Il a juste eu la chance, un jour, de cocher cinq numéros et deux étoiles... Mais ça, il ne l'a vraiment dit à personne.

---

[63] « Seem » : acronyme de Sud Est En Marche, nouveau nom du journal la Provence, racheté en janvier 2022 par un groupe proche du président de la République de l'époque, afin de préparer la campagne électorale. Et qui, finalement, lui convient bien parce qu'au niveau des infos, ça « seem » seulement vrai... mais ça ne l'est pas souvent.
[64] Il y a eu quelques regroupements dans la téléphonie au fil des années.

## Lundi 13 Juillet – St Henri / St Joël

*Comme on dit chez les complotistes : « dans la joie et la bonne rumeur. »*

## Mardi 14 Juillet – Fête Nationale / Ste Camille

Une fois n'est pas coutume, je vais profiter de ce jour férié pour dire ici tout le bien que je pense des architectes…

P.S : Oui, je sais c'est un peu tôt pour un P.S que l'on s'attendrait à retrouver à la fin (comme dans les résultats des élections – c'est méchant… mais ça me fait plaisir), mais sinon je risque d'oublier. Effectivement je pourrais mettre un astérisque – ce qui est toujours plus discret qu'un obélisque (oui, c'est masculin obélisque… à cause de la forme, sans doute) - pour y penser, mais finalement j'ai décidé de faire ainsi. Et voilà, donc tout ça, en fait, pour vous dire qu'il n'y a pas de lien direct avec le fait que ce soit un jour férié… c'est juste parce que je viens d'y penser. Certes l'explication peut ne pas sembler primordiale… Mais c'est moi qui écris… non, mais…

Reprenons ! Bon alors, pour être honnête, on va quand même exclure de ces remerciements quelques monuments, et je n'en discuterai pas ici les mérites ou l'intérêt, n'étant pas expert en la matière, mais dont la vue, par contre, alors que je ne suis pas particulièrement fragile de l'estomac, provoque inévitablement une inversion du sens de circulation dans la tuyauterie, sans faire appel à des fruits de mer (avariés ou pas).
Certes on économise le prix des fruits de mer… mais bon… Et pour faire bonne mesure, on évitera aussi de parler de certains trajets de tramways qui se superposeraient (mais pas vraiment selon d'autres) avec certains trajets de métro… Concentrons-nous sur le positif.

Et donc je voudrais ici remercier les architectes pour leurs intuitions géniales concernant la taille de la salle à manger dans l'habitat moderne. Une taille idéale qui a permis d'accueillir, en même temps, dans un même espace, les héritiers d'une riche famille alsacienne, le président de Pathé, le président de Gaumont, un président du LOSC, deux ou trois mondaines évaporées... Et ainsi, Léa Seydoux qui passait par là, par le plus grand des hasards, puisqu'elle venait juste pour un repas de famille, s'est dit : « Tiens, je ferais bien du cinéma, moi ! ».

Comme quoi les hasards... dans la vie...

P.S : (I'll be back... euh non, I'm back) : Alors souvent à la fin, ou au début, il est de bon ton de dire que toute ressemblance avec des personnes, et cætera, et cætera... mais là, pas du tout, en fait.

## Mercredi 15 Juillet – St Donald

Je suppose que c'est le prénom de Donald qui me fait penser à cette phrase (ce qui tombe plutôt bien puisque, normalement, je suis supposé, le plus souvent possible, écrire quelque chose qui est en rapport avec le saint du calendrier). Un magnifique argument publicitaire dont on ne peut que s'étonner que McDonald répugne à l'utiliser alors qu'il est frappé au coin du bon sens (alors qu'un autre Donald, lui, mériterait sans doute d'être frappé d'aphasie – ça nous ferait des vacances) :
« Finalement, quand tu bouffes de la merde, tu gagnes du temps au niveau du transit intestinal, non ? »

## Jeudi 16 Juillet – Notre Dame de Mont Carmel

Histoire de France et citations célèbres (de l'époque où la Culture Générale existait encore) :

Le chantage à la délocalisation des emplois et le chantage à la délocalisation des patrons sont les deux mamelles du patronat français… (c'est Sully qui dit, qui l'est).

## Vendredi 17 Juillet – Ste Charlotte

En France, il ne reste plus que deux partis politiques : la France Insoumise et la Finance Insoumise (qui se décline en courants… le courant d'air étant généralement leur forme de pensée commune).

## Samedi 18 Juillet – St Frédéric

Le truc avec les « private jokes » c'est que si les gens ne te connaissent pas… ils ne savent pas si c'est véritablement drôle. Alors autant à l'oral ça peut être déstabilisant, parce que ça te laisse le choix entre le sourire niais de celui qui suppose que c'est amusant et l'air interloqué de celui qui n'a rien compris…
« Non, mais c'est normal, c'était une private joke ! »
« Ah ok, mais entre qui et qui ? Parce que là, on est juste tous les deux… »
« Oui, mais c'est parce que ça m'a fait penser à un truc, tu ne peux pas comprendre. »
« Non, effectivement, je te confirme, je n'ai pas compris… »
« Mais c'était drôle… »
« Si tu le dis… »
Autant à l'écrit… on n'y voit que du feu, comme disait un pompier de mes amis.

P.S : vous pouvez remplacer « pompier » par « employé des pompes funèbres », c'est tout aussi amusant.

## Dimanche 19 Juillet – St Arsène

Arsène / larsen... on n'est pas très loin...
Proverbe rock'n roll :
Après l'ampli vient le boucan.

## Lundi 20 Juillet – Ste Marina

Bon, si vraiment la gratuité des autoroutes ça n'est pas possible (ce dont je ne suis pas persuadé – suffirait juste d'une petite nationalisation/confiscation qui ne serait que justice, après tout), au moins, que l'on soumette l'Auto-Tune à la taxe sur les carburants !
RnB c'est bien Roule n Bouse, non ?

## Mardi 21 Juillet – St Victor

Bon, et puis pour ne pas être accusé de faire systématiquement dans la provoc, ce qui prête à polémique (Victor)*, cette petite vanne un peu plus... enfin un peu moins... Bref...
Je verrais bien un magasin de musique qui aurait pour enseigne « Le Luth Final ».

* polémique Victor c'est un jeu de mots qui, quand on ne le comprend pas, peut jeter un froid (oui alors là aussi, c'était une vanne... mais bon... si vous n'y étiez pas sur la première... on n'aura pas plus de chances avec la seconde...).

## Mercredi 22 Juillet – Ste Marie-Madeleine

Une fois n'est pas coutume, enfin une sainte de la région puisque Marie-Madeleine a fini sa vie à la Ste Beaume.
Bon, c'est bien, la Ste Beaume on connait, on sait où c'est… mais par contre Marie-Madeleine… c'est un peu flou… selon les sources… ça varie entre Marie la pêcheresse repentie, Marie de Béthanie, « l'épouse » de Jésus (oui, Gala et Voici n'existaient pas encore, mais il semble bien que le journalisme trash était déjà inventé) … bref, la religion, c'est toujours aussi clair.
Mais finalement ce qui m'intéresse dans cette histoire, c'est principalement « Madeleine » ou plus exactement… les madeleines.
D'aucuns se souviennent peut-être qu'il m'arrive d'en faire (là on va dire que, encore plus que pour tout le reste, ceci ne s'adresse vraiment qu'aux personnes qui me connaissent assez bien).
Mais attention !!!
Avec les madeleines il faut être très vigilant sur les proportions et sur la cuisson au risque de se retrouver avec un biscuit, sec, immangeable… et communément appelé étouffe-chrétien (ben voilà, nous sommes revenus sur la religion).
Donc pour réussir des madeleines il faut…
Non, finalement, je vais garder la recette… à vous de me convaincre d'en faire si vous voulez les goûter…

## Jeudi 23 Juillet – Ste Brigitte

Faut quand même avouer que ce n'est pas de pot ! Je suis là, je me dis « bon, allez, on va repartir pour de belles éphémérides », l'esprit léger, le sourire aux lèvres à l'idée de tous ces prénoms désuets, surprenants, amusants que j'allais rencontrer, de toutes les péripéties des personnages qui les ont portés (avec force écartèlement, torture, décapitation, et autres réjouissances antiques) et de toutes les

méchancetés que j'allais pouvoir dire sur la (les) religions(s) – ben oui, je suis comme ça.
Et bing ! Sur quoi je tombe ? Ste Brigitte ! Très exactement, Ste Brigitte de Suède… qui, contrairement à celle à laquelle je pense, a épousé un roi alors qu'elle n'avait même pas quinze ans.
En plus Jean-Paul II l'a proclamée patronne de l'Europe. Du coup, Manu il ne sent plus pisser avec ça ! Il y voit la main de Dieu (dans la culotte du zouave ?).
Qu'est-ce qu'elle a fait pour être sainte ? Ben je n'en sais rien moi… elle était noble, elle a eu 8 enfants… ah si, elle a fondé un monastère (c'est vrai que ça c'est imparable : un monastère = une auréole… c'est le tarif). Pour ceux qui aiment les détails, elle a fondé le monastère de Wastein… à ne pas confondre avec le monastère de Weinstein (Harvey) qui a été créé bien plus tard sur les collines Hollywoodiennes…
Et côté musical alors ? Nous avons Brigitte Fontaine-je-ne boirai-pas-de-ton-eau… Oui, je n'aime pas… C'est comme ça… Ou alors 2 pour le prix d'une… les Brigitte… et je n'aime pas non plus…

Heureusement j'ai quand même connu d'autres Brigitte en tous points aimables… ça compense… et non, je ne vous dirai pas lesquelles…

## Vendredi 24 Juillet – Ste Christine

Christine Sixteen… non, ce n'est pas elle (mais Kiss c'est alors ?)
Christine, the strawberry girl, Christine, banana split Lady… non, pas elle non plus… et même autant vous dire qu'on en est loin… Parce que la Ste Christine du jour (Christine l'admirable) … ben ça ne fait pas envie !

Je vous raconte juste pour que vous puissiez juger par vous-même. Bon… elle est belge, ce qui, pour tout amateur de houblon qui se respecte, est une qualité. Mais pour le reste, on est plutôt dans le registre des blagues que le « politiquement correct » proscrit désormais.

D'abord, elle a fait croire qu'elle était quasi-morte et que Dieu lui avait donné à choisir entre rester là et retourner sur terre. Mytho complète ! Et hop, looping au-dessus du cercueil façon l'Exorciste pour impressionner l'assistance.

Donc, selon ses dires, elle choisit de revenir sur terre et là, afin de bien expier on ne sait trop quoi, se met à chercher toutes les souffrances possibles : Miss Maso. Et je me jette dans les flammes, et je plonge dans l'eau glacée, et je me fais mordre par des chiens, et je plonge dans des épines… Et je n'ai même pas de marques ! Christine Copperfield ! Bon, pour tout dire même l'église catholique évite d'en faire trop… peut-être un reste de sens du ridicule.

Pour ceux qui ne se satisferaient pas de mes explications, je vous invite à écouter le morceau que Nick Cave lui a consacré (oui, c'est un terme bien adéquat – je trouve) : Christine the Astonishing.

Alors, comme Christine vient directement du mot Christ, il ne faut pas s'étonner d'en rencontrer souvent.

Quelques exemples ?
Christine : Plymouth Fury rouge de 1958 (une bonne année et pas uniquement pour les voitures)
Christine Albanel : Hadopi qui déchante
Christine Boutin : contre le mariage homosexuel mais pour le mariage consanguin (en un mot ?)
Christine Deviers-Joncour : Elf, I need somebody, Elf, not just anybody… à choisir, faut qu'il ait de belles chaussures… enfin chères, en tout cas…
Christine Gouze-Rénal : belle-sœur de Tonton et épouse du Commissaire Navarro…
Christine Lagarde : reprise de justesse… Vous passez par la case Départ, vous prenez 20.000 et vous n'allez pas en Prison !
Christine Ockrent : Epouse d'un marchand de riz bien connu dans les pays en guerre.
Christine & The Queens : dégueulis musical à tendance bobo…
Christine c'est un prénom qui est très bien pour le petit-déjeuner parce que ça rime avec tartine et Ovomaltine…

## Samedi 25 Juillet - St Jacques (encore un)

Breféméride pour cause de canicule, de manque de temps, de panne d'inspiration, de « je vous en pose des questions, moi ? », rayez la (les) mention(s) inutile(s)...

Si le calendrier était tenu par des gens sérieux, on fêterait le même jour la St Jacques et la St Daniel... et même la St Lemmy, pour faire bonne mesure (la bonne mesure s'obtenant en servant à la main et pas au doseur – vous ne pouvez pas comprendre, c'est mathématique...).

Mais bon, quand tu confies le boulot à des gens qui croient à la multiplication des pains (en dehors des bagarres générales), au liquide philosophal (tu sais pour changer l'eau en vin, comme la pierre philosophale pour changer le vil plomb en or) et à l'immaculée conception (non, pour une fois, celle-ci, je vais vous l'épargner, comme dit l'écureuil – si vous avez la chance de connaitre un écureuil qui parle) ...

D'ailleurs, en parlant de ça, il parait qu'un certain groupe dont je ne dirai pas le nom mais dont les initiales sont WK se prepare à mettre sur le marché un tee-shirt orné du logo ATVFI... Allez Tous Vous Faire Immaculer...

Allez, Jacques a dit, allez-vous coucher et à demain, en forme et de bonne humeur !

## Dimanche 26 Juillet - Ste Anne

... Ne vois-tu rien venir ? Non, là c'est vraiment trop téléphoné. Mais après tout, pourquoi ne pas rester dans la littérature.
Il se trouve que, comme certains le savent, non seulement je m'occupe régulièrement d'indisposer leurs oreilles en alternant compos et covers sur

différents supports, y compris physiques (une scène étant aussi un support), je m'attaque aussi à leurs neurones par le biais d'un petit site internet qu'il m'arrive de mettre à jour (plus trop, faut bien le reconnaitre) dans lequel on peut trouver quelques textes. Je vais donc, de ce pas, en prélever un de manière parfaitement adéquate puis qu'il s'agit d'une fable :

LES FABLES DE PREFONTAINES*

\* Pour ceux qui sont trop jeunes, Préfontaines commercialisait du vin en bouteilles plastique qui n'avait rien à envier à Kiravi ou Margnat Village. En même temps, si vous ne connaissez pas Préfontaines, il est fort probable que vous ne connaissiez pas non plus Kiravi, ni Margnat Village, ce qui atténue fortement la portée explicative de ce paragraphe...

**Le loup et la gnôle (adaptation libre)**

Le raisin c'est plus fort et c'est vraiment meilleur. Nous l'allons montrer tout à l'heure.

Mme Nyo, qui était asiatique, mais certainement pas japonaise, était une personne au caractère bien trempé ; d'ailleurs on l'appelait « La Nyo », c'est vous dire qu'elle en imposait et était respectée.
Assise à une table de la « **Brasserie de l'Onde Pure** » elle prenait, comme chaque matin, une Badoit et un croissant avant d'aller ouvrir son magasin « **Au Mérinos récalcitrant** » (un fort joli magasin, soit dit en passant).

La Nyo était donc plongée* dans la lecture d'un article fort intéressant sur le mouvement de grève des cardeurs pour obtenir des pauses d'un quart d'heure, quand soudain, on entendit un grand bruit. **M. Loup** (en fait il s'appelait Wolf et était d'origine allemande, mais pour des raisons qui ne regardent que lui, il avait fait franciser son nom) qui cherchait l'entrée, venait de se prendre la devanture. Tant bien que mal, il parvint jusqu'au comptoir qu'il agrippa (d'Aubigné) fermement.
\* pour ceux qui lisent un peu vite, je vous signale que vous avez raté un jeu de mot très fin juste au-dessus : La Nyo / plongé...

- Patron, un p'tit blanc ! C'est sur le compte à La Nyo ! dit M. Loup, les mots s'extirpant difficilement de son haleine chargée (haleine/La Nyo... non, j'insiste un peu parce que certains ne saisissent pas, d'entrée de jeu, toute la subtilité...)

- Non !! dit La Nyo.
- Allez, juste un p'tit rouge, alors ! Patron, un Mouton Cadet en souvenir de l'axe Tokyo / Berlin (Ah, je savais bien qu'il était germanique !).
- Je ne suis pas japonaise ! répondit La Nyo (vous voyez ? Qui c'est qui avait raison, hein ?).
- Allez quoi, tu m'en as bien offert un, hier !
- Absolument pas, protesta La Nyo !
- Ah ? Ben, si ce n'est Badoit c'est donc ton frère, rétorqua M. Loup, qui, malgré un état d'ébriété, assez avancé, conservait un sens de l'observation intact et un sens de l'humour plutôt fin pour un allemand (oui, parce qu'il est allemand, en fait).
- Je n'en ai pas, répondit La Nyo, car contrairement aux idées reçues les familles asiatiques ne sont pas forcément des familles nombreuses (ou alors, elle n'avait que des sœurs – ah ben oui, c'est possible ça ; je n'y avais pas pensé).

Bon, le reste de la fable est beaucoup moins intéressant, même si on y apprend, vers la fin, que La Nyo est experte en arts martiaux (comme dans **Kill Bill** – enfin, là, ce serait plutôt **Kill bêle**…) et que, à toute heure (et peu importe que vous ayez déjà déjeuné ou pas) on peut se manger une porte (n'est-ce pas M. Loup ?).
Du coup, je me demande si la morale figurant en début de texte était bien adaptée… Des idées quelqu'un ??

**(P.S.) P**roverbe **S**ino-germanique : oui, parce qu'en fait, il est bien possible qu'elle soit chinoise (en tout cas, elle est aux japonais absents) : « Bêle, bêle, bêle, au lieu d'crier au loup. » (Vous pouvez essayer en le chantant à la manière du célèbre barde germano-chinois Klô Klö) … Alors certes, ça n'explique pas tout mais d'un autre côté… c'est sino-germanique…
**(P.S.) P**ancarte **S**yndicale : en ce qui concerne l'appel à la grève des cardeurs, des banderoles revendicatives sont disponibles chez notre camarade Khaled Brebi… pensez à passer les prendre !
**(P.S.) P**aysage **S**ilvestre : il parait qu'il existait une autre version de cette fable qui se passait au bord d'une rivière, avec des animaux, mais bon, il serait peut-être temps d'oublier un peu les contes pour enfants pour se recentrer sur les vrais sujets d'actualité comme… oui, alors, ce n'est pas forcément un bon exemple mais enfin, pour l'avenir, gardez cette réflexion à l'esprit…

## Lundi 27 Juillet – Ste Nathalie

Franchement, hier, ça comptait pour deux jours. Non, je n'ai pas la flemme. Tiens d'ailleurs…
Médecine (et publications) :
Ce n'est pas Alexander Fleming qui a découvert la flémingite… Par contre, c'est bien son frère Ian qui a découvert James Bond (j'ai lu ça dans The Lancet – c'est forcément vrai).

## Mardi 28 Juillet – St Samson

Comme je suis une quiche en confinement, déconfinement, médecine, plomberie, sécurité sanitaire et plein d'autres domaines dont la liste n'est pas fournie en annexe, mais que je peux tenir à disposition, pour peu que l'on arrive à se mettre d'accord sur un système de livraison qui respecte bien les gestes du garde-barrière et qui ne soit pas trop chiant non plus (parce que, merde quoi… et ma liberté de plancher?, comme disait Brice de Nice); est-ce que quelqu'un pourrait m'expliquer de manière assez précise, mais sans pour cela se lancer dans 10 pages d'explications qui, certes, pourraient utilement meubler, par leur lecture, les cinq minutes suivantes, en tout cas au moins aussi bien que la lecture d'un mode d'emploi de soupe chinoise congelée - à moins qu'il ne s'agisse des ingrédients? - m'expliquer donc, d'un point de vue hygiénique, la différence entre un masque non médical et un masque non utile?...
Parce que vu qu'on parle de maladie… j'ai un peu l'impression que c'est comme si on voulait à tout prix me refiler un remède non soignant (ou non curatif) …

Des idées ? Des pistes de réflexion ? Des pistes cyclables (oui, ben à défaut... encore qu'à Marseille) ??

## Mercredi 29 Juillet – Ste Marthe

Gwilhamet, Gwilherm, Gwilhaouig, Gwilhermig, Gwilhermou, Gwilhmet, Gwilhou, Laou, Laouig… bon, c'est sûr quand tu tires ça au scrabble, tu ne fais pas le malin... mais en Bretagne, tu peux te faire baptiser... Parfaitement, ce sont les prénoms bretons du jour.

Tiens au passage, petite parenthèse linguistique. En Bretagne, tu peux sans doute « piquer un fard », comme partout ailleurs, mais tu peux aussi « piquer un far » et partir en courant avec le gâteau... tu peux aussi essayer de « piquer un phare » mais là, pour la discrétion, ça risque d'être un peu plus compliqué.

Donc, en fait, aujourd'hui c'est la Ste Marthe et honnêtement (ne riez pas !), j'ai bien cherché... et tout ce que j'ai trouvé c'est que c'était la sœur de Marie de Béthanie et de Lazare... et qu'elle s'agitait dans sa cuisine... Bon ok, et elle était là quand Jésus a ressuscité, et aussi quand son frère Lazare est sorti du tombeau... En fait c'est la première fan de films de zombies.
Oui ben, vous allez peut-être dire que je cherche mal, mais quand même... ça fait un peu léger comme critère de sainteté... je me demande si ce n'est pas encore moins exigeant que pour devenir député de LaREM.

Bon, et ensuite, avec ses copines, elle est venue s'installer aux Saintes Maries de la Mer. Mais à cette époque, la Provence était assez mal fréquentée par des bestioles de toutes sortes. Il n'y avait pas que des moustiques et des taureaux. Il y avait aussi des dragons dont un redoutable que l'on appelait la Tarasque. Et Ste Marthe affronta la Tarasque et l'anéantit en l'aspergeant d'eau bénite (encore mieux que la potion magique !).
Et ainsi elle vainquit la Tarasque-con à Tarascon et devint la patronne de la ville. C'est beau comme un scénario de Luc Besson...

Je me demande d'ailleurs si l'expression « la con de ta race » ne serait pas une déformation de « la con de Tarasque » ... mais laissons ce débat aux linguistes...

Tiens petite anecdote amusante : Marthe vient de l'hébreu et signifie « maîtresse ». Du coup, c'est assez amusant de penser que les maisons closes furent fermées par Marthe Richard...

## Jeudi 30 Juillet - Ste Juliette

Aujourd'hui c'est la Ste Juliette. Mon conseil du jour : éviter de passer sous les balcons.

Comment ça pourquoi ?
Parce que pour la Ste Juliette, il y a une flopée de Roméos de l'autotune, aux talents approximatifs, qui se croient obligés d'aller pousser la sérénade sous le balcon de leur dulcinée… et si vous passez au mauvais moment vous recevez, au mieux, la bassine d'eau de vaisselle (si l'élue de son cœur n'a pas encore acquis de lave-vaisselle chez Darty), voire, si la demoiselle s'est prise de passion pour le Moyen-Âge… une marmite d'huile bouillante… Après… c'est juste un conseil, vous faites comme vous voulez…

## Vendredi 31 Juillet – St Ignace

C'est aujourd'hui que je peux frimer face à tous mes contemporains, qui aiment à ce point les mouches qu'ils leur ont construit de superbes pistes d'atterrissage, juste au-dessus de leurs oreilles.
A tous les afficionados de la Barthez-capilliculture, à toutes les victimes du glissement de terrain du sommet du crâne vers le menton, à tous les adeptes de la casquette-cache-misère, du capeou-dissimulateur, à ceux qui préfèrent Tondu dans Tif et Tondu, à ceux qui n'ont pas eu le droit de goûter la fausse potion magique du premier opus d'Astérix le Gaulois (oui, je sais, je vous fais travailler alors que vous êtes en vacances – obligés d'aller relire les classiques en se disant « mais de quoi il parle, encore ? ») !
Tant pis pour vous ! Aujourd'hui c'est la St Tignasse… phonétiquement au moins…
Parce qu'en vrai, vous avez le choix entre St Ignace (de Loyola) : Je pense donc Jésuite !
Ou… Fernandel : Ignace, Ignace, c'est un petit, petit nom charmant…

## Samedi 1$^{er}$ Août – St Alphonse

… Allons enfants de la poteri…i…e… comme disait le maire de Soissons !

## Dimanche 2 Août – St Julien

La plupart d'entre vous êtes des utilisateurs de Facebook. C'est ainsi que vous êtes avertis de l'existence de cet ouvrage absolument essentiel dans l'histoire de la littérature du quartier de Ste Marguerite entre le (à la louche) $1^{er}$ juin 2020 et le – je ne sais pas encore parce que je n'ai pas fini de l'écrire… mais pas longtemps après.
Et sur Facebook, s'il y a bien une chose que vous avez pu observer (et même vous y avez certainement participé) c'est l'abondance de ces jeux/chaines où chacun vous propose/demande de poster vos 10 films préférés/chansons préférées/albums importants/livres favoris/films incontournables/lieux visités/etc…
A tel point que j'y ai participé à ma façon en vous proposant, sur 10 jours, de citer 10 « choses » (oui, c'est indéfini volontairement, pour laisser plus de place à l'imagination ou au n'importe quoi – c'est selon) dont vous vous foutez complètement. Je trouve que mon jour 3 était particulièrement pertinent.
**Jour 3** : Je me fous totalement de savoir si ça sera de maladie démasquée, en tombant d'un échafaudage de mensonges mal sécurisés, en glissant sur une plaque de cirage de pompes, en s'étouffant avec sa mauvaise foi, encorné par un taureau, écrasé par un bulldozer d'extrême-gauche (oui, monsieur.madame - c'est ridicule cette façon d'écrire - les machines ont le droit d'avoir une conscience politique), poussé au suicide par une overdose décibelistique d'italo-disco, décapité, pulvérisé, atomisé, éparpillé, désintégré, écrasé, ébouillanté, multi-perforé, empoisonné, écartelé, roué, expédié dans l'espace avec un masque et des palmes, ébouillanté, noyé, emballé dans un rouleau géant de PQ, embroché, congelé, irradié… TANT QU'IL CREVE…
Comment ça je n'ai pas dit qui ?
Eh ben on n'a qu'à dire que c'est une devinette… Voilà ou mieux : un questionnaire à choix multiples… avec beaucoup de bonnes réponses possibles…

## Lundi 3 Août – Ste Lydie

Quand je vois des gens tenter de passer les portiques du métro avec une valise qui doit contenir, au bas mot, la moitié de leurs possessions terrestres, je pense toujours à ce jeu, auquel je jouais il y a très longtemps, où tu dois faire entrer des formes dans des trous.
Non, ce n'est pas l'Amour…

## Mardi 4 Août – St Vianney

Et moi qui pensais qu'en avoir un c'était déjà bien suffisant. Et là j'apprends que c'est un prénom qui existe et que – si ça se trouve – il y en a d'autres. Décidément rien ne nous sera épargné.
Rassurez-moi, les autres ne chantent pas ?
Non, lui non plus, je sais bien… mais c'est une rumeur persistante…

## Mercredi 5 Août – St Abel

Je n'en connais qu'un et il est espagnol. Ça compte ? C'est l'Abel de Cadix. Mais je veux bien reconnaitre que j'ai sûrement fait mieux. Mais pire aussi.
Et donc pour rester dans l'univers musical cette réflexion que je me faisais encore il y a peu : les Américains ont « Marilyn Manson » mais nous n'avons toujours pas « Brigitte Landru » … le rock français sera décidément toujours à la ramasse…

## Jeudi 6 Août – St Octavien

Littérature :
« C'était pendant l'horreur d'une profonde insom-nuit… » (quand le sommeil a du mal à prendre Racine).
Littérature ? Disons plutôt langage :
Quand tu remplaces l'expression « c'est une tuerie » par « c'est de la balle », tu fais un choix quant au mode d'exécution.

## Vendredi 7 Août – St Gaëtan

Une cantatrice qui a froid c'est une « Castafjord » ?
On pourrait croire que cette vanne musicale m'est venue parce que le prénom du jour évoque un membre d'un groupe français qui a vendu énormément d'albums… mais en fait non, car je n'ai jamais considéré que la personne en question faisait de la musique. Du bruit, des sons, des vocalises avec un accent à la con… oui… mais de la musique ? Soyons sérieux !

## Samedi 8 Août – St Dominique

C'est quand même étonnant cet enchaînement de paragraphes liés à la musique. Franchement, s'il y a bien un prénom qui évoque à la fois la religion et la musique, c'est bien celui-ci.
Ça évoque aussi d'autres choses, mais il parait que ce n'était pas volontaire. Mouais… Je me souviens qu'on nous a aussi fait ce coup-là avec une histoire de sucettes parfumées à ma boisson favorite.

## Dimanche 9 Août – St Amour

Bon, je ne vais pas trouver chaque jour quelque chose d'intelligent, d'intéressant, d'attendrissant, d'impressionnant, d'énervant, à dire ou à faire pour te persuader (mais ce n'est pas le bon mot) ou te convaincre (ce n'est pas mieux) que je suis la personne avec laquelle tu pourrais être heureuse (et vice-versa) … mais je cherche… et je ne désespère pas… ou si peu…

## Lundi 10 Août – St Laurent

Musique :
Dans les petits labels on trouve des groupes de garage, et sur les majors, des groupes de concessions (dans les deux sens du terme).
Musique :
Un Tribute band Motorhead en provenance de Perpignan : Les Lemmynanas ?

Musique :
Le problème avec les « Artistes » c'est que quand ils ont du succès, ils croient qu'ils ont du talent... et quand ils n'ont pas de succès... ils croient qu'ils ont du talent.
Musique (mais pas que) :
La Mort semble posséder ce talent particulier de donner du talent à ceux qui n'en avaient pas de leur vivant.
Musique (ben si, quand même) :
All you love is need...

## Mardi 11 Août – Ste Claire

Histoire printanière (revenons un peu sur une période pas très « claire ») :
Bon, on va faire simple parce que justement... ça ne l'est pas. Et à moins de rentrer vraiment dans les détails et d'y passer des heures, on ne s'en sortirait pas.
On va donc éviter toutes les variantes de l'anarchisme, du socialisme, du nihilisme et se concentrer sur un seul mouvement qui, alors qu'aujourd'hui on aurait vraiment besoin d'en savoir plus, a été l'un des grands oubliés de l'histoire sociale.
Je veux parler du Plakénihilisme et de son fondateur Klorokine.

Tout commence le 15 mars 1919. En fait tout commence sans doute avant, mais c'est déjà bien assez compliqué comme ça. Donc en Chine, des petits organismes se sont soulevés contre la puissance impériale : c'est la Virolution chinoise.
En même temps, pas très loin, Hong Kong Fou Fou, le roi du Kung Fu, organise des démonstrations de cri de guerre en sortant d'un tiroir (c'est assez particulier, certains diraient même que si on n'a pas vu ça, on n'a rien vu ... ce qui peut se traduire en hongkongais par « Caviste à Paris et nouilles cassées, ça veut rien dire... » ou à peu près).
Les Etats Unis de leur côté ont fort à faire avec une invasion de Martiens qui ont pris l'apparence de canards et ont décidé de construire partout des terrains de golf et d'interdire la presse (ou dans l'ordre inverse, mais le résultat est le même).
Tandis que la Corée, emmenée par Kim Jong Moins Deux (c'est le grand-père de Kim Jong Un), se soulève contre l'occupant japonais... Et qu'en France la

classe politique est occupée à se chier dessus (mais puisqu'on vous dit que c'est occupé ! Vous z'avez pas vu la lumière rouge ?)
Et on pourrait continuer comme ça longtemps... enfin pas forcément longtemps... mais ailleurs... parce que bizarrement il se passe des trucs un peu partout... Oui, un peu partout c'est la merde... Forcément depuis le temps que les politiques du monde entier se chient dessus face aux membres du PECUL « Pour une Economie Confiscatoire Universelle et Libérale ».

Et donc, ce jour-là, alors que Klorokine participait au Congrès des Herboristes à la porte de Versailles, il s'en trouve mis à la porte (pas la même) par le Président Macaron et ses adjoints, la mère Bouse et Olivier Vérole.
Impossible d'apporter sa contribution au débat. Expulsé d'un sonore « Raoust » (pour ceux qui sont curieux d'étymologie, le terme raoust est, en quelque sorte, une contraction entre le terme allemand « raous » et le français « ouste » ... toute la beauté de l'Europe. Et donc bien évidemment ça n'a aucun rapport avec le nom d'un médecin français qui vécut bien plus tard).

Du coup, vexé, Klorokine rentra chez lui, et fonda le COVID 19, terme qui est l'abréviation de COmmunisme Vraiment Internationaliste et Dangereux... et 19 parce que nous sommes en 1919. Et 2 jours plus tard, alors que le Congrès des herboristes avait décrété la mise en quarantaine de toutes les plantes dont les semences n'appartenaient pas à la société Bayer/Monsanto (oui, alors là aussi c'est un peu compliqué, du coup je n'en ai pas parlé... mais en fait c'est vachement important), il décide une scission du COVID 19 et lance le mouvement Plakénihiliste qui réclame la gratuité de la semence – et pas uniquement sur un plan sexuel...

Bon, après, ce n'est pas que je m'ennuie, ni que le sujet soit épuisé... mais si ça ne vous dérange pas, on reprendra ça plus tard... ou pas...

## Mercredi 12 Août – Ste Clarisse

Non, décidément, c'est tout sauf sérieux ce calendrier. Alors on te dit qu'aujourd'hui on fête Ste Clarisse et dès que tu te renseignes un peu, tu t'aperçois qu'en fait elle ne s'appelait pas du tout Clarisse mais Sigeberge. Bon, je veux bien admettre que si tu t'appelles Sigeberge tu ne vas pas forcément le crier sur les toits. Mais quand même...

Alors, pour vous expliquer (ben oui, du coup, j'ai voulu savoir alors autant que je vous en fasse profiter), Sigeberge serait devenue aveugle à force de verser des larmes sur la Passion du Christ* et donc on l'aurait surnommée Cécile (du latin caecilia – aveugle). Ce qui n'explique rien, on est bien d'accord.
Mais ensuite on attribue à son invocation et à ses reliques, des miracles dans la guérison des maladies de yeux et hop, on l'a aussi surnommée Claire ou Clarisse (du latin « clara » brillant – parce que du coup la vue revenait).

* Franchement, qui a frotté les pages du Nouveau Testament avec des morceaux d'oignon ? Ce n'est vraiment pas très chrétien. La dénonciation peut-être pas, non plus, mais il me semble bien que l'Eglise Catholique ne s'est pas toujours embarrassée de ce genre de considérations.

## Jeudi 13 Août – St Hippolyte

Alors certes, le prénom peut sembler original ou en tout cas peu usité mais pour le reste on est sur du très classique. St Hippolyte de Rome était un théologien super balèze, à tel point, qu'il a créé son propre courant (une sorte de socialiste avant l'heure) et fut le premier antipape (mais n'était pas un sous-pape, même au démarrage).
Et comme d'habitude il a été martyrisé mais, et là il faut bien reconnaitre que c'est quand même inhabituel, en même temps que Pontien qui était le pape officiel. Un peu comme si on guillotinait à la fois... non, là je vous laisse mettre des noms en fonction de votre sensibilité.
Sinon on fête aussi les Tikhon... mais ça s'écrit comme ça ; et les Vitalina, un prénom qui sonne très chaîne de magasins bio et dont je ne doute pas un instant qu'il revienne à la mode.
Mais l'événement vraiment intéressant aujourd'hui c'est la Journée Internationale des Gauchers qui existe depuis 1976.
Alors je vais en profiter pour vous citer quelques gauchers célèbres. Bon, pas dans les sportifs, parce qu'a priori, ça se voit. Mais dans d'autres domaines.
En musique :
David Bowie, Kurt Cobain, Iggy Pop, Jimi Hendrix, Paul McCartney, Johnny Rotten, Joe Strummer...
Autres gauchers célèbres :
Léonard De Vinci, Michel-Ange, Charlie Chaplin, Lewis Carroll, Stan Lee, Paul Verlaine...

## Vendredi 14 Août – St Evrard

Police :
En lisant un thriller politique je viens d'apprendre que la police secrète d'Arabie Saoudite s'appelle la Mahabith… ça fait toujours plaisir de savoir que Mahabith est puissante et dangereuse.

## Samedi 15 Août – Assomption / Ste Marie

C'est peut-être parce que c'est un jour férié et que j'en déduis que vous avez du temps pour faire la cuisine. Ou alors c'est en lien avec le fait qu'il s'agisse d'une fête religieuse et donc, ce sujet me semble tout à fait adéquat (quand on connait mon athéisme intégriste, revendiqué, assumé, proclamé et malheureusement pas remboursé par la Sécurité Sociale ce qui n'est, hélas, que l'un des innombrables scandales auquel il conviendrait de s'attaquer si on n'avait pas autre chose à faire). Toujours est-il qu'aujourd'hui j'ai décidé de vous proposer une recette de cuisine : la Tarte au Con.
Vous pouvez la faire aujourd'hui, mais vous pouvez aussi la réaliser à n'importe quel autre moment de l'année car l'un des gros avantages de la Tarte au Con, c'est que l'ingrédient principal est disponible toute l'année. Et pas de souci pour l'empreinte carbone. Pas besoin de transport en avion, en camion, ni de chambre réfrigérée, vu que tout est disponible sur place, où que vous soyez.
Alors certes la marchandise est abondante, car on est toujours le con de quelqu'un, mais si l'on veut vraiment de la qualité il faut bien choisir son fournisseur. Si vous cherchez la quantité, environ deux fois par semaine se tient le marché de gros (con ?), dans un lieu communément appelé « stade de football ». Alors effectivement vous aurez de la quantité, du gros con, du petit con, du con de ta race, du con de ta mère, du con de tes os… mais ça reste quand même, il faut bien le reconnaître, du second choix !
Personnellement, je ne conseille pas.

Non, si on fait la Tarte au Con pour la première fois, je préconiserais plutôt quelque chose de plus frais, de plus tendre : le jeune con. Vous en trouverez beaucoup, en soirée, dans les bars branchés, en train de dépenser l'argent de papa (qui lui, est sans doute un gros con – mais, pas de conclusion hâtive, certains jeunes cons s'étant faits eux-mêmes à la force du poignet – non, il n'y a pas d'allusion sexuelle) mais si vous voulez du jeune con de premier choix, le mieux est encore d'attendre à la sortie d'une école de commerce ou d'une prépa de l'ENA (quoi, Kedge j'ai dit ??).

Si vous êtes un vieux routier de la Tarte au Con, vous opterez sans nul doute pour le vieux con. On le rencontre souvent dans les files d'attente du supermarché le samedi (quand ça fait bien chier ceux qui n'ont pas d'autre moment pour faire les courses), en train de râler au guichet de la poste, de s'épancher dans le courrier des lecteurs de Télé 7 Jours, devant son écran en train de regarder Jean Pierre Pernaut avec l'œil qui brille (et même parfois une petite larme au coin d'icelui – et vlan, encore un archaïsme littéraire bien placé) … Bref… Vous n'aurez que l'embarras du choix (et pour le choix dans la date – vous irez voir Bigard au Stade de France, mais pas ici – c'est une maison sérieuse !!)

Mais si vous êtes comme moi et que vous aimez mettre les petits plats dans les grands et réussir Ze recette, alors, pas d'hésitation, ce qu'il vous faut… c'est le sale con ! Le vrai ! Le seul ! L'enfoiré de première, la pourriture incarnée, prétentieux et puant (le Munster de l'humanité) … c'est lui : le politicien !!
Si vous avez une permanence de parti pas loin de chez vous, c'est là que vous le trouverez (en période pré-électorale uniquement), mais vous pouvez aussi le faire venir en semant des petits cailloux ornés du signe BFMTV, TF1, ou tout autre « merdia » disposant d'un peu de notoriété. Si vraiment, par le fait d'une malchance incroyable vous n'en trouviez pas près de chez vous, vous pouvez le remplacer par un adhérent du MEDEF, mais bon, ça serait dommage (pas pour l'adhérent du MEDEF).
Maintenant que vous avez l'ingrédient principal de votre plat disposé devant vous, il ne reste plus qu'une chose à faire : LUI COLLER UNE TARTE !! Dans le métier, c'est ce qu'on appelle « le tour de main ». Après il y a deux écoles : ceux qui restent pour contempler leur œuvre et ceux qui partent très vite pour aller préparer un autre plat… C'est à vous de voir !
Allez, bon appétit !

P.S (Préparation Sucrée) : il existe une variante belge, connue sous le nom d'entartage, qui fait appel à de la crème fouettée délicatement posée sur une assiette en carton. Une recette perfectionnée par Noël Godin (dit Georges Le Gloupier). Qu'il soit ici remercié pour l'ensemble de son œuvre culinaire et tout particulièrement pour ses interventions sur le mari de la Castafiore !

P.S (Prolongation Sportive) : si vous aviez encore quelques amis fans de sport (au moins devant la télé), cette recette est idéale pour vous en débarrasser ... sauf... s'ils ont de l'humour... ou... s'ils apprécient le vôtre...

## Dimanche 16 Août – St Armel

« Quand je m'emmerde le dimanche, je fais des crêpes orange. » Ça sonne un peu comme un titre de film français qui aurait bénéficié de l'avance sur recettes, eu un article dithyrambique dans les Inrocks et que... forcément... je n'aurais pas aimé. Du coup, je ne l'ai pas réalisé et je n'ai même pas écrit le scénario... J'ai juste fait les crêpes... Oui, orange... Parce que la lune est bleue comme une orange... Ou alors, il me restait du colorant alimentaire orange... Difficile de choisir entre les deux explications : d'un côté, la poésie ; de l'autre, les restes au fond du garde-manger.
Sinon, pour faire croire que ça a un rapport avec le saint du jour, vous pouvez dire que sur les crêpes, vous versez du car-Armel... mais bon, c'est un peu tiré par les cheveux. Mais le point positif, c'est que des cheveux... j'en ai.

## Lundi 17 Août – St Hyacinthe

St Hyacinthe, à la base, il aurait dû avoir le 15 août. Il l'avait réservé. Il était mort ce jour-là. Il avait tout bon pour l'évangélisation, il avait même pris des points d'avance en faisant Suède, Danemark, Norvège, Ecosse, Asie Mineure et Grèce (je me demande même si ce n'est pas lui qui a inventé l'Eurovision). Pas un fainéant le Hyacinthe.
Il avait même pris des points en sport (pourtant normalement quand tu choisis Catholicisme, c'est en option) en soulevant une statue de la Vierge plus lourde que lui.
Et vas-y que je t'implante des couvents dominicains en Pologne et que je te fais des trucs en Lituanie (je ne sais pas trop quoi mais comme c'est le St patron de la Lituanie il a sûrement fait des trucs de dingue).
Bref, le parcours sans faute.
Mais tu vois, le calendrier, c'est comme pour les congés ou l'avancement dans certaines entreprises. Faut compter avec le favoritisme, le népotisme et compagnie.

Résultat, quand la mère du patron a demandé le 15 août, tout le monde a fermé sa gueule et c'est elle qui l'a eu.
Ah ben forcément, s'il n'avait pas été déjà mort, crois-moi que le Hyacinthe, il l'aurait eu mauvaise. Bon, comme il avait réservé et que St Pierre il ne te garde pas la chambre longtemps (oui, alors je ne sais pas si on a déjà pris la peine de vous expliquer comment ça se passe, mais St Pierre a les clés des chambres de l'Hôtel Paradis et chaque saint a une chambre en fonction de son jour – enfin, vous verrez bien quand vous y serez… ou pas), il fallait lui donner un truc pas trop loin. Trois jours maxi. A portée de résurrection.
C'est comme ça qu'il s'est retrouvé avec le 17 août.
Je vous donnerais bien une dernière info pour ceux qui connaissent mon lien (ténu) avec les animaux (chacun chez soi) et l'optimisme de manière générale : c'est la Journée Internationale du Chat Noir.

## Mardi 18 Août – Ste Hélène

En vérité, je n'ose pas vous le dire. Mais il semble bien qu'aujourd'hui on détienne le record des fêtes à souhaiter. Rien qu'avec Hélène et ses dérivés on avoisine les 60… et en plus il faut aussi rajouter Latiatia (comme disait J.P.S – John Player Special ?) et, là aussi… ses dérivés. Bref, ce n'est plus une éphéméride, c'est juste le jour où tu dois appeler le Bison Futé du calendrier pour remettre un peu d'ordre.
Vous me direz, déjà, avec ça, il y avait de quoi faire un joli paragraphe sans avoir besoin de dériver sur les déboires de Napoléon ni sur la Guerre de Troie (c'est bon, vous suivez).
Mais en fait, c'est encore plus compliqué qu'il n'y parait. Parce qu'en fait… Ste Hélène… c'est que du pipeau. Tout sa biographie a été réinventé par son fils Constantin 1$^{er}$ (empereur romain du début du IVème siècle). Oui, parce que ça n'était pas terrible pour un empereur d'avoir pour mère une servante d'auberge (traduire par prostituée qui recrutait dans les auberges) que son père, Constance Chlore (un nom à inventer le Covid 19), n'avait pas épousée en raison de la différence de condition sociale. Du coup, pour asseoir sa propre respectabilité, Constantin a un peu (beaucoup) enjolivé la réalité et « abracadabra », voilà une sainte.

Voilà et donc nous avons une religion qui te parle de vérité, de rédemption, de pardon, etc… et qui n'est même pas foutu de dire « ah oui, excusez-nous, mais on s'est trompé, on va mettre une autre sainte à la place ».
Si je vous dis que ça ne m'étonne même pas.
Et sinon, dans le lot, on fête aussi les Pénélope (on reste dans la guerre de Troie).

Par le plus grand des hasards (ou par la grâce de l'actualité politique), il se trouve que j'avais un petit truc ou deux à propos de Pénélope…

Heureux qui comme Fillon a fait un beau voyage
Aux quatre coins de France, espérant l'élection
Et puis quand Pénélope fit la première page
Est retourné chez lui, pour s'asseoir sur son fion…

- Quoi ? Quand je dis "François mets ton pardessus pour ne pas avoir froid à l'assemblée" c'est du travail d'attachée parlementaire ?
- Oui, madame.
- Par ma foi, il y a plus de 20 ans que je fais l'attachée parlementaire sans que je n'en susse rien, et je vous suis, cher palpimède, la plus obligée du monde de m'avoir appris cela…
Pénélope Jourdain … (figure aussi plus avant – mais ici, ça va également bien)

## Mercredi 19 Août – St Jean Eudes

Politique :
En politique c'est comme dans les jeux télévisés. Le plus important c'est l'immunité !

## Jeudi 20 Août – St Bernard

St Bernard de Clairveaux était un moine cistercien. Non, on ne va pas rentrer dans les détails mais en gros l'ordre cistercien est une branche des bénédictins qui, semble-t-il, ne devait pas abuser de la Bénédictine. Il recherchait l'amour du Christ par la mortification.
Autant dire qu'il n'avait aucun rapport avec Bernard Menez… si ce n'est le prénom.
C'était un conservateur. Et quand tu vois comme c'est pénible un conservateur aujourd'hui, je te laisse imaginer ce que ça pouvait donner au XIIème siècle. A part ça, il est mort en 1153 et a été déclaré Docteur de l'Eglise en 1830. Je trouve que c'est quand même un peu exagéré comme délai pour donner les résultats de l'examen. Heureusement qu'il n'attendait pas pour s'inscrire à ParcourSup.

Et du coup, le Saint Bernard, dans son tonneau, c'est de la Bénédictine ou pas ?

J'ai vu qu'on fêtait aussi les Bernez… une contraction de Bernard Menez ?

## Vendredi 21 Août – St Christophe

Là c'est trop facile, tout le monde le connait. C'est celui que tu accroches ou aimantes dans la voiture parce que c'est le St patron des voyageurs. Et ça marche ! On a plein de preuves.
Sauf pour le début… là… c'est un peu tiré par les cheveux (comme disait Dalida quand elle se retrouvait sans son…). Parce que St Christophe il aurait porté Jésus pour traverser une rivière… Mais il a vécu au IIIème siècle… et là… même si on dit qu'il a ressuscité tous les trois jours pour voir si Christophe arrivait… je crois qu'il se serait lassé… Même si tu débloques le jeu et que tu as des vies infinies… au bout d'un moment, ça ne t'amuse plus.
Mais pour le reste c'est vrai… le Christophe voyage.
En chanson : Tonton Cristobal (un dérivé) est revenu…
En sport : Christophe Dugarry voyageait beaucoup sur le terrain…
En bateau : Christophe Colomb s'est bien promené.
En chanson encore : Christophe qui appelait Aline pour qu'elle revienne…
En chanson toujours : Christophe Mahé… s'il pouvait partir loin…

Finalement le 21 août c'est plus sympa dans le calendrier républicain, parce que c'est le jour de l'escourgeon. Qui n'est pas un croisement entre une courge et un esturgeon (je demande quand même à voir) mais une céréale aussi appelée « orge à six rangs ». Elle est encore très présente en Ecosse où les grains, transformés en malt, sont utilisés pour fabriquer des bières à fermentation haute.

Il parait qu'à Marseille nous avons l'estrangeon, qui est une céréale qui pousse dans les alentours de la Place Estrangin et qui sert à fabriquer la Bière de la Plaine… Vérité biblique ? Exagération marseillaise ? J'hésite…

## Samedi 22 Août - St Fabrice

Non, quand je dis qu'un toilettage s'impose dans ce calendrier, ce n'est pas juste pour faire du mauvais esprit (et même si…). Aujourd'hui, par exemple, on pourrait se dire : « ah tiens, Fabrice, c'est un prénom courant, usuel, on va peut-être avoir droit à une vraie histoire, plutôt récente, avec quelques détails vérifiables (à défaut d'être véridiques) ».

Que nenni !

St Fabrice ? C'est « probablement » un martyr de Tolède du IIIème siècle. Et c'est tout ! Même si tu sors de Wikipedia pour aller sur des sites un peu plus pointus. Rien. C'est encore plus compliqué de trouver des éléments sur St Fabrice que de deviner le montant de la Valise RTL (celle-ci je n'en suis pas mécontent. Mais ça ne fonctionne que si vous savez que Fabrice présente la Valise RTL. Vous ne le saviez pas ? C'est ballot… faut écouter RTL Mme Michu ! Sinon ça ne sert à rien de s'inscrire pour qu'on vous appelle pour vous demander le montant de la valise, Mme Michu…)

Bon, c'est aussi la St Symphorien, mais comme c'est encore un martyr du IIème siècle et qu'on n'a pas tous les détails (est-ce qu'il a été écartelé, ébouillanté, écorché, crucifié, dans quel ordre ?) … On sait juste qu'il a été décapité.

Et qu'il avait un super-pouvoir. En tout cas, il en a eu un après sa mort. Tu peux invoquer St Symphorien et il viendra te délivrer si un insecte est entré dans ton œil. C'est super-rare comme super-pouvoir. Peut-être pas super-utile… mais bon, c'est Dieu qui choisit. Ou alors les trucs mieux étaient déjà pris… C'est possible aussi…

Et dans le calendrier républicain (oui, on y prend goût) c'est le jour du saumon. Avec ce qu'on lit sur les saumons d'élevage, je me dis qu'on devrait jumeler avec la Journée Internationale des Métaux Lourds.
D'ailleurs, je saute du coq à l'âne (non, je ne vais pas la refaire, cette vanne se trouve déjà à la page 125) mais ça me rappelle cette lettre d'un petit japonais au Père Noël pour demander la boîte du petit « Fukushimiste » … Il n'y a pas que l'eau qui est lourde, parfois…

## Dimanche 23 Août – Ste Rose

Franchement ? Même si Ste Rose de Lima est la première sainte du Nouveau Monde, la patronne des Philippines, du Pérou, et de la Police Nationale (là, j'avoue que c'est surprenant) du Pérou je vais éviter… parce que quelqu'un qui passe son temps en pénitences corporelles, jeûne, méditation et prière… ça me navre plus qu'autre chose.
Ça plombe l'ambiance !

## Lundi 24 Août – St Barthélémy

Bon, ce n'est pas pour dire du mal… mais le calendrier républicain, en fait, c'est aussi parfois du foutage de gueule. Aujourd'hui par exemple, c'est le jour du sucrion. Et le sucrion, qu'est-ce que c'est ? Ben, c'est l'estourgeon. Idem. Kif-kif. Pareil. Same player shoot again.
Alors il était où le problème ? Manque de céréales différentes pour faire tout un mois ? Je ne sais pas moi, soyez créatifs ! Créez de nouveaux produits ! D'accord Monsanto et Bayer n'étaient pas encore là pour inventer de nouvelles espèces, mais faites un effort !

Sinon, pour revenir au classique, nous avons Barthélémy, qui était un apôtre. Pas le plus connu, faut reconnaitre. Sans doute parce qu'il était plus manuel qu'intellectuel. Il n'a pas écrit d'évangile. Mais il a eu droit à la panoplie complète lui aussi, le déguisement du petit martyre, avec la croix, la noyade, la décapitation, le couteau à écorcher… non vraiment, il aurait mérité. Mais finalement on l'a un peu oublié. Sauf chez les bouchers. C'est le St patron des bouchers.
Du coup, pour la St Barthélémy, si ça se trouve, la date n'était pas choisie au hasard…

## Mardi 25 Août – St Louis

Parait qu'il rendait la justice sous un chêne.
D'aucuns disent qu'il la rendait comme un gland.
L'un ne va pas sans l'autre...
Oui, je fais court parce que des Louis on en trouve à tous les coins de calendrier.

## Mercredi 26 Août – Ste Natacha

Aujourd'hui c'est la journée mondiale du chien. Vous savez déjà ce que je pense du chat : que c'est un entraineur personnel aux rapports entre ouvrier et capitaliste, avec ton exploiteur directement dans la maison... Ben le chien c'est pareil mais en moins pire, parce qu'au moins tu peux penser qu'il t'aime un peu... et en plus pire, parce qu'il faut que tu le sortes !
Ste Natacha fut donc martyrisée au IIIème siècle... Il y a un truc avec le IIIème siècle ? Non, parce que j'ai vraiment l'impression que c'était une bonne période pour les Saints. Peut-être que c'est à cette époque qu'ils ont ouverts des écoles préparatoires pour Saints... des écuries... pour qu'ils réussissent bien dans la Religion ?
J'ai bien une autre hypothèse qui serait que, quand tu décides 1000 ans après de béatifier quelqu'un, alors qu'il n'existe aucun écrit réellement fiable relatant les faits (ben, quand tu lis certains récits, avec un peu de recul et un minimum d'honnêteté intellectuelle... tu peux nourrir certains doutes... qui te coûteront moins cher, quand même, que la bouffe du chien ou du chat dont nous parlions tout à l'heure) ... sans vraiment mentir... disons que tu fais un peu ce qui t'arrange...
Mais bref, Natacha, à la base, est un diminutif de Nathalie qui est devenu un prénom à part entière.

Quelques Natacha/Nathalie plus ou moins célèbres :

Natacha Amal : ben faut appeler un docteur…
Natacha Polony : avant je la trouvais plutôt à droite… et pas très sympa… maintenant elle me semble plus à gauche… et plus sympa. Un lien de cause à effet ?
Natacha St Pier ou St-Pier ou Saint Pier ou St Pierre : quelle que soit l'étiquette, ça reste de la soupe (de poisson ?)
Natacha hôtesse de l'air : sexy… mais ce n'est qu'un dessin.
Natacha Diran : vendeuse de fard à 10 balles (je vous laisse chercher).
Natacha Natachien : fille de parents farceurs, hélas malencontreusement décédés le jour où leur fille a gagné un fusil à canon scié à la Foire du Trône…
Nathalie Baye : actrice française qui a cru épouser un rocker.
Nathalie Delon : ex-épouse du pronom personnel IL…
Nathalie Emmanuel : actrice qui a percé… en commençant par son nez.
Nathalie Kosciusko-Morizet : est-ce qu'on peut dire du mal sans se faire taxer de sexisme ? Si la réponse est oui, je veux bien essayer.
Nathalie Loiseau : dépitée européenne… ben oui, à cause de sa deuxième place.
Nathalie Marquay : j'aurais bien dit du mal… mais surtout à cause de son mari.
Nathalie Normandeau : ministre québécoise devenue animatrice radio. Ça ne vous fait pas penser à Roselyne Cachalot ?
Nathalie Uher : actrice qui joua dans Emmanuelle 6, alors que Nathalie Emmanuel n'a pas joué dans Uher 6… pour l'excellente raison qu'Uher 6 n'existe pas.
Nathalie Ban : franchement, ce n'est pas très malin…
Nathalie Monade : vraiment n'importe quoi…
Nathalie Liput : C'est petit… voilà… c'est petit…
Nathalie : chanson très connue d'un prétentieux portant des cravates à pois…

## Jeudi 27 Août – Ste Monique

Non, là j'avais peur de déraper, alors j'ai préféré opter pour une illustration.

J'avais baptisé ça (c'est pour rester dans un contexte religieux) : anadiplose (ou presque) cinématographique.
Le « ou presque » n'étant pas de moi, mais tout à fait pertinent.

## Vendredi 28 Août – St Augustin

Musique ? Littérature ? Rayon crèmerie ?
Quand tu écoutes les paroles de certains morceaux de rap ou de R&B, tu as l'impression que les mecs/filles font du yaourt en français... alors qu'a priori... c'est leur langue. Barbelivien en ferait des loopings dans sa tombe... s'il était mort.

Ah ben non, il n'est pas mort, ça c'est sûr. J'ai écouté, par hasard, une radio respectueuse des fameux quotas l'autre jour, je suis tombé sur des échappés d'une Star Ac quelconque et je peux te garantir que, vu le niveau… il est toujours sur la brèche… Ou alors il a ouvert une Master Class !! Pour que ses élèves reprennent le flambeau…
Ou pire, un savant fou a volé de l'ADN de Barbelivien, de Calogero et d'Obispo et a injecté le mélange dans une créature fabriquée avec le cadavre de… non, je vais arrêter là… parce que je sens bien que je vais encore me faire engueuler…

## Samedi 29 Août - Ste Sabine

Oui, vous savez comment je suis. Quand je trouve quelque chose qui m'amuse, j'ai tendance à m'en servir plusieurs fois. Certains appellent ça le comique de répétition, d'autres une bonne idée… mais les plus nombreux disent « Encore ? ».
Mais vous connaissez ma réponse à ce genre de réflexion… c'est… c'est… « Je m'en fous » et voilà encore une bonne réponse de la dame avec le chapeau violet… mauve ? Si vous voulez !
Donc, aujourd'hui, dans le calendrier républicain c'est la journée du fenouil. J'aime bien le fenouil. Oui, il y en a dans le pastis mais ce n'est pas uniquement pour cette raison (même si c'est déjà une bonne raison). Et en Argentine c'est la journée des Avocats. Alors si vous vous dites : « mais qu'est-ce que je pourrais bien préparer qui soit vraiment un plat de saison ? ». L'entrée du jour ! Une petite salade avocat/fenouil.
La santé ? Oh oui, c'est sûrement bon pour la santé… Ah pardon, la Sainte ? C'est Ste Sabine vous croyez qu'on a le temps d'en dire un mot ?
Bon en plus, honnêtement, même si j'ai connu des Sabine sympa, celle-ci, sans dire qu'elle a usurpé son titre… elle n'a pas non plus fait grand-chose. Non, comme c'était la coutume, elle a effectivement été martyrisée, mais pas pour des trucs extraordinaires. Juste parce qu'elle avait enterré sa servante, qui elle, en revanche, avait été persécutée. Non, je veux bien reconnaitre que ça ne méritait pas ça…

Mais sans doute pas d'en faire une sainte non plus. Et puis, vous allez peut-être dire que je remets souvent ça sur le tapis, mais enfin, c'est la patronne qui a eu la médaille en chocolat, pas la servante.
Sinon, au rayon fantaisie militaire, langues de belle-mère et feux d'artifice en dehors des dates autorisées, c'est aujourd'hui la Journée Internationale contre les Essais Nucléaires. Réussis ou ratés, ce n'est pas précisé.
Hiroshima mon amour !
Ou la version civile : Fukushima mon amour !

## Dimanche 30 Août – St Fiacre

C'est là que tu vois que les mecs (oui, parce que, et je n'ai peut-être pas assez évoqué ce problème, ils sont quand même très macho dans l'Eglise) qui bossent dans le service du Calendrier soit, ils n'osent pas prendre d'initiative (un peu comme quand tu dis à un Enarque que maintenant il va devenir responsable de ses erreurs), soit ils sont passés au 32 heures (par an), soit... ben, je ne sais pas mais en tout cas ils ont vraiment un problème avec les mises à jour.
On en est encore à St Fiacre... Non mais les boulets...
Comme si la Terre s'était arrêtée de tourner depuis des Siècles. Bon en même temps, à leur décharge (non, s'il vous plait, pas d'allusions, ça va encore me retomber dessus), la Terre ronde, qui tourne, à la base, ce n'est pas vraiment l'option qu'ils préféraient. « La terre est rouge comme une pizza. » Chacun sa poésie...
On devrait avoir St Hélicoptère, Ste Voiture, St Avion, St Paquebot, Ste Trottinette, St Scooter... Et les voitures, c'est un peu comme les papes... elles ont des numéros : Renault 14, Peugeot 203...
En plus, St Fiacre, franchement... famille riche, frère qui devient roi... et lui... il soigne en ramassant des plantes... Un St RikaZaraï irlandais (mais pour les bains de St Siège, je ne suis pas certain). Bref, comme souvent, le délit de favoritisme n'est pas loin... Je ne suis finalement pas surpris que le népotisme ne soit ni dans les péchés capitaux, ni dans les 10 Commandements.

Et c'est la Journée Internationale des Victimes de Disparition Forcée. Autant je suis le premier (ou le second, parfois je ne suis pas très en forme) à dire que c'est important d'être précis... autant des « Victimes de Disparition Volontaire » ... je ne vois pas trop comment ce serait possible.

## Lundi 31 Août – St Aristide

Non, je ne ferai pas cette vanne pourrie et attendue sur Aristide Bruyant (il jouait du djembé ?). J'ai le respect du lecteur ! Et puis il y a plein de sujets plus intéressants. Même dans les prénoms. Par exemple, on fête aussi les Baruch. Vous connaissiez ce prénom. Bon, a priori, il est très connu mais uniquement si tu t'intéresses à la religion : « le livre de Baruch est le nom d'un livre deutérocanonique de la Bible, attribué à Baruch ben Neria ». Deux fois dans la même phrase !
Non, je ne vais pas vous expliquer ça parce que je me suis contenté de recopier la phrase dans Wikipedia. Deutérocanonique !
Mais je connais quand même un « Baruch ». Car il se trouve que je suis un fan des feuilletonistes français en général et de Gustave Le Rouge en particulier. Et dans le Mystérieux Docteur Cornelius on croise le personnage de Baruch Jorgell.
Dans les journées internationales j'ai noté celle-ci que j'ai bien aimé : la Malaisie commémore le 31 août l'indépendance au sein du Commonwealth... Un peu comme si les Corses ou les Bretons fêtaient l'indépendance au sein de la France.
Et c'est la journée du Blog... Techniquement, je ne sais pas trop comment ça se traduit, mais, ayant longtemps alimenté des blogs, j'aime bien l'idée.

## Mardi 1$^{er}$ Septembre – St Gilles

Pour ceux qui suivent, j'ai évoqué plus avant, le phénomène des « private jokes » et là il se trouve que c'est la St Gilles et que, fort à

propos, j'avais écrit un texte qui se voulait amusant à propos d'un ami prénommé Gilles.
Il est d'usage d'anonymiser les noms dans certains récits pour éviter que l'on ne reconnaisse des personnes qui pourraient s'estimer lésées, génées, ou pire… mais si je faisais ça… ça ne voudrait plus rien dire. En plus, Gilles l'a déjà lu donc il n'y pas de problème.

**Les consultations du Docteur Kino : la borgognite**
**(étude comportementale s'adressant essentiellement à mes amis FB ou marseillais, les autres ne connaissant peut-être pas les personnes dont nous allons parler… encore que)**

Aujourd'hui, nous allons aborder un comportement que je qualifierai de « trouble » - car il est encore trop tôt pour parler de maladie, l'ensemble des essais cliniques n'étant pas effectués - qui, semble-t-il, se répand sur Facebook comme une traînée de poudre sous la paille d'un Keith Richards, encore jeune...
Je veux parler de la Borgognite !!

**1. Étymologie**
Même si le mot est récent, son origine demeure toutefois relativement incertaine. Pour certains il viendrait d'un dialecte latin du IIIème siècle où l'on rencontrait le mot « Bougogno » qui voulait dire « celui qui bougonne ». Mais d'autres sources évoquent le nom de « Bô Grognok », un navigateur viking dont on disait qu'il avait certes, une certaine prestance (Bô) mais était quand même souvent de fort méchante humeur, voire grognon (Grognok).

**2. Les symptômes**
La borgognite se manifeste sous la forme, essentiellement, d'un emballement littéraire, d'une vitupérance verbale, d'un déferlement linguistique relativement agressif (ben non, pas trop, parfois ça mérite, franchement !) sur des sujets de sociétés très pointus, comme : « C'est des voleurs », « Ce sont de gros enculés de leur race », « Qu'ils crèvent tous ces politicards de merde » ... la liste n'étant évidemment pas exhaustive. La borgognite se manifeste, en principe, plusieurs fois

par jour quand vous vous connectez sur Facebook. Les effets de la borgognite pour l'instant semblent géographiquement circonscrits à la région marseillaise... mais celle-ci se propageant selon une méthode originale (l'amitié Facebook, qui pour être virtuelle, n'en est pas moins efficace) il est à craindre que d'autres localités soient bientôt atteintes.

Il faut aussi signaler qu'il existe, d'ores et déjà, une variante de cette affection que l'on désigne sous le terme de « Iaconite ». Les vecteurs de propagation sont les mêmes (et souvent les personnes touchées, aussi) mais il y a tout de même une différence essentielle entre les deux. Là où la borgognite se manifeste dans un contexte plutôt oppressant (Salauds de riches !), la iaconite (aussi appelée Jeanmimite) elle, se situe plutôt dans un contexte euphorisant qui semble intimement lié à l'apparition de shorts en jean, de chapeaux de cow-boys et de certaines formes de musique rurale. Pour faire simple (des fois qu'une partie du public de Jul se serait égarée par ici) : la borgognite serait plus sombre et la jeanmimite plus gaie...

En fait, pour être vraiment complet sur le sujet, il faudrait aussi évoquer une variante de la borgognite, qu'à titre personnel je qualifie de variante « déiste », et qui semble fonctionner un peu comme un contrepoids à la borgognite originelle. Là, en effet, plus question de noirceur, d'anxiété (sauf en période de R.I.P.isme aiguë), que du bonheur, dans l'allégresse, l'exagération toute méridionale, le polythéisme musical et la youtuberie anglo-saxonne... Mais ne vous y méprenez pas... Cette forme est tout aussi dangereuse !!

### 3. Les traitements
Bon là, il faut bien reconnaître que nous sommes loin de pouvoir proposer un protocole efficace. Tout au plus, puis-je vous signaler quelques pistes envisageables...
Et d'abord, l'automédication. Il est important de constater que les deux principaux sujets atteints (un certain Gilles et un certain Jean Michel) ont tous deux opté pour un traitement à base d'achat de disques en quantité déraisonnable, essentiellement dans la langue de

Shakespeare (mais après Shinspeare sinon je manque d'air). Des résultats ?? Euh... comment dire, ça reste de l'automédication, hein !... Voilà, voilà...

Sinon, il semble opportun de signaler une expérience pilote qui certes, s'attaque peut-être un peu plus aux effets qu'aux causes, et qui est menée actuellement par l'équipe des professeurs Starsky et Hutch (ou par leur assistant* – un type qui travaillerait en sous-main dans la plomberie... une histoire de tuyaux – ça m'a quand même l'air louche tout ça) et qui consiste à intervenir le plus tôt possible (dès l'apparition du post symptomatique, en fait) et à prononcer la phrase magique : « Gilles, calme-toi ! » ou « Jean-Mi calme-toi ! » ... Oui, ben la médecine a encore des progrès à faire...

Avec mes sincères remerciements à **Gilles Borgogno** et **Jean Mi Iacono** pour l'ensemble de leur œuvre !!

* D'autant plus louche que depuis que j'ai écrit ce texte il a changé de pseudo et opté pour un autre évoquant plus la banlieue rouge marseillaise que la délinquance soft seventies et télévisuelle. Un indice ? Il se promène souvent sur Longfield Avenue.

## Mercredi 2 Septembre – Ste Ingrid

« Et surtout, Ingrid, est-ce que tu baises ? »
Quelqu'un pour ramener le jobard à lunettes sur le plateau de « Tournez Ménages » ? Non, mais d'accord, ce n'est pas facile parce que les autres non plus on ne peut pas les laisser tout seuls... mais surveillez vos candidats ! Après il vient ici, il écrit des saloperies et c'est moi qui vais me faire engueuler.
Non, sur le fond, me faire engueuler, il y a peu de chances que ça me perturbe réellement... ouais, c'est ça... l'habitude... mais quand ça n'est pas ma faute c'est un peu plus difficile à avaler.
Non, on n'est pas fâchés... mais maintenant vous le ramenez avant qu'on le soit.

## Jeudi 3 Septembre – St Grégoire

Pas de Journée Internationale.
Un jour de calendrier républicain avec une plante à la con (vous connaissez la cardère ?).
Des fêtes de pays sans intérêt (Qatar, Saint Marin).
Des anniversaires de naissance ou de décès d'illustres inconnus.
Un saint qui fut pape (pour changer) et à qui on doit le chant grégorien sans qu'il n'y soit pour rien. C'est un grand classique dans la religion catholique d'attribuer après coup à certains des mérites qui ne sont pas les leurs. C'est plus généralement, d'ailleurs, la mort qui confère à certains des qualités ou des mérites qu'on était bien en peine de leur trouver de leur vivant.
Bref, aujourd'hui c'est le jour du « Vivement demain » que j'ai enfin quelque chose d'intéressant à dire.

## Vendredi 4 Septembre – Ste Rosalie

Forcément, vous vous dites que je vais bien, à un moment, profiter de l'occasion pour glisser un mot sur mes projets musicaux, mon nouveau groupe, les morceaux que vous pouvez écouter sur la Toile... bref, me faire un peu de publicité gratuite.
Eh bien non ! Je ne mange pas de ce pain là (en fait je ne mange quasiment plus de pain pour tout vous dire, sauf au resto quand il est bon, ou alors pour tremper dans la sauce, mais je ne mange quasiment plus de plats en sauce).
Donc je ne vous dirai rien sur mes réalisations en solo (z'avez qu'à chercher si ça vous intéresse) et rien non plus sur mon nouveau groupe, même pas son nom, ni avec qui je joue, ni ce qu'on a prévu, ni le genre musical, ni rien...
Voilà... Il fallait que ce soit dit ! Ou pas...

## Samedi 5 Septembre – Ste Raïssa

Je sens bien que c'est le bon moment pour une nouvelle anadiplose (ou presque) cinématographique...

## Dimanche 6 Septembre – St Bertrand

Le Saint du jour est régional : St Bertrand de Garrigues (parce qu'il était de Garrigues, dans le Gard). En soi, ce n'est pas très important (ça reste un croyant, voire pire, un éleveur de croyants) mais ça m'incite à me poser la question : y a-t-il un rapport entre ce personnage et la fameuse maxime provençale : fais du bien à Bertrand, il te le rend en caguant (derrière l'église) ?
En Belgique c'est légèrement différent. Là-bas, ils fêtent St Plastic Bertrand, l'inventeur de la messe en play-back et auteur d'une version légèrement

hallucinée des évangiles où un Jésus moderne, vêtu de plastique rose, plane au-dessus de la Terre et trouve qu'elle est toute petite, toute petite la planète.
Faut dire aussi que la bière de messe c'est autre chose que le vin coupé d'eau qu'on trouve par chez nous. Ce qui permet aussi d'adapter quelque peu les cérémonies religieuses aux circonstances.
Par exemple pour les cérémonies funéraires, vous avez la messe « Mort Subite », pour faire baptiser votre nouvelle voiture (oui, les belges ont su aller vers les désirs du consommateur) vous pouvez choisir la messe « Kriek » (je veux bien admettre que celle-ci est très mauvaise – et pas très optimiste), pour le mariage (si vous pensez que ça finira par un divorce et êtes, en plus, affreusement machiste) la messe « Gueuse »… et quand ça ne va pas bien partout dans le monde, bref, quand ce n'est pas le pied… la messe « IPA » (respectez la prononciation sinon c'est encore plus nul qu'il n'y parait).

## Lundi 7 Septembre – Ste Reine

Au début, elle était ronde. Mais ça ne leur convenait pas. Il a fallu écraser, étaler, araser, aplanir, en faire un truc plat parce qu'ils avaient décidé que c'était plat et que, comme ils le pensaient, c'était forcément vrai. C'est sans doute un peu plus subtil que ça. En fait, faire croire que tu détiens la connaissance te permet d'imposer ton opinion sur tous les sujets… y compris ceux auxquels tu ne comprends rien.
Bref, elle était plate.
Mais on savait bien que c'était faux. Alors les guerres ont commencé et tout a été recouvert d'un rouge sang. Puis il a fallu reconstruire par petits bouts, par petits clans, des roses ici, des beiges là, tout mélangé, un peu partout et on recouvre d'une couche d'innocence, bien blanche – mais pas du tout voyons, il ne s'est rien passé – et on laisse quelques petits trucs noirs disséminés… pour surveiller… la cuisson !!
C'est la Sainte Pizza…
La Sainte Reine. Avec sa pâte fine, aplatie, sa couche de sauce tomate, des morceaux de jambon, de champignon, on saupoudre de fromage, quelques olives noires… et au four !
La vie quoi…

# Mardi 8 Septembre – St Adrien

Pourquoi aujourd'hui ?
Parce que je n'avais pas d'idée pour la St Adrien ? Ça pourrait être une bonne réponse.
Parce qu'on est presqu'à la fin de cet ouvrage et que vous n'avez toujours pas eu votre cadeau ? Remarquez, je ne sais pas d'où vous sortez que j'avais prévu un cadeau mais moi, je ne m'en souviens pas.
Parce que je n'avais pas encore abordé le sujet des ZFU, de l'impunité des élus, des voleurs qui nous gouvernent, de l'hypocrisie du vote ? Un peu quand même, non ?
Ou alors, tout simplement parce qu'on fête aussi la Nativité de Notre Dame (même si ce n'est pas un prénom – enfin j'espère) et qu'à Marseille... Notre Dame de La Garde... La Garde en deux mots...
Et parce que ça peut toujours servir.
Les attestations, ces derniers mois, ça fonctionnait pas mal.

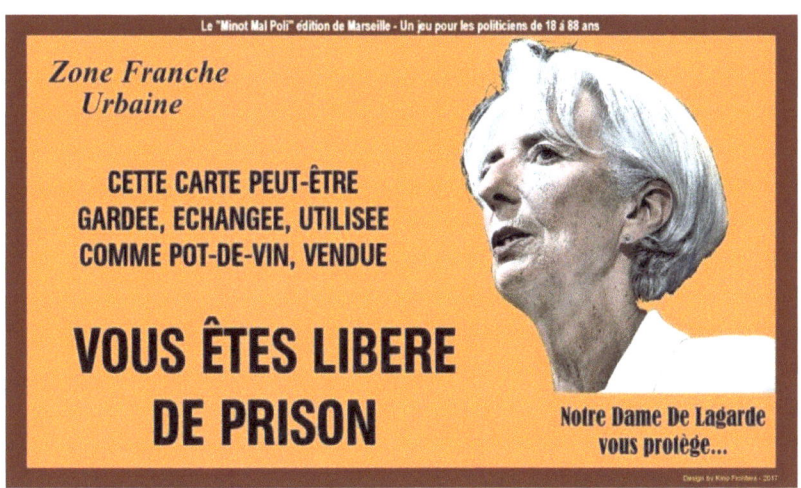

## Mercredi 9 Septembre – St Alain

YyyyyEeeeeSSSSSSSSSSSSS !!!!
Ben non, vous pensez bien que ce cri de joie n'est pas provoqué par la St Alain. Ou alors quelqu'un d'autre a crié pour des raisons qui dépassent mon entendement. Non, c'est le jour attendu, guetté, épié, chéri, adoré, loué, ovationné, espéré, désiré, souhaité, idolâtré, vénéré, et ce, chaque jour que Je fais (oui, il est temps de révéler la Vérité) par l'immense, le bien nommé, le truculent, l'assoiffé, l'heureux, l'enthousiaste, le courageux, l'opiniâtre, l'admirable, l'homérique, le gargantuesque, le disert, l'élégant, le colérique (aussi), le pointilleux, le susceptible (parfois), l'élégiaque (ça peut arriver), le bouillonnant, l'effervescent Alambic Dieudonné Corydon Talon : Papa Talon (son Pôpa à lui).
Car la République ce n'est pas juste guillotiner des nobles, puis guillotiner des bourgeois (hélas certaines traditions se perdent – je me demande si je n'ai pas finalement un petit côté conservateur... mais ciblé... juste pour la guillotine, en fait), puis transformer les nobles restant en bourgeois et vice-versa. C'est aussi le calendrier républicain.
Et aujourd'hui... c'est le jour du HOUBLON !!!
C'est peut-être un détail pour vous... mais pour ceux qui en boivent beaucoup...
D'ailleurs, quand on y pense, je ne sais si on peut (ou doit) faire un lien, mais le St Alain du jour (St Alain de la Roche) était breton... Non, d'accord, ce n'est pas obligatoire, mais après il est allé à Lille, puis aux Pays Bas... autant de lieux réputés pour l'abstinence...
Et puis bon, il a vu apparaitre plusieurs fois la Vierge, alors ne me dites pas qu'il a réussi ça à jeun.
Sinon, je n'irai pas jusqu'à dire que c'est amusant (je dis bien assez de conneries comme ça) mais la coïncidence est troublante : c'est aussi la Journée Mondiale de sensibilisation au syndrome d'alcoolisation fœtale.

Je ne suis pas publiciste mais je trouve l'intitulé un peu mouligas. Moi, j'aurais appelé ça la Journée Mondiale du « quand les parents boivent, les enfants trinquent ».
Plus direct !

Je crois que le jour s'y prête. Quelques Alain célèbres (ou pas loin de l'être) :
Alain Delon : forme scripturale développée du pronom personnel « Il ».
Alain Afflelou : normalement voir double c'est plutôt un signe d'ébriété.
Alain Barrière : inventeur de la chanson de geste
Alain De Greef : enculer une mouche… rigolo… esprit canal…
Alain Decaux : les histoires de l'Oncle Paul qui aurait changé de prénom.
Alain Ducasse : cuisinier qui a choisi l'assaisonnement monégasque… plus léger.
Alain Duhamel : membre de l'Académie des sciences morales et politiques. Toujours en train de trouver des trucs pour nous faire rire. Sacré Alain !
Alain Finkielkraut : écrivez ce que vous voulez, moi, il me fatigue.
Alain Juppé : après le responsable mais pas coupable c'est l'heure du coupable devenu juge.
Alain Madelin : homme politique se situant juste à la frontière entre la droite extrême et l'extrême droite.
Alain Maneval : PO-GO.
Alain Robbe-Grillet : tu prends un film de cul, tu rajoutes des dialogues idiots… et c'est de l'art ! Bienvenue dans les 60/70s.
Alain Soral : on peut tout à fait préférer sa sœur.
Alain Souchon : Laurent Voulzy sans les lunettes.
Alain Terrieur : personnage interprété par Michel Modo dans « Pétrole, pétrole », avec aussi Catherine Alric, qui, comme je le disais quelque part ailleurs dans cet ouvrage, est une sorte de Catherine Deneuve… en mieux.
Alain Z. Kahn : vu pour la dernière fois un jour de 1990 dans une station de métro… pour le reste… écoutez…

## Jeudi 10 Septembre - Ste Ines

Très chère Cathy,
Je suis persuadé que tu comprendras que ceci n'est en rien dirigé contre le très joli prénom que tu as choisi pour ta fille, qui est évidemment très jolie elle aussi, puisqu'elle ressemble beaucoup à sa mère.
Mais il m'est difficile, alors que je passe mon temps à dénoncer les privilèges, le favoritisme, et tout un tas d'autres travers (il n'y a quasiment que les travers de porc qui échappent à mes critiques acerbes et acroates), d'éviter d'évoquer certains prénoms au motif que je connais des personnes qui les portent. On m'en tiendrait rigueur et ce ne serait que justice.
Donc aujourd'hui c'est la Ste Ines.
Je ferai bref car, après tout, il m'arrive aussi de faire plus court certaines fois mais au moins, l'honneur sera sauf.
Et puis, franchement, il n'y a pas grand-chose à dire.
Sauf peut-être qu'Ines, et cela peut surprendre, était japonaise. Moi je n'aurais pas misé 10 balles sur ça, comme quoi...
Et qu'elle a bénéficié d'une promo groupée puisqu'elle a été béatifiée en même temps que 51 autres martyrs japonais.
Après, pourquoi a-t-on retenu son nom plutôt que les autres ?
Peut-être la facilité... 4 lettres... une consonnance relativement habituelle... mais bon, je ne vais pas m'avancer sur ce terrain.

## Vendredi 11 Septembre - St Adelphe

Faut être honnête, le 11 septembre, ce n'est pas vraiment la bonne date si tu veux qu'on se souvienne de toi. Avant, je ne dis pas, mais maintenant... C'est un peu plus compliqué.
Surtout que St Adelphe... abbé d'un monastère au VIIème siècle... ça fait peu... Déjà, il a fallu attendre 1000 ans pour que quelqu'un ait l'idée de faire une tapisserie qui retrace sa vie... Non je crois que le mieux c'est de ne pas trop s'y attarder.

Surtout qu'on a des infos vachement plus intéressantes par ailleurs. Le calendrier républicain, par exemple. C'est la journée de l'écrevisse. Bon d'accord ce n'est pas top. Mais bon c'est difficile...
Ah si, j'ai un truc un peu plus sympa. C'est le premier jour de l'année dans les calendriers coptes et éthiopiens.
On se dit quoi alors ? Bonne année ??

## Samedi 12 Septembre - St Apollinaire

Juste un aparté. Je ne sais pas comment il faut interpréter ça, car j'ai vraiment l'impression que c'est plutôt exceptionnel. De la prévoyance ? De la divination ? Un précog* dans les services du calendrier ?
En tout cas, l'Adelphe d'hier, on le fête aussi aujourd'hui. Avouez que, quand même... Bon on a aussi Apollinaire, mais n'empêche... comme s'ils avaient su à l'avance que le 11 septembre... ça n'était pas un bon jour.
Vous me direz pour Apollinaire, le 12 ce n'était pas un bon jour non plus puisqu'il fut brulé vif par les shoguns.
Ce serait bien, pour une fois, de fêter une histoire qui finit bien. Bon, là je crois que ce n'est pas encore pour cette année vu qu'il ne reste plus que sept jours et je suis en vacances (ben oui, le bouquin sera fini).
Bon sinon, c'est la Journée des Nations Unis pour la coopération Sud-Sud et là... j'avoue que je ne comprends pas.
Sud-Nord, pourquoi pas. Est-Ouest, admettons. Ou même panaché... mais Sud-Sud ?? Mystère.
*cf. Ubik et Minority Report

## Dimanche 13 Septembre - St Aimé

J'ai droit à un joker ?
Joker !
Non parce que celui-ci je ne le sens pas trop. C'est comme ça, il y a des mots... ce n'est pas le moment... ou pas pour toi.

On fête aussi les Jean-Chrysostome. Chrysostome veut dire « à la bouche d'or ». Quand tu penses que c'est le vrai prénom de Carlos (Oasis, oasis, oh, oasis, oasis, ah) !
Et dans le calendrier républicain c'est le jour de la verge d'or.
Non, ce n'est décidément pas un jour pour moi.

## Lundi 14 Septembre – St Lubin

Arsène ? Oh, ça va on peut rigoler !
Et faudra bien parce qu'avec Lubin on n'a pas grand-chose. Ben, vous savez comme c'est (où vous devriez, si vous êtes parvenus jusqu'à cette page). Là, on nous dit qu'il a sauvé Paris d'un incendie par ses prières. Au VIème siècle. Donc déjà l'article dans le journal, le rapport de police, le constat d'huissier, l'interview sur BFM, tout ça, tu oublies. Les photos ? Nada !
Vous y croyez (bon, en même temps, ça reste quand même le principe de base) ? Non, au mieux, si vraiment tu veux te dire que l'histoire n'est pas totalement inventée, tu peux penser qu'il a fait la danse de la pluie. Lubin-Geronimo de la tribu des Apachanbal (non, là c'est juste une tentative d'humour avec le mot Apache et l'idée que les curés sont en toujours en train de faire la quête – et avec un défaut de prononciation – mais je reconnais que j'aurais pu m'en dispenser).
Et sinon, dans la série des foutages de gueule, on fête la Sainte Croix, dont tu peux trouver, disséminés un peu partout dans les différents espaces communication de la Chrétienté, des petits morceaux (reliques) en quantité suffisante pour fabriquer 23 armoires normandes Ikea. Je me demande même s'il n'y en avait pas de vrais morceaux dans Pif Gadget ?

## Mardi 15 Septembre – St Roland

C'est vrai que si j'arrivais à dire un truc intelligent pour la St Roland (tiens, ça rime), ça m'ôterait une épine du pied... ou un cor... au pied... ou à Roncevaux...

Mais parfois, ça ne vient pas. Quand c'est comme ça, je parle d'autre chose. Mais, a priori, je ne vous apprends rien, vous avez constaté cela au fil des pages. Et là, franchement, Roland qui fait l'ermite pendant 26 ans, sans parler (d'accord c'était un homme, mais quand même – c'était la minute sexiste – et en plus s'il y a bien quelqu'un qui est mal placé...) et vêtu d'une peau de chèvre...

Et puis c'est le jour du marron (calendrier républicain) et en même temps la Journée Internationale de la Démocratie. Qu'est-ce à dire ? Que la démocratie s'obtient par la distribution de marrons (sens figuré) ou que si on croit à la démocratie on est toujours marron (sens figuré mais pas le même). Bref, on est vraiment dans un truc de couleur marron.

## Mercredi 16 Septembre – Ste Edith

Je sens bien que vous piaffez d'impatience en vous disant que forcément je vais sauter dessus à pieds joints. Gagné ! Mais j'en profite pour vous signaler que si, tout naturellement, vous pensez que cette expression fait référence à l'oiseau, le piaf, qui sautille, vous vous trompez. Ça vient du vocabulaire équestre et fait référence aux chevaux qui piaffent (lèvent les jambes haut et tapent sur le sol).
Vous voyez, vous n'êtes pas arrivé jusqu'ici pour rien (ou pas).
Bon alors, Ste Edith ! On en a deux. Ste Edith d'Ailesbury. Je ne sais pas quand elle est née, quand elle est morte, ni ce qu'elle a fait (rien trouvé à part son nom... pas trop cherché non plus, mais bon, je ne suis pas archéologue du calendrier, non plus). Mais nul doute que ce devait être super important pour qu'on s'en souvienne si nettement.
Et Ste Edith de Wilton. Fille d'Edgard, roi des Angles (ça aide pour les arrondir). Voilà, comme d'habitude...
Népotisme oui, oui
Religion non, non...

## Jeudi 17 Septembre – St Renaud

L'approximation n'est pas vraiment un problème. Un truc qui en entraîne un autre, non plus. Et pareil pour le saut du coq à l'âne (sur lequel je ne reviendrai pas plus longuement, ayant déjà mentionné cette vanne à plusieurs reprises dans cet ouvrage, et un plus grand nombre de fois encore à l'oral).

Donc Renaud, ça sonne comme Renault, et dans la foulée, je peux vous raconter une histoire de voiture. Ce qui est assez finement joué de ma part puisque cette histoire est déjà écrite, il me manquait juste un endroit pour la caser. Je vais sans doute me répéter là aussi, mais c'est ma participation à la démarche écologique : le recyclage des écrits.

Donc, pour ceux qui ne seraient pas au courant, pour tout ce qui est bricolage, électricité, plomberie, mécanique, menuiserie... je suis une quiche. Cela étant dit, je vous ai déjà raconté une histoire de livraison homérique il y a quelques mois (car si la **SNCF** c'est possible... la **Poste**... NON !!). Et je ne vais pas vous refaire le même coup en changeant juste le nom du transporteur. En plus, vous avez tous eu des expériences désastreuses avec des transporteurs, ça ne vous apprendrait rien que vous ne sachiez déjà. Tout au plus, cela vous permettrait pendant quelques instants de vous réjouir un peu du malheur des autres. Ce qui, après tout, reste un petit plaisir certes inavouable... mais quand même bien agréable. Là, vous commencez à vous dire : « et quel rapport avec la première phrase sur ses inaptitudes diverses et variées pour tout (ou presque) ce qui est manuel ? ». Eh bien figurez-vous que j'y viens.

Donc, en mécanique, je n'y comprends rien, mais, quand rien ne se passe quand je tourne la clé (oui, j'ai encore un véhicule avec une clé qui rentre dans un petit trou – un reste de désir fantasmé, sans doute) je me dis que ma batterie doit être à plat. Bien évidemment, je n'ai pas de chargeur et, avec la chance que j'ai dans ce genre de domaines, si j'allais acheter un chargeur, cela me permettrait inévitablement de constater que ma batterie est bien morte et que je viens d'acheter un chargeur pour rien. En plus, cette batterie est assez âgée pour que sa mort puisse être considéré comme naturelle, même si j'ai souvent tendance à voir l'influence des services secrets russes dans bon nombre d'événements.

Donc (vous avez remarqué, les trois paragraphes commencent par « donc »), comme j'étais en vacances et que je n'avais pas un besoin impérieux du véhicule, pas une folle envie d'aller voir un garagiste qui me dirait qu'il ne pouvait pas se déplacer, ou m'apercevoir que comme moi, il était en congé, pas envie d'avoir à lui dire « non, je n'ai pas essayé de recharger la batterie », je me suis dit : vu que ça fonctionne bien pour les livres, les fringues, la musique, etc… pourquoi ne pas commander cette batterie sur internet ??

Et c'est là que l'aventure commence. S'il vous arrive d'écouter **RMC** (si, dans les embouteillages, ça peut arriver – même si la bande d'experts footballistiques qui y traine te laisse penser que c'est football ou passage en seconde section de maternelle, mais pas les deux) il y a une pub à laquelle, et ce depuis des années, vous ne pouvez échapper : c'est Oscaro.com, le site de la pièce auto. Et, naturellement, sous l'effet du bourrage de crâne publicitaire (cf. temps de cerveau disponible d'un directeur de TF1 qui ne gagnait rien à être connu… mais pour autant, gagnait bien sa vie en vendant de la merde – il n'y a pas de « seau » (de merde ?) métier), je me suis connecté sur **Oscaro**. Et effectivement, j'ai bien trouvé les 4 batteries qui devaient correspondre à mon véhicule, elles semblaient toutes disponibles, je pouvais choisir et, moyennant un petit supplément (guacamole ?), je pouvais être **livré en 48 heures** ! Parfait !

Ce n'est qu'au bout de **72 heures** que je suis allé vérifier pourquoi je n'avais pas encore reçu le précieux objet. Et là j'ai vu que ma commande était toujours en préparation !! J'ai donc envoyé un mail pour m'étonner de la chose et après 48 heures j'ai reçu une réponse (une réponse hein, pas la batterie) m'indiquant à la fois qu'ils avaient des problèmes d'approvisionnement (comme quoi, il ne faut pas se fier à la disponibilité sur le site), mais aussi que le **délai de 48 heures**… c'était à compter de la remise au transporteur.
Et au bout d'une semaine j'ai bien reçu le mail me confirmant la remise au transporteur et m'indiquant, par la même occasion, que la batterie commandée n'était pas disponible et qu'elle avait été remplacée par une batterie équivalente. C'est-à-dire que si je tenais vraiment à cette marque, si j'avais voulu finalement l'acheter ailleurs… ben non.
Un peu comme si j'avais commandé une **Gibson** chez Thomann et qu'on m'envoie une **Fender** parce que Gibson est en rupture, et qu'après tout, c'est aussi une guitare électrique avec un manche, des cordes, des micros… Désinvolture commerciale ou enculerie ? Difficile de trouver le mot juste. Finalement, deux jours plus tard, j'ai reçu un mail du transporteur (ben oui, fallait bien y arriver) m'informant que je serai livré 5 jours plus tard… Les 2

jours moyennant le supplément tarifé et encaissé ? On dirait qu'ils se sont évaporés…

Bref, vous l'avez compris, je ne vous conseille pas de passer par Oscaro.com si vous voulez des pièces auto. Par contre, je ne vous conseille rien d'autre… Ce n'est pas mon rayon (comme disait un cycliste de mes amis). Allez, si, quand même encore une petite anecdote pour la route (et ça, ce n'est pas bien placé ?). Donc, si vous vous souvenez du début de l'histoire… je suis une quiche en mécanique… et même changer une batterie…

Mais par chance, il y a un tutoriel sur « **Oscaro** » qui explique exactement comment changer la batterie sur mon modèle exact de véhicule (ouah, la chance !). J'y apprends qu'il me faudra une clé à pipe (c'est bon, restez concentré, on ne va pas changer de sujet) de **13** (Bouches du Rhône). Vous vous doutez bien que je n'ai pas ça chez moi, mais **Bricorama** est mon ami et j'y fais l'emplette d'un magnifique ensemble de clés à pipe de 8, 9, 10, 11 et 13. Le bonheur intégral !! Et devinez quoi ? Pour dévisser le truc qui bloque ma batterie… il fallait une clé à pipe de 12… que j'ai trouvé à la cave dans mon bric à brac des trucs que j'achète chaque fois que je dois percer un trou, visser quelque chose ou démonter un de ces putains de machins qu'on n'a pas idée d'avoir mis autant de vis partout…
Voilà… la prochaine fois que je dois bricoler quelque chose… **je vous appelle !!!**

## Vendredi 18 Septembre - Ste Nadège

Si le mâle Alpha, est-ce que la femelle a le sol (ou toute autre note de musique, ça fonctionne aussi bien… sauf le Fa évidemment puisqu'il est déjà pris) ?
Absolument, ça n'a aucun rapport, ce qui ne devrait étonner personne. Une phrase qui m'a traversé l'esprit et comme il ne reste plus qu'un jour, c'était « now or never ».
Et je veux bien admettre que « never » n'aurait pas obligatoirement été un mauvais choix.
Un peu de sérieux (sous toutes réserves) avant la fin ?
Alors Ste Nadège ou Nadia a subi le martyre à Rome avec sa mère et ses deux sœurs. Mais si l'on se réfère à leurs noms grecs, il s'agit de la

mère, Sophia (la sagesse), et ses filles Pistis (la foi), Espis (l'espérance) et Agapé (la charité), il s'agit donc de la sainte sagesse divine et des trois vertus théologales. Et donc d'une allégorie.
Pour le dire autrement : c'est encore du pipeau, de l'invention, de l'affabulation, il n'y a pas plus de Ste Nadège avec sa mère et ses sœurs que de neurones cachés dans la bouillie de tapioca qui sert de cerveau à Castaner.
Et je souffle un coup. Honnêtement ça me lasse plus que ça ne m'énerve.

Bon, et on fête aussi les Ricarda… Je vais proposer Casanisa et Pastis51a qui sont aussi des prénoms qui méritent qu'on leur accorde un minimum de considération et il faut bien avouer que, jusqu'à présent, ce n'était pas le cas.

Sinon, j'ai regardé le calendrier républicain et franchement… il était temps. Ben oui, plus qu'un jour et cet almanach est terminé. Heureusement les républicains étaient des gens avisés (et viser c'est important, mais atteindre c'est mieux – et avinés c'est encore autre chose). Ils ont pensé à moi. Aujourd'hui c'est le jour du Génie. Vous ne pensiez quand même pas que j'allais la rater celle-ci avec toutes les rumeurs (infondés évidemment) qui courent sur la prétendue taille de mon ego (bien supérieure à celle de mon sexe).
Donc voilà, bonne fête MOI !

## Samedi 19 Septembre – Ste Emilie

Je m'appelle Emilie pourrie
Bourrée du lundi au samedi
Je vomis dans le caniveau
C'est rigolo…

My name is Emily the Punk
From monday to sunday I'm drunk

I throw my stomach in the gutter
It doesn't matter

A l'année prochaine…

Crédits photo 4$^{ème}$ de couverture @Catherine Biasetto

... c'est fini